Juristische Fall-Lösungen

Lettl
Fälle zum Handelsrecht

W0394086

Fälle zum Handelsrecht

von

Dr. Tobias Lettl, LL.M.
o. Professor an der Universität Potsdam

3., neu bearbeitete Auflage, 2016

C.H.BECK

www.beck.de

ISBN 978 3 406 69631 2

© 2016 Verlag C.H. Beck oHG
Wilhelmstraße 9, 80801 München
Druck und Bindung: Nomos Verlagsgesellschaft mbH & Co. KG
In den Lissen 12, 76547 Sinzheim

Satz: Druckerei C.H. Beck Nördlingen
Umschlaggestaltung: Martina Busch, Grafikdesign, Homburg Saar

Gedruckt auf säurefreiem, alterungsbeständigem Papier
(hergestellt aus chlorfrei gebleichtem Zellstoff)

Vorwort

Dieses Buch soll all jenen eine Hilfestellung geben, die sich mit der Bearbeitung handelsrechtlicher Aufgabenstellungen zu befassen haben. Die darin enthaltenen Fälle beschränken sich jedoch nicht auf den Bereich des Handelsgesetzbuchs, sondern betreffen zum großen Teil auch typische, höchst prüfungsrelevante Fragen aus dem bürgerlichen Recht. Sie weisen unterschiedliche Schwierigkeitsgrade auf und sind daher sowohl für Anfänger als auch für Fortgeschrittene und Examenskandidaten geeignet. Die Lösungsskizzen machen deutlich, dass es entscheidend darauf ankommt, das Zusammenspiel von bürgerlichem Recht und Handelsrecht zu erkennen und ihren Aufbau danach auszurichten.

Die Neuauflage bringt das Werk auf den aktuellen Stand von Gesetzgebung, Rechtsprechung und Schrifttum.

Für die redaktionelle Bearbeitung des Manuskripts möchte ich mich bei *Anke Schumacher* sowie *Mario Hein, Tim Nordemann* und *Dr. Francesco Romano* bedanken.

Potsdam, im August 2016 *Tobias Lettl*

Inhaltsverzeichnis

Abkürzungsverzeichnis

a. A. .... andere(r) Ansicht
Abs. .... Absatz
AcP .... Archiv für die civilistische Praxis (Zeitschrift)
a. E. .... am Ende
AG .... Aktiengesellschaft
AGB .... Allgemeine Geschäftsbedingungen
AktG .... Aktiengesetz
Alt. .... Alternative
Anh. .... Anhang
Anm. .... Anmerkung
AO .... Abgabenordnung
ArbGG .... Arbeitsgerichtsgesetz
Art. .... Artikel
Aufl. .... Auflage

BB .... Betriebs-Berater (Zeitschrift)
Bd./Bde. .... Band/Bände
Beil. .... Beilage
BGB .... Bürgerliches Gesetzbuch
BGB-E .... Bürgerliches Gesetzbuch i. d. F. des Entwurfs eines Gesetzes zur Modernisierung des Schuldrechts (BT-Drs. 14/6040)
BGH .... Bundesgerichtshof
BGHZ .... Entscheidungen des Bundesgerichtshofs in Zivilsachen
BNotO .... Bundesnotarordnung
BRAO .... Bundesrechtsanwaltsordnung
BT-Drs. .... Bundestags-Drucksache
Buchst. .... Buchstabe
BundesärzteO .... Bundesärzteordnung
BUrlG .... Bundesurlaubsgesetz
BVerfG .... Bundesverfassungsgericht
BVerfGE .... Entscheidungen des Bundesverfassungsgerichts
bzw. .... beziehungsweise

DB .... Der Betrieb (Zeitschrift)
DENIC .... Deutsches Network Information Center eG
ders. .... derselbe
d. h. .... das heißt
DJZ .... Deutsche Juristen-Zeitung
DNotZ .... Deutsche Notar-Zeitschrift
DStR .... Deutsches Steuerrecht (Zeitschrift)

eG .... eingetragene Genossenschaft
Einl. .... Einleitung
e. K. .... eingetragener Kaufmann
et al. .... et alii

EUR .... Euro
EWG .... Europäische Wirtschaftsgemeinschaft

f. .... folgende
ff. .... fortfolgende
FS .... Festschrift

GBO .... Grundbuchordnung
GewO .... Gewerbeordnung
GG .... Grundgesetz
ggf. .... gegebenenfalls
GmbH .... Gesellschaft mit beschränkter Haftung
GmbH & Co. KG Gesellschaft mit beschränkter Haftung & Compagnie Kommanditgesellschaft
GmbHG .... Gesetz betreffend die Gesellschaften mit beschränkter Haftung

HGB .... Handelsgesetzbuch
h. L. .... herrschende Lehre
hrsgg. .... herausgegeben
Hs. .... Halbsatz
HV .... Händlervertrag

i. d. F. .... in der Fassung
InsO .... Insolvenzordnung
i. S. d. .... im Sinne der/des
i. S. v. .... im Sinne von
i. V. m. .... in Verbindung mit

JA .... Juristische Arbeitsblätter (Zeitschrift)
Jura .... Juristische Ausbildung (Zeitschrift)
JuS .... Juristische Schulung (Zeitschrift)
JZ .... Juristenzeitung

Kfz .... Kraftfahrzeug
KG .... Kommanditgesellschaft
K&R .... Kommunikation & Recht

Lkw .... Lastkraftwagen
LMK .... Lindenmaier/Möhring – Kommentierte BGH-Rechtsprechung

m. Anm. .... mit Anmerkung
MarkenG .... Markengesetz
Mio. .... Million(en)

NJW .... Neue Juristische Wochenschrift
NJW-RR .... NJW-Rechtsprechungs-Report Zivilrecht
Nr(n). .... Nummer(n)
NZG .... Neue Zeitschrift für Gesellschaftsrecht

oHG .... offene Handelsgesellschaft
OLG .... Oberlandesgericht

p. a. .... per annum
Pkw .... Personenkraftwagen
ppa .... per prokura

RGZ .... Entscheidungen des Reichsgerichts in Zivilsachen
Rn. .... Randnummer

S. .... Seite
sog. .... sogenannt
StBerG .... Steuerberatungsgesetz
str. .... strittig

TransportR .... Transportrecht (Zeitschrift)
Tz. .... Textziffer

UmwG .... Umwandlungsgesetz
u. U. .... unter Umständen
UWG .... Gesetz gegen den unlauteren Wettbewerb

v. .... von
vgl. .... vergleiche

WM .... Wertpapier-Mitteilungen (Zeitschrift)
WPO .... Wirtschaftsprüferordnung

z. B. .... zum Beispiel
ZGR .... Zeitschrift für Unternehmens- und Gesellschaftsrecht
ZGS .... Zeitschrift für das gesamte Schuldrecht
ZIP .... Zeitschrift für Wirtschaftsrecht
ZPO .... Zivilprozessordnung

Literaturverzeichnis

Baumbach/Hopt/ *Bearbeiter*	Handelsgesetzbuch, 36. Aufl. 2014
Canaris	Handelsrecht, 24. Aufl. 2006
Ebenroth/Boujong/ Joost/Strohn/*Bearbeiter*	Handelsgesetzbuch, 2. Aufl. 2009
Flume	Allgemeiner Teil des Bürgerlichen Rechts, 4. Aufl. 1992
Großkomm/*Bearbeiter*	Großkommentar zum Handelsgesetzbuch, hrsgg. von *Staub,* 5. Aufl. 2009ff.
Heymann/*Bearbeiter*	Heymann – Handelsgesetzbuch (ohne Seerecht), hrsgg. von *Horn et al.,* 4 Bde., 2. Aufl. 1995ff.
Köhler	BGB – Allgemeiner Teil, 39. Aufl. 2015
Koller/Kindler/ Roth/Morck/*Bearbeiter*	Handelsgesetzbuch, 7. Aufl. 2011
Larenz/Canaris	Lehrbuch des Schuldrechts, Bd. II: Besonderer Teil, 2. Halbbd., 13. Aufl. 1994
Lettl	Handelsrecht, 3. Aufl. 2015
MünchKommBGB/ *Bearbeiter*	Münchener Kommentar zum Bürgerlichen Gesetzbuch, 6. Aufl. 2012ff., teilweise 7. Aufl. 2015
MünchKommHGB/ *Bearbeiter*	Münchener Kommentar zum Handelsgesetzbuch, 3. Aufl. 2010ff.
Oetker/*Bearbeiter*	Kommentar zum Handelsgesetzbuch, 4. Aufl. 2015
Palandt/*Bearbeiter*	Bürgerliches Gesetzbuch, 75. Aufl. 2016
K. Schmidt	Handelsrecht, 6. Aufl. 2014

Fall 1. Russischer Kaviar

Sachverhalt

Hans Kleiber (K) betreibt von zu Hause aus neben seiner beruflichen Haupttätigkeit als Angestellter einen kleinen Feinschmecker-Versandhandel, mit dem er seine finanziellen Verhältnisse aufbessert. In den Vorjahren hat er damit immerhin jeweils einen Umsatz von 5000 EUR erzielt, ohne jedoch in das Handelsregister eingetragen zu sein. Auch ein eigenes Geschäftskonto führt K nicht. Als K sich wieder einmal auf der Website des bekannten, in das Handelsregister eingetragenen Großhandelsunternehmens „Gourmet International oHG" (V) befindet, entdeckt er das Angebot von kanadischem Lachs der Güteklasse 1a. Da K dieses für seine Silvesterparty, zu der er Kunden und Geschäftspartner eingeladen hat, gut gebrauchen kann, bestellt er davon gleich online 10 kg. Da V die von K bestellte Ware nur für Kaufleute anbietet, gibt K in der Bildschirm-Bestellmaske von V unter der Rubrik „Firma" die Bezeichnung „Feinschmecker-Versandhandel Hans Kleiber e.K." und unter der Rubrik „Geschäftskonto" sein Privatkonto bei der C-Bank ein. V bestätigt den Zugang der Bestellung am selben Tag per automatischer E-Mail. In einer weiteren E-Mail schreibt V an K wie folgt: „Sehr geehrter Kunde. Ihr Auftrag wird nunmehr unter der Kundennummer 007 von der Versandabteilung bearbeitet." Außerdem bucht V von dem Konto des K den Kaufpreis ab. Bei der fristgerechten Auslieferung muss K jedoch gleich nach Öffnen der Lieferung feststellen, dass es sich nicht um kanadischen Lachs, sondern russischen Kaviar handelt. Dies ist auf ein Versehen des geschäftsführenden Gesellschafters von V, Gustav Gilbert (G), zurückzuführen. In der irrigen Vorstellung, die für K bestimmte Ware aus dem Regal zu nehmen und zu versenden, versendet er an K ein für einen anderen Kunden bestimmtes Paket. K schickt deshalb noch am selben Tag an V ein Schreiben, in dem er diesen Sachverhalt anzeigt und die Lieferung des bestellten kanadischen Lachses verlangt. Da dieses Schreiben aus ungeklärter Ursache nicht bei V ankommt und V infolgedessen nicht reagiert, schickt K drei Wochen später erneut ein inhaltsgleiches Schreiben an V. V antwortet, dass sie nicht (mehr) verpflichtet sei, dem Verlangen des K nachzukommen.

Kann K von V Lieferung der bestellten 10 kg kanadischen Lachses Zug um Zug gegen Rückgabe des russischen Kaviars verlangen?

Gliederung

Lösung

I. Anspruch des K gegen V auf Lieferung von 10 kg kanadischen Lachses Zug um Zug gegen Rückgabe des gelieferten russischen Kaviars

1. § 433 Abs. 1 Satz 1 BGB

a) Entstehung des Anspruchs

aa) „Gourmet-International oHG" (V) als Schuldnerin eines Anspruchs nach § 433 Abs. 1 Satz 1 BGB (§ 124 Abs. 1 HGB)

1 Die „Gourmet-International oHG" könnte nach § 124 Abs. 1 HGB Schuldnerin eines Anspruchs nach § 433 Abs. 1 Satz 1 BGB sein. Zwar ist der bloßen Bezeichnung als oHG nicht zwingend zu entnehmen, dass es sich tatsächlich um eine oHG handelt. Auch enthält der Sachverhalt keine Anhaltspunkte zum Umfang der gewerblichen Tätigkeit und damit im Hinblick auf den Betrieb eines Handelsgewerbes (§ 105 Abs. 1 Satz 1 HGB). Doch ist die „Gourmet-International oHG" in das

Handelsregister eingetragen und schon allein deshalb als oHG einzuordnen (§ 105 Abs. 2 Satz 1 HGB). Für sie handeln die vertretungsberechtigten Gesellschafter (§ 125 Abs. 1 HGB). Die „Gourmet-International oHG" kann daher Rechte erwerben und Verbindlichkeiten eingehen (§ 124 Abs. 1 HGB). Sie kann mithin Partei eines Kaufvertrages und Schuldnerin eines Anspruchs nach § 433 Abs. 1 Satz 1 BGB sein.

bb) Vertragsschluss

Der Abschluss eines Kaufvertrages setzt zwei korrespondierende, übereinstimmende Willenserklärungen, Antrag (§ 145 BGB) und Annahme (§§ 146f. BGB), voraus. 2

(1) Antrag i.S.d. § 145 BGB durch Angebot auf der Website

In dem Angebot des kanadischen Lachses auf der Website von Gourmet-International könnte ein Antrag i.S.d. § 145 BGB auf Abschluss eines Kaufvertrages liegen. Angebote auf einer Website sind indes mangels Rechtsbindungswillens wie Angebote in einem Schaufenster oder in einem Katalog regelmäßig nicht als Antrag i.S.d. § 145 BGB, sondern lediglich als *invitatio ad offerendum* (Aufforderung an eine unbestimmte Vielzahl von Personen, ihrerseits einen Antrag i.S.d. § 145 BGB abzugeben) zu bewerten.[1] Für fehlenden Rechtsbindungswillen spricht, dass der Anbietende gegenüber einer Vielzahl von Personen, die durch ein bloßes Ja einen Kaufvertrag mit dem Anbietenden zu Stande bringen könnten, zur Erfüllung verpflichtet wäre. Gegenüber den Personen, gegenüber denen er mangels Lieferbarkeit der Ware nicht erfüllen könnte, würde der Anbietende wegen Pflichtverletzung schadensersatzpflichtig nach §§ 280ff. BGB. Außerdem können Vorbehalte bestehen, mit bestimmten Personen (z.B. zahlungsunfähigen Personen) keinen Vertrag schließen zu wollen. Ein objektiver Erklärungsempfänger (§§ 133, 157 BGB) darf daher ein Angebot auf einer Website regelmäßig nicht als Antrag i.S.d. § 145 BGB verstehen. 3

(2) Antrag i.S.d. § 145 BGB durch Bestellung des K

Die Bestellung des K enthält alle *essentialia negotii* für einen Kaufvertrag (Kaufsache, Kaufpreis). Sie ist mit Rechtsbindungswillen abgegeben und V auch zugegangen (§ 130 Abs. 1 Satz 1 BGB).[2] Sie stellt daher einen Antrag i.S.d. § 145 BGB dar. Die Abgabe eines Antrags i.S.d. § 145 BGB kann auch per Mausklick erfolgen. 4

(3) Annahme i.S.d. §§ 146f. BGB durch V

V nimmt den Antrag des K nicht durch die Bestätigung des Eingangs der Bestellung des K an. Darin liegt noch keine zustimmende Erklärung. Vielmehr ist V zur 5

---

[1] MünchKommBGB/*Busche* § 145 Rn. 11; Palandt/*Ellenberger* § 145 Rn. 2. Ein Angebot auf einer Website ist aber dann ein Antrag i.S.d. § 145 BGB, wenn unmissverständlich zum Ausdruck kommt, dass der Anbieter bereits mit dem Angebot auf der Website eine rechtsverbindliche Erklärung abgeben will; vgl. BGHZ 149, 129, 134 (für Internetauktion und Internettext nach den AGB der Auktionsplattform).

[2] Zugegangen ist eine Erklärung, sobald sie derart in den Machtbereich des Adressaten gelangt ist, dass bei Annahme gewöhnlicher Verhältnisse damit zu rechnen ist, der Adressat könne von ihr Kenntnis erlangen (vgl. BGHZ 137, 205, 208); dies gilt auch bei Online-Erklärungen (vgl. Palandt/*Ellenberger* § 130 BGB Rn. 7a). Sie gehen dem Anbieter dann zu, wenn er die Bestellung unter gewöhnlichen Umständen abrufen kann, also regelmäßig zu den üblichen Geschäftszeiten (vgl. auch § 312i Abs. 1 Satz 2 BGB).

Eingangsbestätigung gesetzlich verpflichtet (§ 312i Abs. 1 Satz 1 Nr. 3 BGB). Die Annahme des Antrags von K liegt aber in der Annahme der Bestellung des K. Dem steht nicht entgegen, dass diese Erklärung von V durch eine automatisch verfasste E-Mail erfolgt. Denn aus der Sicht eines verständigen Erklärungsempfängers (§§ 133, 157 BGB) ist diese E-Mail als konkludente Annahme des Antrags von K zu verstehen.[3] Dies ergibt sich insbesondere daraus, dass V den K als „Kunden" anspricht. Auch die Bearbeitung durch die *Versand*abteilung deutet auf eine Annahme des Antrags hin. Darüber hinaus stellt die Ausführung der Lieferung konkludent die (fristgerechte) Annahme des Antrags von K durch V dar (§ 147 Abs. 2 BGB).

b) Erlöschen des ursprünglichen Erfüllungsanspruchs

6 Der auf Grund des zwischen V und K geschlossenen Vertrages entstandene Erfüllungsanspruch des K auf Lieferung von 10 kg kanadischen Lachses könnte durch die Lieferung des russischen Kaviars erloschen sein. Zwar handelt es sich dabei um eine Falschlieferung, die an sich zur Nichterfüllung führt und den ursprünglichen Erfüllungsanspruch nicht berührt. Jedoch sieht § 434 Abs. 3 Alt. 1 BGB vor, dass im Falle der Falschlieferung keine Nichterfüllung vorliegt, sondern Sachmängelrecht anwendbar ist. Zum Inhalt und Umfang dieser Regelung sind der Gesetzesbegründung weiterführende Anhaltspunkte zu entnehmen:[4]

Hinweis: Die Gesetzesmaterialien knüpfen an die Schwierigkeiten bei der Abgrenzung zwischen Sachmangel und *Aliud*-Lieferung nach bisheriger Rechtslage, die wegen der Konsequenzen für die Verjährungsfrist von erheblicher Bedeutung gewesen sei, an. Daher sei die Falschlieferung ausdrücklich einem Sachmangel gleichzustellen, wobei dies auch und gerade für die Verjährungsfristen gelten müsse. Die sich daraus ergebenden Rechtsfolgen erschienen sachgerecht. Im Falle der Falschlieferung könne der Anspruch auf Nacherfüllung (§ 439 Abs. 1 BGB) regelmäßig nur in Form der Lieferung einer mangelfreien anderen Sache in Betracht kommen. Beim Gattungskauf unterscheide sich dieser Anspruch mit Ausnahme der Verhältnismäßigkeitsklausel (§ 439 Abs. 3 BGB) nicht wesentlich von dem primären Erfüllungsanspruch, der ohne die Einbeziehung in das Sachmängelrecht in Betracht käme. Werde beim Stückkauf ein Identitäts-*Aliud* geliefert, komme neben dem Erfüllungsanspruch auf Lieferung der gekauften Sache ein davon verschiedener Nachlieferungsanspruch nicht in Betracht.[5] Beim Qualifikations-*Aliud* sei Nacherfüllung durch Lieferung einer anderen Sache, die die vereinbarte Qualifikation aufweise, dagegen durchaus denkbar und sinnvoll. Voraussetzung für die Gleichstellung von Falschlieferung und Sachmangel sei aber, dass der Verkäufer die Leistung als Erfüllung seiner Pflicht erbringe und für den Käufer erkennbar dieser Zusammenhang zwischen Leistung und Verpflichtung bestehe. Es dürfe sich auch nicht um eine Leistung auf Grund einer anderen Verbindlichkeit handeln.

7 Daraus ergibt sich, dass der Regelungszweck des § 434 Abs. 3 Alt. 1 BGB wesentlich darin besteht, Abgrenzungsschwierigkeiten zwischen fehlerhafter Leistung und Falschlieferung bei Gattungsschulden wegen zahlreicher Gattungsunterarten zu vermeiden. § 434 Abs. 3 Alt. 1 BGB ist daher jedenfalls auf Gattungsschulden anwendbar. Da Kaufgegenstand hier 10 kg kanadischer Lachs der Güteklasse 1a sind und infolgedessen eine Gattungsschuld (§ 243 Abs. 1 BGB) vorliegt, bestünde der ursprüngliche Erfüllungsanspruch des K nicht mehr, sondern richteten sich seine Ansprüche allein nach Sachmängelrecht, wenn eine mangelhafte Lieferung i. S. d. § 434 Abs. 3 Alt. 1 BGB gegeben ist. Die Anwendung dieser Regelung setzt aber

[3] Vgl. auch *BGH* NJW 2005, 976, 977.

[4] BT-Drs. 14/6040 zu § 434 BGB-E S. 211 und 216.

[5] Vgl. auch BGHZ 168, 64 Rn. 18, wonach die Nacherfüllung durch Lieferung einer anderen, mangelfreien Sache auch beim Stückkauf nicht von vornherein ausgeschlossen ist.

nach der Gesetzesbegründung weiter voraus, dass der Verkäufer die Leistung zum Zwecke der Erfüllung seiner vertraglichen Verpflichtung erbringt und für den Käufer erkennbar dieser Zusammenhang zwischen Leistung und Verpflichtung besteht. Hierbei ist unter Berücksichtigung der Verkehrssitte sowie der gesamten Umstände, insbesondere der zu Grunde liegenden wirtschaftlichen und sozialen Situation, darauf abzustellen, ob ein *objektiver Käufer* (§§ 133, 157 BGB) die Lieferung des Verkäufers als Erfüllung der bestehenden Verbindlichkeit verstehen darf.[6] So liegt es vor allem dann, wenn die Lieferung des Verkäufers zur Erfüllung des Vertragszwecks geeignet ist. Letztlich geht es dabei um die Verteilung von Risiken aufgrund normativer Maßstäbe, die Abgrenzungsschwierigkeiten mit sich bringen können. Keinesfalls kommt es aber auf das Kriterium der Genehmigungsfähigkeit an. Der Vertragszweck besteht hier für K in erster Linie darin, eine hochwertige Speise für seine Silvesterparty zu erhalten. Diesem Vertragszweck entspricht die Lieferung von V, auch wenn sie russischen Kaviar enthält. Ein objektiver Leistungsempfänger darf daher davon ausgehen, dass V mit dieser Lieferung seine vertragliche Verpflichtung gegenüber K erfüllen will. Daher könnte das Begehren des K infolge eines Anspruches auf Nacherfüllung durch Lieferung einer „mangelfreien" Sache nach §§ 439 Abs. 1 Satz 1 Alt. 2, 437 Nr. 1, 434 Abs. 3 Alt. 1 BGB begründet sein.

2. §§ 439 Abs. 1 Alt. 2, 437 Nr. 1, 434 Abs. 3 Alt. 1 BGB

a) Wirksamer Kaufvertrag

Zwischen der „Gourmet-International oHG" und K ist wirksam ein Kaufvertrag zu Stande gekommen (siehe Rn. 5). 8

b) Mangelhaftigkeit der Kaufsache nach § 434 Abs. 3 Alt. 1 BGB

Die Voraussetzungen des § 434 Abs. 3 Alt. 1 BGB liegen vor (siehe Rn. 6f.). 9

c) Mangelhaftigkeit zum Zeitpunkt des Gefahrübergangs nach §§ 446f. BGB

Die Voraussetzungen des § 434 Abs. 3 Alt. 1 BGB sind zum Zeitpunkt des Gefahrübergangs nach § 446 Satz 1 BGB gegeben. 10

d) Kein Ausschluss der Sachmängelrechte nach § 442 Abs. 1 BGB

Die Sachmängelrechte des K sind nicht durch § 442 Abs. 1 BGB ausgeschlossen. 11

e) Zwischenergebnis

K steht an sich ein Anspruch auf Nacherfüllung in Gestalt der Nachlieferung i.S.d. § 439 Abs. 1 Alt. 2 BGB zu, der auf die Lieferung von 10 kg kanadischen Lachses der Güteklasse 1a gerichtet ist. Möglicherweise steht diesem Nacherfüllungsanspruch des K aber der Einwand der Genehmigungsfiktion des § 377 Abs. 2 HGB entgegen. 12

[6] Zur Auslegung von Willenserklärungen vgl. etwa BGHZ 103, 275, 280.

f) Kein Verlust der Mängelrechte nach § 377 Abs. 2 HGB

aa) Voraussetzungen, Rechtsfolgen

13 Nach § 377 Abs. 1, 2 und 5 HGB gilt die Ware als genehmigt, wenn (1.) der Kauf für beide Teile ein Handelsgeschäft ist, (2.) der Käufer, sofern sich bei Untersuchung der Kaufsache ein Mangel zeigt, dem Verkäufer hiervon nicht unverzüglich Anzeige macht, (3.) der Verkäufer den Mangel nicht arglistig verschwiegen hat und (4.) die Rüge nach Treu und Glauben (§ 242 BGB) nicht zwecklos ist.[7]

14 Liegen diese Voraussetzungen vor, sind wegen der Genehmigungsfiktion des § 377 Abs. 2 HGB Mängelrechte des Käufers ausgeschlossen. Denn die Ware gilt (Fiktion!) als genehmigt, wenn der Käufer die Anzeige i.S.d. § 377 Abs. 1 HGB unterlässt. Genehmigung bedeutet Billigung der Ware hinsichtlich des konkreten Mangels. § 377 Abs. 2 HGB statuiert damit die Fiktion, dass die Ware vertragsgemäß ist.[8] Der Verkäufer ist im Hinblick auf den nicht oder nicht rechtzeitig angezeigten Mangel so gestellt, als habe er mangelfrei geliefert. Das bedeutet, dass der Käufer keine Ansprüche oder Rechte wegen dieses Mangels geltend machen kann und infolgedessen insbesondere zur Zahlung des Kaufpreises in voller Höhe verpflichtet bleibt. Gewährleistungsrechte des Käufers im engeren Sinne (Nacherfüllung; Rücktritt; Minderung; Schadensersatz neben der Leistung, soweit im Zusammenhang mit einem Mangel stehend, wie z.B. Produktionsausfall wegen eines Mangels; Schadensersatz statt der Leistung wie z.B. erhöhte Kosten für einen Deckungskauf; Aufwendungsersatz) sind ausgeschlossen. Auf die Unterscheidung zwischen Mangelschaden und Mangelfolgeschaden kommt es nicht an.[9] Für sämtliche der in § 437 BGB genannten Rechtsbehelfe des Käufers ist daher durch § 377 Abs. 2 HGB etwas anderes bestimmt i.S.d. § 437 BGB.

15 Der Käufer erleidet dadurch einen Rechtsverlust. § 377 HGB führt infolgedessen zu einer Abkürzung der Gewährleistungsfristen, insbesondere der Fristen nach § 438 BGB.

bb) Beiderseitiger Handelskauf

16 Ein beiderseitiger Handelskauf liegt vor, wenn der Kaufvertrag (1.) einen Kauf i.S.d. § 377 Abs. 1 HGB darstellt und (2.) für beide Teile ein Handelsgeschäft ist. Handelsgeschäfte sind alle Geschäfte eines Kaufmanns, die zum Betriebe seines Handelsgewerbes gehören (§ 343 HGB).

(1) Kauf

17 Ein Kaufvertrag i.S.d. § 433 BGB liegt zwischen V und K vor (siehe Rn. 5). Darin liegt zugleich ein Kauf i.S.d. § 377 Abs. 1 HGB.

(2) Handelsgeschäft für V

18 Für V ist der Kaufvertrag mit K ein Handelsgeschäft i.S.d. § 343 HGB, weil für die oHG die Regelungen über Kaufleute gelten (§§ 105 Abs. 2 Satz 1, 6 Abs. 1 HGB) und der Vertragsschluss mit K im Rahmen der Geschäftstätigkeit von V erfolgt.

---

[7] Zu Normzweck, Systematik, Voraussetzungen und Rechtsfolgen von § 377 HGB vgl. *Lettl* § 12 Rn. 49–89 mit Fallbeispiel.

[8] *K. Schmidt* § 29 III 7a.

[9] BGHZ 66, 208, 213; 107, 331, 337; 132, 175, 178f.; *Canaris* § 29 Rn. 75.

(3) Handelsgeschäft für K

(a) Kaufmannseigenschaft von K

K müsste Kaufmann sein. Da eine Kaufmannseigenschaft des K nach § 2 HGB mangels Eintragung von K in das Handelsregister ausscheidet, sind die Voraussetzungen des § 1 HGB zu prüfen. Nach § 1 Abs. 1 HGB ist Kaufmann i. S. d. HGB, wer ein Handelsgewerbe betreibt. Handelsgewerbe ist jeder Gewerbebetrieb, es sei denn, dass das Unternehmen nach Art oder Umfang keinen in kaufmännischer Weise eingerichteten Geschäftsbetrieb erfordert (§ 1 Abs. 2 HGB). Gewerbebetrieb ist jede selbstständige, außengerichtete und planmäßige Tätigkeit.[10] Auf eine Gewinnerzielungsabsicht kommt es nicht an.[11] Hier betreibt K mit dem kleinen Feinschmecker-Versandhandel ein Gewerbe. Es handelt sich jedoch nicht um ein Handelsgewerbe i. S. d. § 1 Abs. 2 HGB, wenn der Geschäftsbetrieb des K keine kaufmännischen Einrichtungen erfordert. Ob K tatsächlich kaufmännische Einrichtungen hat oder nicht, ist unerheblich. K kann sein Gewerbe ohne eigenes Geschäftslokal und ohne Mitarbeiter ausüben, zumal er nur über einen lokal begründeten Kundenkreis verfügt. Es besteht kein größerer Kreditbedarf und kein vielfältiges Leistungsangebot. K erzielt außerdem lediglich einen Jahresumsatz von 5000 EUR. Danach sind für den Geschäftsbetrieb des K keine kaufmännischen Einrichtungen erforderlich, sodass K nicht Istkaufmann i. S. d. § 1 HGB ist. H kann daher nur Kaufmann kraft Rechtsscheins sein.[12] 19

Kaufmannseigenschaft kraft Rechtsscheins erfordert die Setzung eines Rechtsscheins, die Zurechenbarkeit dieses Rechtsscheins, die Kausalität zwischen dem Rechtsschein und geschäftlichen Dispositionen eines Dritten (kausale Vertrauensbetätigung) sowie die Schutzwürdigkeit des Dritten. K ruft mit der Angabe „Feinschmecker-Versandhandel Hans Kleiber e. K." auf seiner Bestellung bei V den Eindruck hervor, er sei Kaufmann (zur Angabe e. K. vgl. auch § 19 Abs. 1 Satz 1 Nr. 1 HGB). Daraus kann – und soll – V auf die Kaufmannseigenschaft des K schließen. K setzt daher den Rechtsschein der Kaufmannseigenschaft. Dieser Rechtsschein ist K auch zurechenbar, da er ihn selbst setzt. Aufgrund des von K hervorgerufenen Rechtsscheins, nämlich in der Erwartung, es mit einem eingetragenen Kaufmann zu tun zu haben, schließt V den Vertrag mit K und liefert die Ware aus (kausale Vertrauensbetätigung). V hat keine Kenntnis noch ist er grob fahrlässig im Hinblick auf die Unkenntnis des wahren Sachverhalts. Er ist also auch schutzwürdig. Daher ist K als Kaufmann kraft Rechtsscheins zu behandeln. 20

(b) Geschäft gehört zum Betrieb des Gewerbes von K

Die Silvesterparty des K ist seiner scheinkaufmännischen Sphäre zuzuordnen und gehört damit zum Betrieb des Gewerbes von K. Denn auf Grund der Einladung von Kunden und Geschäftspartnern ist von einer betrieblich veranlassten Veranstaltung auszugehen. Hinzu kommt, dass K gerade den Rechtsschein setzt, das Geschäft gehöre zu seinem Gewerbe. Im Übrigen streitet die Vermutung des § 344 Abs. 1 HGB für eine Zugehörigkeit des Geschäfts zum Betrieb des Gewerbes von K. 21

[10] Koller/Kindler/Roth/Morck/*Roth* § 1 HGB Rn. 4 und 10.

[11] Koller/Kindler/Roth/Morck/*Roth* § 1 HGB Rn. 10.

[12] Vgl. dazu *Lettl* § 2 Rn. 66 ff.

(c) Zwischenergebnis

22 Der Kaufvertrag mit V ist für K ein Handelsgeschäft.

cc) Mangel der Kaufsache

23 Die von V gelieferte Kaufsache ist wegen § 434 Abs. 3 Alt. 1 BGB mangelhaft (siehe Rn. 9). Es handelt sich um einen Sachmangel, der in jedem Fall von § 377 HGB erfasst ist. Auf die umstrittene Frage, ob § 377 HGB auch Rechtsmängel erfasst,[13] kommt es daher nicht an.

dd) Unterbleiben unverzüglicher Anzeige des Mangels

24 K müsste die ohne weiteres erkennbare „Mangelhaftigkeit" der Kaufsache unverzüglich, das heißt ohne schuldhaftes Zögern (§ 121 Abs. 1 Satz 1 BGB), gegenüber V angezeigt haben. Zwar schickt K noch am Tag der Ablieferung, also unverzüglich, zur Mängelrüge einen Brief an V ab. Etwaige Verzögerungen auf dem Transportweg schaden K nicht (§ 377 Abs. 4 HGB). Da der Brief des K jedoch überhaupt nicht ankommt, stellt sich die Frage, wer das Verlustrisiko zu tragen hat und ob auch insoweit § 377 Abs. 4 HGB anwendbar ist. Danach genügt zur Erhaltung der Rechte des Käufers die rechtzeitige Absendung der Anzeige. Die Wahl des Begriffes „Anzeige" macht bereits deutlich, dass die Mängelrüge empfangsbedürftig ist und demnach dem Verkäufer zugehen muss. Hierfür spricht auch der Sinn und Zweck des § 377 HGB. § 377 HGB schützt in erster Linie die Belange des Verkäufers. Denn ihm soll es möglich sein, auf die Rüge des Käufers hin den Kaufgegenstand umgehend auf seine Mangelhaftigkeit hin zu überprüfen, ggf. Mängel zu beseitigen und drohende Schäden rechtzeitig abzuwenden sowie sich gegen spätere Reklamationen zu schützen.[14] Der Verkäufer soll also von einer Dispositions- und Beweisunsicherheit befreit sein, indem er rasch Klarheit darüber erhält, ob das Rechtsgeschäft ordnungsgemäß abgewickelt ist.[15] Infolgedessen ist der Verkäufer vor späteren Reklamationen geschützt.[16] Auf diese Weise sind die Risiken im Hinblick auf die Mangelhaftigkeit der Kaufsache zwischen Verkäufer und Käufer unter Berücksichtigung der besonderen Bedürfnisse des Handelsverkehrs sachgerecht verteilt.[17] Dieser Zweck ist für die Auslegung des § 377 HGB von entscheidender Bedeutung. Der von § 377 Abs. 2 HGB bezweckte Schutz des Verkäufers gebietet, dass das Risiko des Verlusts der Mängelanzeige den Käufer trifft.[18] Der Verlust des ersten, unverzüglich abgesandten Schreibens des K geht daher zu Lasten des K, sodass dieses Schreiben keine unverzügliche Anzeige bewirkt. Das zweite Schreiben des K zur Mängelrüge erfolgt drei Wochen später und infolgedessen nicht mehr unverzüglich.

ee) Kein arglistiges Verschweigen des Mangels durch den Verkäufer

25 Dafür, dass V den Mangel arglistig verschwiegen hätte (§ 377 Abs. 5 HGB), fehlen Anhaltspunkte im Sachverhalt.

ff) Keine Zwecklosigkeit der Rüge (§ 242 BGB)

26 Die Rüge der Mangelhaftigkeit der Kaufsache ist hier nicht zwecklos (§ 242 BGB).

---

[13] Vgl. dazu *Lettl* § 12 Rn. 71.

[14] *BGH* WM 1985, 834; BGHZ 101, 49, 53; 101, 337, 345; 110, 130, 138.

[15] Baumbach/Hopt/*Hopt* § 377 HGB Rn. 1; *Canaris* § 29 Rn. 42; *K. Schmidt* § 29 III 1 a.

[16] *BGH* NJW 1975, 2011; BB 1978, 1489; BGHZ 66, 208, 213.

[17] *BGH* WM 1998, 936, 938; NJW 2000, 1415, 1416.

[18] BGHZ 101, 49, 54f.

gg) Zwischenergebnis

K verliert durch die Genehmigungsfiktion des § 377 Abs. 2 HGB sein Recht auf Nacherfüllung nach § 439 Abs. 1 Alt. 2 BGB. 27

II. Ergebnis

K steht gegen V kein Anspruch auf Lieferung von 10 kg kanadischen Lachses der Güteklasse 1a Zug um Zug gegen Rückgabe des gelieferten russischen Kaviars zu.[19] 28

[19] K steht auch kein Widerrufsrecht nach §§ 312g Abs. 1, 312c Abs. 1 BGB zu, weil er nicht als Verbraucher i. S. d. § 13 BGB handelt.

Fall 2. Rosinenpicken

Sachverhalt

Der Gesellschafter C der A, B & C oHG scheidet aus der Gesellschaft aus, ohne dass dies in das Handelsregister eingetragen und bekannt gemacht wird. Gläubiger G nimmt C wegen einer nach seinem Ausscheiden durch die verbleibenden Gesellschafter A und B im Namen der A, B & C oHG begründeten Kaufpreisschuld der Gesellschaft in Anspruch.

Mit Aussicht auf Erfolg?

Abwandlung: Es ist in das Handelsregister eingetragen, dass A, B und C die oHG nur zusammen vertreten dürfen (Gesamtvertretung).

Gliederung

Lösung

Ausgangsfall: Anspruch des G gegen C auf Erfüllung der Verbindlichkeit der Gesellschaft nach § 128 Satz 1 HGB i.V.m. § 433 Abs. 2 BGB, § 124 Abs. 1 HGB

Geht es wie hier um die Haftung eines Gesellschafters für eine Gesellschaftsschuld, ist zu prüfen, ob (1.) überhaupt eine Gesellschaftsschuld besteht und (2.) der Gesellschafter hierfür haftet. 1

I. Verbindlichkeit der Gesellschaft nach § 433 Abs. 2 BGB, § 124 Abs. 1 HGB

Das Entstehen einer Kaufpreisschuld der oHG nach § 433 Abs. 2 BGB, § 124 Abs. 1 HGB setzt voraus, dass diese beim Vertragsschluss mit G wirksam vertreten ist (§ 164 Abs. 1 BGB). 2

1. Handeln in fremdem Namen

A und B handeln gegenüber G im Namen der A, B & C oHG (vgl. Sachverhalt). 3

2. Vertretungsmacht von A und B

Nach dem Ausscheiden des C vertreten A und B die A, B & C oHG (§ 125 Abs. 1 HGB). Daher ist ein Vertrag zwischen G und der oHG zustande gekommen. 4

II. Haftung des C für die Verbindlichkeit der Gesellschaft nach § 128 Satz 1 HGB

1. Wirkliche Sach- und Rechtslage

An der für die nach § 128 Satz 1 HGB erforderlichen Gesellschafterstellung des C fehlt es an sich, weil C zum Zeitpunkt des Vertragsschlusses aus der A, B & C oHG ausgeschieden ist. Bei Zugrundelegung der wirklichen Sach- und Rechtslage bestünde daher kein Anspruch des G gegen C. 5

2. Negative Publizität des § 15 Abs. 1 HGB

Käme § 15 Abs. 1 HGB zur Anwendung, wäre C auch nach seinem Ausscheiden weiterhin als Gesellschafter zu behandeln, weil sein Ausscheiden nicht in das Han- 6 delsregister eingetragen ist. Es ist daher zu prüfen, ob die Voraussetzungen des § 15 Abs. 1 HGB gegeben sind.

Hinweis: Ist eine in das Handelsregister einzutragende Tatsache nicht in das Handelsregister eingetragen, kann die negative Publizität des § 15 Abs. 1 HGB von Bedeutung sein (vgl. dazu jeweils mit Fallbeispielen *Lettl* § 3 Rn. 23ff.). Es ist genau herauszuarbeiten, an welcher Stelle der Falllösung sich diese Publizität auswirkt.

7 § 15 Abs. 1 HGB setzt voraus, dass (1.) eine einzutragende Tatsache (2.) nicht eingetragen und bekannt gemacht ist, (3.) dem Dritten die Tatsache nicht bekannt ist und (4.) – als zumindest ungeschriebenes Tatbestandsmerkmal – für den Dritten die Möglichkeit besteht, sein Handeln auf die Eintragung einzurichten.

a) Einzutragende Tatsache

8 § 15 Abs. 1 HGB bezieht sich auf in das Handelsregister „einzutragende Tatsachen", jedenfalls also auf eintragungspflichtige (und nach § 10 HGB bekannt zu machende) Tatsachen. Eintragungspflichtig ist eine Tatsache dann, wenn das Gesetz ihre Eintragung anordnet. Das Ausscheiden eines Gesellschafters ist eine einzutragende Tatsache i.S.d. § 15 Abs. 1 HGB nach § 143 Abs. 2 HGB i.V.m. § 143 Abs. 1 Satz 1 HGB.

b) Keine Eintragung und Bekanntmachung

9 Solange nicht Eintragung und Bekanntmachung erfolgt sind, gilt die negative Publizität nach § 15 Abs. 1 HGB. Das Ausscheiden des C aus der A, B & C oHG ist hier weder eingetragen noch bekannt gemacht.

c) Keine Kenntnis des Dritten von der Tatsache

10 Dem Dritten darf die Tatsache nicht bekannt sein. Der Dritte muss also gutgläubig sein. Es schadet ihm aber nur positive Kenntnis („bekannt"), nicht auch grob fahrlässige Unkenntnis (anders z.B. § 932 Abs. 2 BGB). Der Dritte ist mangels evidenter Verdachtsmomente nicht zu Nachforschungen verpflichtet. Die Gutgläubigkeit des Dritten ist widerleglich zu vermuten („es sei denn"), wobei es Sache des Gegners ist, diese zu Gunsten des Dritten wirkende Vermutung durch den Nachweis von Bösgläubigkeit zu widerlegen. Anhaltspunkte für Bösgläubigkeit des C finden sich nicht.

d) Möglichkeit des Dritten, sein Handeln auf die Eintragung einzurichten

11 Es ist nicht erforderlich, dass der Dritte gerade im Vertrauen auf das Fehlen der Eintragung oder Bekanntmachung handelt. Auf einen kausalen Zusammenhang zwischen dem Fehlen der Eintragung oder Bekanntmachung und dem Verhalten des gutgläubigen Dritten kommt es danach nicht an. Der Dritte ist also auch dann geschützt, wenn er nicht in das Handelsregister oder die Bekanntmachungen Einsicht nimmt.[1] Der Gegenbeweis ist nicht zulässig.[2] Denn § 15 Abs. 1 HGB schützt abstraktes Vertrauen. § 15 Abs. 1 HGB ist allerdings nur anwendbar, wenn überhaupt die Möglichkeit besteht, dass der Dritte sein Handeln auf die Registereintra-

---

[1] BGHZ 65, 309, 311.

[2] Baumbach/Hopt/*Hopt* § 15 Rn. 9 (str.).

gung einrichtet. Die Anwendung dieser Norm ist daher auf Fälle beschränkt, in denen die Kenntnis der einzutragenden Tatsache für das Verhalten des Dritten und seine durch dieses Verhalten beeinflussten Rechte oder Verbindlichkeiten von Bedeutung sein kann. Der Dritte muss sich bei seinem geschäftlichen Verhalten auf den unrichtigen Eintragungsstand wenigstens verlassen haben können.[3] Denn da § 15 Abs. 1 HGB dem Verkehrsschutz Rechnung tragen will, ist diese Regelung nicht anwendbar, wenn Vertrauensschutz überhaupt nicht eingreifen kann. Daher muss der rechtsbegründende Vorgang im Zusammenhang mit dem Rechtsgeschäftsverkehr stehen.[4] Doch kann es auch im Rechtsgeschäftsverkehr an der Möglichkeit fehlen, sein Handeln nach dem Registerinhalt einzurichten.[5]

Hier begründet G durch Kaufvertrag i.S.d. § 433 BGB, also durch Rechtsgeschäft, eine Verbindlichkeit der A, B & C oHG. Die Kenntnis von der weggefallenen Gesellschafterstellung des C kann für das Verhalten des G von Bedeutung sein, da Gesellschafter C seit seinem Ausscheiden nicht mehr für die Gesellschaftsverbindlichkeiten haftet und infolgedessen die Haftungsmasse verringert ist. **12**

e) Zwischenergebnis

Obwohl C zum Zeitpunkt der Begründung der Verbindlichkeit der A, B & C oHG aus der Gesellschaft ausgeschieden ist, muss er sich nach § 15 Abs. 1 HGB gegenüber G so behandeln lassen, als wäre er noch Gesellschafter. **13**

III. Ergebnis

G steht gegen C ein Anspruch auf Erfüllung der Verbindlichkeit der Gesellschaft nach § 128 Satz 1 HGB i.V.m. § 433 Abs. 2 BGB, § 124 Abs. 1 HGB zu. **14**

Abwandlung: Anspruch des G gegen C auf Erfüllung der Verbindlichkeit der Gesellschaft nach § 128 Satz 1 HGB i.V.m. § 433 Abs. 2 BGB, § 124 Abs. 1 HGB

I. Verbindlichkeit der Gesellschaft nach § 433 Abs. 2 BGB, § 124 Abs. 1 HGB

Das Entstehen einer Kaufpreisschuld der A, B & C oHG setzt voraus, dass diese beim Vertragsschluss mit G wirksam vertreten ist (§ 164 Abs. 1 BGB). **15**

1. Handeln in fremdem Namen

A und B handeln gegenüber G im Namen der A, B & C oHG (vgl. Sachverhalt). **16**

2. Vertretungsmacht von A und B

Nach der Registereintragung besteht Gesamtvertretung unter Mitwirkung des C, doch wirkt C nicht am Vertragsschluss mit G mit. Danach sind A und B allein nicht berechtigt, die oHG zu vertreten. Sie hätten bei Zugrundelegung des Re- **17**

[3] *BGH* WM 2004, 287, 288.

[4] Baumbach/Hopt/*Hopt* § 15 Rn. 9.

[5] Vgl. dazu das Fallbeispiel bei *Lettl* § 3 Rn. 36.

gisterinhalts ohne Vertretungsmacht gehandelt, zumal das Ausscheiden des C nicht eingetragen ist. Danach wäre kein Vertrag zwischen G und der A, B & C oHG zustande gekommen. Bei Zugrundelegung der wirklichen Sach- und Rechtslage (Ausscheiden des C) vertreten A und B die oHG hingegen wirksam und ist ein Vertrag zwischen G und der oHG zustande gekommen.

II. Haftung des C für die Verbindlichkeit der Gesellschaft nach § 128 Satz 1 HGB

18 An der für die nach § 128 Satz 1 HGB erforderlichen Gesellschafterstellung des C fehlt es an sich, weil C zum Zeitpunkt des Vertragsschlusses aus der A, B & C oHG ausgeschieden ist. Bei Zugrundelegung der wirklichen Sach- und Rechtslage bestünde daher kein Anspruch des G gegen C. Bei Zugrundelegung von § 15 Abs. 1 HGB wäre C hingegen auch nach seinem Ausscheiden als Gesellschafter zu behandeln, weil sein Ausscheiden nicht in das Handelsregister eingetragen ist (siehe Ausgangsfall).

III. Zwischenergebnis

19 Wenn sich G einheitlich auf die wirkliche Sach- und Rechtslage beruft, wäre wegen der Vertretungsmacht allein von A und B ein Vertrag zwischen G und der oHG zustande gekommen und eine Gesellschaftsverbindlichkeit entstanden. Doch wäre danach C zum Zeitpunkt der Begründung der Gesellschaftsverbindlichkeit nicht mehr Gesellschafter. Wenn sich G einheitlich auf den Registerinhalt beruft, wäre wegen der negativen Publizität des § 15 Abs. 1 HGB im Hinblick auf die unterbliebene Eintragung des Ausscheidens C zwar weiterhin als Gesellschafter zu behandeln. Doch wäre dann kein Vertrag zwischen G und der oHG zu Stande gekommen, weil dann A und B wegen der im Register eingetragenen Gesamtvertretung durch A, B und C nicht alleine vertretungsberechtigt gewesen wären. Fraglich ist daher, ob eine Kombination zwischen der Berufung auf die wirkliche Sach- und Rechtslage einerseits (Ausscheiden des C und damit Vertretungsmacht allein für A und B; siehe Rn. 17) und § 15 Abs. 1 HGB andererseits (unterbliebene Eintragung des Ausscheidens und damit Behandlung von C weiterhin als Gesellschafter; siehe Rn. 18) möglich ist (teilweise Ausübung des Wahlrechts durch G).

IV. Kombination zwischen wirklicher Sach- und Rechtslage und Registerinhalt

1. Ansatz 1: Keine Kombination möglich

20 Eine Ansicht[6] geht davon aus, dass der Handelsregisterinhalt nur einheitlich, also in seiner Gesamtheit, zu würdigen ist. Derjenige, der sich hinsichtlich einer Tatsache auf das Handelsregister berufe, müsse sich entsprechend dem – unteilbaren – Gesamtinhalt des Registers behandeln lassen. Andernfalls sei angesichts widersprüchlichen Verhaltens kein Vertrauensschutz zu gewähren. So könne beispielsweise dem Gläubiger einer oHG, der sich im Hinblick auf das Ausscheiden eines Gesellschafters auf § 15 Abs. 1 HGB berufe, bei Einsicht in das Handelsregister dessen sonsti-

[6] *Canaris* § 5 Rn. 26 (teleologische Reduktion von § 15 Abs. 1 HGB); *K. Schmidt* § 14 III 4b; *Reinicke* JZ 1985, 272, 278; *Schilken* AcP 187 (1987), 1, 10f.

ger Inhalt einschließlich der Gesamtvertretung (§ 125 Abs. 2 Satz 1 HGB) nicht verborgen geblieben sein (§ 106 Abs. 2 Nr. 4 HGB). Es gebe keinen Grund, den Dritten besser zu stellen, als wenn die scheinbare Rechtslage der Wirklichkeit entspreche. Danach könnte G nicht von C Kaufpreiszahlung verlangen.

2. Ansatz 2: Kombination möglich (Rosinentheorie)

Eine andere, vorzugswürdige Auffassung[7] bejaht die Berechtigung des Dritten zur **21** teilweisen Ausübung des Wahlrechts unter Berufung auf § 15 Abs. 1 HGB (sog. Rosinentheorie; Meistbegünstigung). Dies ergibt sich aus dem Wortlaut des § 15 Abs. 1 HGB sowie dessen Schutzzweck. Denn § 15 Abs. 1 HGB wirkt nur zum Vorteil des Dritten und nicht zu seinen Lasten. Die Vorschrift greift unabhängig davon ein, ob der Dritte das Register einsieht oder nicht. Das Gesetz lässt bereits die dem Geschäftsverkehr ganz allgemein gegebene Möglichkeit, sich anhand des Registers zu informieren, als Grundlage des Vertrauensschutzes ausreichen. § 15 Abs. 1 HGB schützt nämlich abstraktes Vertrauen. Der Dritte, eine Kenntnisnahme des Registers unterstellt, kann die Einsicht nur im Hinblick auf die ihm günstige Tatsache nehmen, während er sich hinsichtlich der Vertretungsverhältnisse auf Mitteilungen anderer oder auf eigene Erfahrungen verlässt. Dafür, dass der Handelsregisterinhalt nur in seiner Gesamtheit zu würdigen sei, findet sich im Gesetz keine Stütze. Danach kann G von C Kaufpreiszahlung verlangen.

V. Ergebnis

G steht gegen C ein Anspruch auf Erfüllung der Verbindlichkeit der Gesellschaft **22** nach § 128 Satz 1 HGB i.V.m. § 433 Abs. 2 BGB, § 124 Abs. 1 HGB zu.

[7] BGHZ 65, 309, 310f.; Großkomm/*Koch* § 15 Rn. 69; MünchKommHGB/*Krebs* § 15 Rn. 54; Baumbach/Hopt/*Hopt* § 15 Rn. 6; Koller/Kindler/Roth/Morck/*Roth* § 15 Rn. 16; *Lettl* § 3 Rn. 43; *J. Hager* Jura 1992, 57, 63; *Tröller* JA 2000, 27, 29.

Fall 3. Streit um Domain und E-Mail-Adresse

Nach BGHZ 155, 273 – maxem.de und BGHZ 192, 204 – gewinn.de.

Sachverhalt

Teil 1: Werner Maxem (A) ist Rechtsanwalt. B betreibt eine Homepage mit der Domain maxem.de und einer gleich lautenden E-Mailadresse. B hat den Aliasnamen Maxem aus dem Vornamen seines Großvaters (Max) und den Anfangsbuchstaben des Vornamens seines Vaters (Erhardt) sowie seines eigenen Vornamens (Matthias) gebildet. Er verwendet diesen Namen schon seit Jahren allein für seinen privaten Internetauftritt. Dort kommt dem Namen mehr die Funktion des Spitznamens als die eines den bürgerlichen Namen verdrängenden Pseudonyms zu. A möchte sich und seine Anwaltskanzlei unter maxem.de im Internet präsentieren und verlangt von B, es zu unterlassen, den Namen „Maxem" für eine Internet-Homepage und eine E-Mail-Adresse zu nutzen.

Zu Recht?

Teil 2: Das Internet sorgt bei A auch aus einem anderen Grund nicht gerade für Begeisterung. Er hat bereits im Jahr 2010 den Domain-Namen „rechtsanwalt.de" bei der DENIC eG, der zentralen Vergabestelle für Internetdomain-Namen unter der Top-Level-Domain „.de", für sich registrieren lassen. Auf der Internetseite der DENIC lässt sich eine sog. WHOIS-Abfrage durchführen, durch die der Inhaber eines Internetdomain-Namens zu ermitteln ist. Bis zum 2.6.2013 wurde A als Inhaber des Domain-Namens „rechtsanwalt.de" genannt. Danach wechseln die Angaben über den Inhaber dieses Domain-Namens; A ist dabei seitdem nicht mehr als Inhaber genannt. Bei einer „WHOIS-Abfrage" ist seit dem 6.9.2013 der S als Inhaber des Domain-Namens genannt. A ist der Meinung, der zwischen ihm und der DENIC geschlossene Registrierungsvertrag bestehe nach wie vor fort, sodass er weiterhin Inhaber des Domain-Namens „rechtsanwalt.de" sei.

Kann A von S verlangen, in die Änderung der WHOIS-Datenbank der DENIC dahingehend einzuwilligen, dass er (A) wieder als Inhaber der Domain „rechtsanwalt.de" eingetragen wird? Gehen Sie dabei davon aus, dass A tatsächlich gegenüber der DENIC materiell zur Eintragung von „rechtsanwalt.de" berechtigt ist und der zwischen ihm und der DENIC geschlossene Registrierungsvertrag besteht. Marken-, telekommunikations- oder telemedienrechtliche Regelungen bleiben außer Betracht.

Gliederung

Lösung

Teil 1: Unterlassungsanspruch des A gegen B nach § 12 Satz 2 i.V.m. § 12 Satz 1 BGB

1 A könnte gegen B einen Anspruch auf Unterlassung der Nutzung des Namens „Maxem" für eine Internet-Homepage und E-Mail-Adresse nach § 12 Satz 2 i.V.m. § 12 Satz 1 BGB haben. Dies setzt voraus, dass (1.) A an dem Namen Maxem ein Namensrecht zusteht, (2.) B dieses Namensrecht beeinträchtigt hat und (3.) Wiederholungsgefahr besteht.

I. Namensrecht des A

2 § 12 BGB schützt den bürgerlich-rechtlichen Namen, aber auch die Firma oder Firmenbestandteile, soweit geschäftliche Beeinträchtigungen zu befürchten sind. A steht als dem Träger des bürgerlichen (Nach-)Namens „Maxem" an diesem Namen ein Namensrecht nach § 12 BGB zu.

II. Beeinträchtigung des Namensrechts des A durch B

3 Die Beeinträchtigung des Namensrechts kann durch Namensleugnung oder Namensanmaßung erfolgen.

1. Namensleugnung des B

4 Die Namensleugnung ist stets rechtwidrig. Sie setzt voraus, dass jemand das Recht des Namensträgers zur Führung seines Namens bestreitet. Lässt ein nichtberechtigter Dritter diesen Namen als Internet-Adresse registrieren, liegt darin keine Namensleugnung. Zwar kann es jeden Domain-Name aus technischen Gründen nur einmal geben. Doch führt die Registrierung des Domain-Namens nicht zu einem Bestreiten der Berechtigung des Namensträgers. B stellt daher mit der Registrierung des Domain-Namens „Maxem" und einer gleichlautenden E-Mail-Adresse nicht das Recht des A in Frage, außerhalb des Internet unter dem Namen „Maxem" aufzutreten.

2. Namensanmaßung des B

5 Eine Namensanmaßung setzt voraus, dass (1.) ein Dritter unbefugt den gleichen Namen gebraucht, (2.) dadurch eine Zuordnungsverwirrung herbeiführt und (3.) schutzwürdige Interessen des Namensträgers verletzt.[1]

a) Unbefugter Gebrauch des gleichen Namens

aa) Gebrauch des gleichen Namens

6 B verwendet mit dem Namen „Maxem" den Familiennamen des A und damit den gleichen Namen.

bb) Unbefugt

7 Der Gebrauch des Namens „Maxem" durch B muss unbefugt sein. Der Gebrauch des Namens „Maxem" durch B ist unbefugt, wenn B keine eigenen Rechte an diesem Namen zustehen. B hat nicht die Bezeichnung „Maxem" als bürgerlichen Namen. Der langjährige Gebrauch des Namens „Maxem" als Aliasname im Internet kann nur dann eine eigene namensrechtliche Berechtigung begründen, wenn B mit dem Aliasnamen Verkehrsgeltung erlangt hätte.[2] So liegt es häufig beispielsweise bei Schriftstellern, die unter einem Pseudonym veröffentlichen. Ein Deckname oder Pseudonym ist also dem namensrechtlichen Schutz nur dann zugänglich, wenn der Verwender unter diesem Namen im Verkehr bekannt ist. Die bloße Aufnahme der Benutzung eines Decknamens oder Pseudonyms als solche genügt daher nicht. Andernfalls würde der Namensschutz erheblich eingeschränkt. Denn jeder Nichtberechtigte könnte sich bei der Wahl eines Aliasnamens darauf berufen, er verwende einen eigenen (Alias-)Namen, sodass die Grundsätze des Rechts des Gleichnamigen zu Anwendung kommen müssten.[3] B hatte sich aber mit dem Namen „Maxem" nicht im Verkehr durchgesetzt, da er diesen Namen allein für seinen Internetauftritt verwendete und dem Namen dort mehr die Funktion eines Spitznamens als die eines den bürgerlichen Namen verdrängenden Pseudonyms zukommt.

---

[1] BGHZ 155, 273, 276 – maxem.de.

[2] BGHZ 155, 273, 277 – maxem.de; MünchKommBGB/*Säcker* § 12 Rn. 125.

[3] Vgl. BGHZ 149, 191, 198f. – shell.de; 155, 273, 275 – maxem.de; zu diesen Grundsätzen auch das Fallbeispiel bei *Lettl* § 4 Rn. 103.

b) Zuordnungsverwirrung

Zu einer Zuordnungsverwirrung führt schon jeder private Gebrauch des fremden Namens durch einen nichtberechtigten Dritten, wenn der Verkehr den Dritten als Namensträger betrachtet.[4] Verwechslungen mit dem Namensträger bedarf es nicht.[5] Eine solche Betrachtung als Namensträger ist auch dann hervorgerufen, wenn ein Dritter den fremden Namen namensmäßig im Rahmen einer Internet-Adresse verwendet. Denn der Verkehr betrachtet ein unterscheidungskräftiges, nicht als Gattungsbegriff verstandenes Zeichen zur Bezeichnung einer Internet-Adresse als Hinweis auf den (bürgerlichen) Namen des Betreibers des jeweiligen Internet-Auftritts. **8**

c) Verletzung schutzwürdiger Interessen des A

Die Registrierung eines Namens durch einen Nichtberechtigten als Top-Level-Domain „.de" müsste über die Zuordnungsverwirrung hinaus ein besonders schutzwürdiges Interesse des Namensträgers beeinträchtigen.[6] Eine solche Beeinträchtigung liegt hier vor, weil die Internetadresse „maxem.de" nur einer bestimmten Person zur Verfügung stehen kann und jeder Träger des Namens „Maxem" daran interessiert ist, mit dem eigenen Namen am Markt aufzutreten. Kein Schutz des Namensberechtigten besteht davor, dass ein Gleichnamiger mit der Eintragung der Domain zuvorkommt. Der Namensberechtigte ist aber davor geschützt, dass ihm ein Nichtberechtigter durch die Registrierung der Domain die Nutzung des eigenen Namens unmöglich macht. **9**

III. Umfang des Unterlassungsanspruchs

Der Unterlassungsanspruch ist allein auf die Verwendung des Namens „Maxem" als Internet-Adresse unter der Top-Level-Domain „.de" gerichtet. Damit ist gleichzeitig die Verwendung der E-Mail-Adresse „maxem@maxem.de" untersagt, da sich diese aus der Internet-Adresse ableitet. Dagegen besteht keine Veranlassung, B den Gebrauch des Namens „Maxem" in anderer Form – etwa als E-Mail-Adresse „maxem@lach.de" – zu untersagen. **10**

Teil 2: Anspruch des A gegen S auf Zustimmung seiner Eintragung als Inhaber der Domain „rechtsanwalt.de" in der WHOIS-Datenbank der DENIC

I. § 1004 Abs. 1 Satz 1 analog i.V.m. § 823 Abs. 1 BGB

A könnte gegen S einen Anspruch auf Zustimmung seiner Eintragung als Inhaber der Domain „rechtsanwalt.de" in der WHOIS-Datenbank der DENIC nach § 1004 Abs. 1 Satz 1 analog i.V.m. § 823 Abs. 1 BGB haben. Dann müsste § 1004 Abs. 1 Satz 1 BGB analog anwendbar sein. **11**

§ 1004 Abs. 1 Satz 1 BGB erfasst nur Beeinträchtigungen des Eigentums. Daher kommt nur eine analoge Anwendung dieser Regelung in Betracht. Eine vergleich- **12**

[4] BGHZ 155, 273, 275 – maxem.de.
[5] BGHZ 155, 273, 275 – maxem.de.
[6] BGHZ 155, 273, 275 – maxem.de.

bare Interessenlage als Voraussetzung für eine analoge Anwendung besteht aber nur dann, wenn die Registrierung eines Domain-Namens ein sonstiges Recht i.S.d. § 823 Abs. 1 BGB begründet. Sonstige Rechte i.S.d. § 823 Abs. 1 BGB sind absolute Rechte, die wie das ausdrücklich in § 823 Abs. 1 BGB genannte Eigentum gegenüber jedermann wirken. Es stellt sich daher die Frage, ob die Registrierung eines Domain-Namens für den Inhaber einer Internetadresse entweder Eigentum am Domain-Namen selbst oder ein sonstiges absolutes Recht, das ähnlich der Inhaberschaft an einem Immaterialgüterrecht dingliche Wirkung hat, begründet.

13 Durch Vertragsschluss mit der Registrierungsstelle entsteht zwar ein relativ wirkendes vertragliches Nutzungsrecht zu Gunsten des Domain-Nameninhabers. Ein sonstiges, dem Eigentum vergleichbares absolutes Recht i.S.d. § 823 Abs. 1 BGB erfordert dagegen eine gegenüber jedermann wirkende Rechtsposition.[7] Ein bei der DENIC registrierter Domain-Name führt aber lediglich auf Grund eines technischen Vorgangs zum Ausschluss anderer durch die Begründung einer technischen Adresse im Internet und damit lediglich zu einer faktischen Ausschließlichkeit. Ein absolutes Recht entsteht dadurch nicht. Zwar ist der berechtigte Besitz ein sonstiges Recht i.S.d. § 823 Abs. 1 BGB. Doch ist ein Nutzungsrecht des Inhabers eines Domain-Namens damit nicht vergleichbar, weil das gegenüber jedermann wirkende Besitzrecht nicht durch Vertrag, sondern durch Gesetz (§§ 858ff. BGB) entsteht.[8] Hinzu kommt, dass nicht der Domain-Name als solcher pfändbar i.S.d. § 857 ZPO ist, sondern lediglich jeder schuldrechtliche Anspruch des Inhabers des Domain-Namens gegenüber der Vergabestelle aus dem Registrierungsvertrag.[9] Ein Anspruch des A gegen S nach § 1004 Abs. 1 Satz 1 BGB analog i.V.m. § 823 Abs. 1 BGB auf Zustimmung zur Eintragung des A als Domain-Inhaber besteht somit nicht.

II. § 812 Abs. 1 Satz 1 Alt. 2 BGB

14 A könnte gegen S einen Anspruch auf Zustimmung seiner Eintragung als Inhaber der Domain „rechtsanwalt.de" in der WHOIS-Datenbank der DENIC nach § 812 Abs. 1 Satz 1 Alt. 2 BGB haben. Dies setzt voraus, dass B (1.) etwas erlangt hat, (2.) auf Kosten des A und (3.) ohne Rechtsgrund.

1. Etwas erlangt

15 „Etwas" i.S.d. § 812 Abs. 1 Satz 1 Alt. 2 BGB kann jeder vermögensrechtliche nutzbare Vorteil sein, den die Rechtsordnung einer bestimmten Person zuweist (Zuweisungsgehalt). Ein solcher Vorteil ist auch die Eintragung des S in der „WHOIS-Datenbank" der DENIC als Inhaber des Domain-Namens, ohne gegenüber der DENIC tatsächlich materiell berechtigt zu sein.[10] Denn die Eintragung begründet Vorteile bei der Verwaltung des Domain-Namens, der Feststellung des möglichen Anspruchsgegners im Falle einer von dem Domain-Namen ausgehenden Rechtsverletzung sowie der wirtschaftlichen Verwertung des Domain-Namens. Die Eintragung ermöglicht außerdem, rechtswirksam sowie tatsächlich Verfügungen über den Domain-Namen vorzunehmen.

---

7 BGHZ 192, 204 Rn. 23 – gewinn.de; *Bornkamm,* FS Schilling, 2007, S. 31, 39.
8 BGHZ 192, 204 Rn. 25 – gewinn.de.
9 BGHZ 192, 204 Rn. 29 – gewinn.de.
10 BGHZ 192, 204 Rn. 37 – gewinn.de.

2. Auf Kosten

S müsste die Eintragung in der „WHOIS-Datenbank" auf Kosten des A erlangt haben. Dies setzt voraus, dass S in den Gehalt einer dem A zur ausschließlichen Verfügung und Verwertung zugewiesenen Rechtsposition eingegriffen hat (Eingriff in den Zuweisungsgehalt der einem anderen ausschließlich zugewiesenen Rechtsposition).[11] Ein Domain-Name als solcher verfügt über eine solche Zuweisungsfunktion zu seinem Inhaber.[12] Die Voraussetzung „auf Kosten" ist daher bei der unrichtigen Eintragung einer Person als Inhaber des Domain-Namens in der „WHOIS-Datenbank" der DENIC erfüllt. Die Annahme von Zuweisungsfunktion eines Domain-Namens i. S. d. Bereicherungsrechts führt nicht zu einer dem Deliktsrecht vergleichbaren Haftung, da insoweit unterschiedliche Voraussetzungen und Rechtsfolgen bestehen. 16

3. Ohne rechtlichen Grund

Für einen Eingriff in die von A beanspruchte Stellung als Inhaber des Domainnamens gibt es zwischen A und S keinen rechtlichen Grund. 17

4. Anspruchsinhalt

Nach § 812 Abs. 1 Satz 1 Alt. 2 BGB ist S zur Herausgabe des Erlangten verpflichtet. Da es dem S nicht möglich ist, die Eintragung als solche herauszugeben, ist der Anspruch auf Zustimmung gegenüber der DENIC zur Änderung des Domain-Inhabers gerichtet. 18

III. Ergebnis

A kann von S die Zustimmung zur Eintragung des A als Inhaber in der „WHOIS-Datenbank" nach § 812 Abs. 1 Satz 1 Alt. 2 BGB verlangen. 19

---

[11] BGHZ 117, 121 – Forschungskosten.
[12] BGHZ 192, 204 Rn. 41 – gewinn.de; *Bornkamm,* FS Schilling, 2007, S. 31, 38 f.

Fall 4. Streit unter Anwälten

Nach BGHZ 168, 220.

Sachverhalt

Rechtsanwalt A schließt mit Rechtsanwalt B am 1.1.2010 einen Kanzleiübergabevertrag, weil sich B mit seinen 64 Jahren zur Ruhe setzen möchte. Mit diesem Vertrag erwirbt A die Rechtsanwaltskanzlei des B in der Stadt X mit Inventar, Honorarforderungen für noch nicht abgeschlossene Sachen und „die der Praxis zugehörige Klientel, soweit diese zustimmt" für einen Preis von 950000 EUR. Der Verkehrswert der Kanzlei am 1.1.2010 beträgt 1 Mio. EUR. B verpflichtet sich, auf die Rechte aus der Zulassung zur Rechtsanwaltschaft in X zu verzichten und keine neuen Mandate, die an ihn herangetragen würden, zu übernehmen. B ist außerdem verpflichtet, die Mandanten an A zu verweisen und A hierüber zu unterrichten. A erklärt, dass es ihm auf dieses Wettbewerbsverbot des B entscheidend ankommt und er ohne diese Verpflichtungen des B den Vertrag nicht schließen würde.

A bezieht die Kanzleiräume, nimmt den Kanzleibetrieb auf und führt die Kanzlei in der Weise fort, wie sie B geführt hatte. Er erwirtschaftet bis Ende September 2013 unter Übernahme von Inventar, Mitarbeitern und Aktenbeständen des B durch die Tätigkeit für die früheren Mandanten von B Gewinne in Höhe von 800000 EUR. A zahlt jedoch an B den Kaufpreis nur in Höhe von 400000 EUR. Daraufhin erhebt B Klage auf Zahlung von 550000 EUR nebst Zinsen. Im Laufe des Verfahrens kommen die Parteien überein, dass A die Kanzlei an B zurückgibt. A unterrichtet Ende September 2013 in einem Rundschreiben die Mandanten davon, dass B wieder ihre Betreuung übernehmen wolle und fragt an, ob sie zu B zurückkehren wollen. Dies verneinen die Mandanten.

Da A nicht bereit ist, sich als Rechtsanwalt in der Umgebung der Stadt X zurückzuziehen, gehen A und B davon aus, dass die Rückgabe der Rechtsanwaltskanzlei gescheitert ist. Sie sind deshalb nicht mehr zur Vornahme der dafür notwendigen Handlungen bereit. Daraufhin erweitert B seine Zahlungsklage auf 1,525 Mio. EUR. Der Verkehrswert der Kanzlei beträgt Ende September 2013 1,2 Mio. EUR. Der marktübliche Anlagezins zwischen 1.1.2010 und September 2013 beträgt 5% pro Jahr.

In welcher Höhe ist die Zahlungsklage des B begründet?

Gliederung

Lösung

I. Anspruch des B gegen A aus Vertrag nach § 433 Abs. 2 BGB auf Zahlung von 1,525 Mio. EUR

1. Vertrag zu Stande gekommen

1 Zwischen A und B ist mit dem Kanzleiübergabevertrag ein Vertrag zu Stande gekommen. Hierbei handelt es sich um einen Kaufvertrag i. S. d. § 433 BGB, da hier die schuldrechtliche Verpflichtung von B besteht, die einzelnen Vermögensgegenstände des Unternehmens auf A gegen Zahlung eines Kaufpreises zu übertragen *(Asset Deal).*[1]

2. Vertrag wirksam

2 Der Vertrag zwischen A und B könnte nichtig sein. Dies setzt voraus, dass (1.) der Vertrag insgesamt nichtig ist oder (2.) eine Klausel in dem Vertrag nichtig ist und diese Nichtigkeit auch den übrigen Vertragsteil erfasst. Hier kommt eine Nichtigkeit des Wettbewerbsverbots nach § 138 Abs. 1 BGB in Betracht, die zur Nichtigkeit des gesamten Vertrages führen könnte.

a) Nichtigkeit einer Klausel des Vertrages

aa) Nichtigkeit des Wettbewerbsverbots nach § 138 Abs. 1 BGB

3 Das zwischen A und B vereinbarte Wettbewerbsverbot könnte nach § 138 Abs. 1 BGB nichtig sein. Wettbewerbsverbote sind nur wirksam, wenn sie (1.) auf Grund eines schutzwürdigen Interesses des Berechtigten erforderlich sind und (2.) sich nach ihrem örtlichen, zeitlichen und gegenständlichen Umfang im Rahmen des Angemessenen halten.[2] Der Verbotszeitraum darf regelmäßig zwei Jahre nicht überschreiten.[3] Ein übermäßiges Verbot ist im Ganzen unwirksam[4] und erfasst regelmäßig nach § 139 BGB auch den übrigen Vertragsinhalt.[5] Mandantenschutzklauseln sind trotz Fehlens einer Befristung für zwei Jahre wirksam.[6] Ein über zwei Jahre hinausgehendes nachvertragliches Wettbewerbsverbot für einen aus einer Freiberuflersozietät ausgeschiedenen Gesellschafter verstößt jedoch gegen § 138 Abs. 1 BGB. Denn nach einem Zeitraum von zwei Jahren sind die seinerzeitigen Mandantenverbindungen typischerweise nur noch so gering, dass der Ausgeschiedene wie jeder andere Wettbewerber zu behandeln ist.

4 Auch ein zeitlich und örtlich unbegrenztes Verbot nach dem Verkauf einer Rechtsanwaltskanzlei ist nach § 138 Abs. 1 BGB nichtig.[7] Denn nach der Wertentscheidung des bei der Beurteilung der Sittenwidrigkeit eines solchen Verbots zu berücksichtigenden Art. 12 Abs. 1 GG greift ein lebenslang wirkendes Berufsverbot in

[1] Vgl. dazu *Lettl* § 5 Rn. 5 ff.
[2] *BGH* NJW 2005, 3061, 3062; BGHZ 91, 1, 6; Palandt/*Ellenberger* § 138 Rn. 104.
[3] *BGH* NJW 1994, 384, 385; 2004, 66 f.; 2015, 1012, 1013.
[4] *BGH* NJW 1986, 2944, 2945; 1997, 3089.
[5] *BGH* NJW-RR 1989, 800, 801.
[6] *BGH* NJW 2004, 66 f.
[7] *BGH* NJW 1986, 2944, 2945.

seiner Härte tief in das Grundrecht der freien Berufswahl und zugleich in die private wie berufliche Existenz ein. Denn der Betroffene kann auf Dauer nicht in dem von ihm gewählten Beruf tätig sein. Zwar ist auf der anderen Seite die in Art. 2 Abs. 1 GG gewährleistete allgemeine Handlungsfreiheit, die auch die Vertragsfreiheit umfasst,[8] zu beachten. Doch ist die Freiheit rechtsgeschäftlichen Handelns durch die „verfassungsmäßige Ordnung" begrenzt, sodass Einschränkungen dieses Freiheitsrechts keinen verfassungsrechtlichen Bedenken unterliegen, soweit sie den Grundentscheidungen des Grundgesetzes entsprechen. Der Beruf des Rechtsanwalts ist dadurch gekennzeichnet, dass seine Angehörigen auf Grund ihrer Befähigung zum Richteramt unabhängige Organe der Rechtspflege sind und einen freien Beruf als unabhängige Berater und Vertreter in allen Rechtsgebieten ausüben (§§ 1–4 BRAO). Deshalb dürfen die Parteien eines Kanzleiübergabevertrages den Grundsatz der freien Berufsausübung nur insoweit beschränken, als dies erforderlich ist, den Übernehmer davor zu schützen, dass der Übergebende seine bisherigen Mandanten abzieht[9] und damit die Erreichung des Zwecks des Kaufvertrages beeinträchtigt.

A und B vereinbaren hier ein zeitlich und örtlich unbegrenztes Verbot (Aufgabe der Zulassung zur Rechtsanwaltschaft), das tief in die berufliche Existenz des B eingreift. Denn es verwehrt B für den Rest seines Lebens die Rückkehr in das berufliche Leben des Rechtsanwalts ohne Rücksicht auf spätere Entschlüsse. Dass B bereits 64 Jahre alt ist und sich zur Ruhe setzen möchte, ist unerheblich. Außerdem gebieten die Belange des A ein so umfassendes Wettbewerbsverbot nicht. Danach ist dieses Verbot nach § 138 Abs. 1 BGB nichtig. 5

bb) Keine Umdeutung nach § 140 BGB

Das sittenwidrige Wettbewerbsverbot könnte im Hinblick auf eine zeitliche und örtliche Beschränkung umzudeuten sein (§ 140 BGB). Die Umdeutung nach § 140 BGB setzt voraus, dass die Rechtsordnung nicht den von den Parteien erstrebten Erfolg, sondern nur das von ihnen gewählte rechtliche Mittel missbilligt. Denn die Umdeutung soll dazu führen, den von den Parteien gewollten wirtschaftlichen Erfolg auch dann zu erreichen, wenn zwar das hierfür gewählte Mittel unzulässig ist, jedoch ein anderes, rechtlich zulässiges Mittel zur Verfügung steht, um den gleichen wirtschaftlichen Erfolg herbeizuführen. Der Vorwurf der Sittenwidrigkeit richtet sich jedoch gegen den gesamten Gehalt des jeweiligen Rechtsgeschäfts, sei es – wie hier – gegen den Inhalt des Vereinbarten, sei es gegen die besondere Art und Weise seines Zustandekommens. Zur Vereinbarkeit mit der Rechtsordnung bedürfte es hier der rechtsgestaltenden Veränderung des wirtschaftlichen Gehalts des sittenwidrigen Rechtsgeschäfts selbst. Gerade das stünde im Widerspruch zu Sinn und Zweck des § 138 BGB, der die Nichtigkeit des Rechtsgeschäfts anordnet. Wer seinen Vertragspartner in sittenwidriger Weise übervorteilt, soll gerade nicht zumindest das bekommen, was gerade noch vertretbar und damit sittengemäß ist. Daher kommt eine Umdeutung nicht in Betracht. 6

cc) Keine bloße Teilnichtigkeit des Wettbewerbsverbots nach § 139 BGB

Eine Verkürzung des Wettbewerbsverbots auf ein zeitlich vertretbares Maß in entsprechender Anwendung des § 139 BGB scheidet aus. Denn das umfassende Wett- 7

[8] BVerfGE 12, 341, 347; 65, 196, 210; *BGH* NJW 1986, 2944, 2945.
[9] *BGH* NJW 1968, 1717; 1986, 2944, 2945; BGHZ 91, 1, 6.

bewerbsverbot ist eine einheitliche Regelung, die nicht in mehrere Teile zerlegbar ist.

b) Nichtigkeit des gesamten Vertrages nach § 139 BGB

8 Die Nichtigkeit des Wettbewerbsverbots könnte zur Nichtigkeit des gesamten Vertrages geführt haben. Ist nämlich ein Teil eines Rechtsgeschäfts nichtig, so ist das ganze Rechtsgeschäft nichtig, wenn nicht anzunehmen ist, dass es auch ohne den nichtigen Teil vorgenommen sein würde (§ 139 BGB). Hier erklärt A, dass es ihm auf das Wettbewerbsverbot des B entscheidend ankommt und er ohne diese Verpflichtungen des B den Vertrag nicht schließen würde. Daher hätte A das Rechtsgeschäft ohne das umfassende Wettbewerbsverbot nicht vorgenommen. Infolgedessen ist der gesamte Vertrag nichtig.

3. Ergebnis

9 B stehen gegen A keine Ansprüche aus Vertrag zu, da der Kanzleiübergabevertrag nichtig ist. Ansprüche, die A und B gegeneinander zustehen, können sich daher lediglich aus § 812 Abs. 1 Satz 1 Alt. 1 BGB ergeben.

II. Anspruch des B gegen A nach §§ 812 Abs. 1 Satz 1 Alt. 1, 818 Abs. 1 und 2 BGB

10 B könnte gegen A ein Anspruch auf Zahlung von 550 000 EUR nebst Zinsen nach § 812 Abs. 1 Satz 1 Alt. 1 BGB zustehen.

1. Etwas erlangt

11 A könnte die Rechtsanwaltskanzlei des B erlangt haben. Ein freiberufliches Unternehmen ist der Inbegriff seiner materiellen und immateriellen Vermögenswerte. Dazu gehören Betriebsvermögen wie Räume und deren Ausstattung, Arbeitsverhältnisse, Mandanten-, Klienten- oder Patientenstamm sowie die Möglichkeiten, die Tätigkeit des früheren Inhabers in der bisherigen Form erfolgreich fortzusetzen.[10] Hier ist die Rechtsanwaltskanzlei des B auf A übergegangen, da A die Kanzleiräume bezieht und den Kanzleibetrieb aufnimmt. A erwirtschaftet unter Übernahme von Inventar, Mitarbeitern und Aktenbeständen des B durch die Tätigkeit für die früheren Mandanten von B Gewinne. A hat danach die Rechtsanwaltskanzlei des B erlangt.

2. Durch Leistung

12 B will mit der Übertragung der Rechtsanwaltskanzlei auf A dessen Vermögen mehren, um seine Pflichten aus dem vermeintlich wirksamen Kaufvertrag zu erfüllen, sodass A die Rechtsanwaltskanzlei des B durch Leistung des B erlangt hat.

3. Ohne Rechtsgrund

13 Da der Kanzleiübergabevertrag nichtig ist (vgl. Rn. 9), erfolgt die Leistung des B an A ohne Rechtsgrund.

[10] BGHZ 168, 220 Rn. 17 m. Anm. *S. Lorenz* LMK 2006, 189641.

4. Art und Umfang des Anspruchs nach §§ 812 Abs. 1 Satz 1 Alt. 1, 818 Abs. 1 und 2 BGB

a) Herausgabe in Natur nach § 812 Abs. 1 Satz 1 Alt. 1 BGB

§ 812 Abs. 1 Satz 1 Alt. 1 BGB begründet grundsätzlich die Verpflichtung des Bereicherten zur Herausgabe des Erlangten in Natur. Bei der Rückabwicklung eines Unternehmenskaufs ist deshalb das Unternehmen in dem Zustand auf den Bereicherungsgläubiger zurück zu übertragen, den es sich zur Zeit der Herausgabeverpflichtung aufweist.[11] Veränderungen in der Zusammensetzung der Vermögenswerte im Rahmen des gewöhnlichen Betriebsablaufs (z.B. Erneuerung von Gegenständen des Inventars; Personalwechsel; Verlust und Hinzugewinn von Mandaten) lassen die Identität des Unternehmens als solches unberührt.[12] Ist die Herausgabe des Erlangten in Natur nicht möglich, ist Wertersatz zu leisten (§ 818 Abs. 2 BGB). Es stellt sich daher die Frage, ob die Herausgabe des Erlangten in Natur nicht möglich ist. 14

b) Wertersatz wegen Unmöglichkeit der Herausgabe in Natur nach § 818 Abs. 2 BGB

aa) Unmöglichkeit der Herausgabe in Natur

Die Herausgabe des Erlangten in Natur i.S.d. § 818 Abs. 2 BGB ist unmöglich, wenn A zu der spiegelbildlich zur ursprünglichen Übertragung erfolgenden Herausgabe der Kanzlei als Einheit nicht (mehr) in der Lage ist.[13] Die Rückübertragung der Rechtsanwaltskanzlei als betrieblicher Einheit von A auf B könnte deshalb unmöglich sein, weil eine Überleitung des Mandantenstamms scheitert. Den Mandantenstamm kann A nicht durch eigene Willenserklärungen oder tatsächliche Handlungen zurückübertragen. Der Mandantenstamm kann vielmehr nur dann auf B übergehen, wenn die Mandanten des A auf Grund autonomer Entscheidung B weiterhin beauftragen. 15

(1) Unmöglichkeit der Herausgabe des Erlangten wegen beiderseitiger Annahme des Scheiterns der Rückabwicklung?

Eine Rückübertragung des Mandantenstamms könnte schon deshalb ausgeschlossen sein, weil A und B Ende September 2013 davon ausgehen, dass die Rückgabe der Rechtsanwaltskanzlei gescheitert ist. Doch steht weder dem Bereicherungsschuldner noch dem Bereicherungsgläubiger ein Wahlrecht zwischen der Herausgabe des Erlangten in Natur und Leistung von Wertersatz zu.[14] Daher können A und B nicht dadurch die Unmöglichkeit der Herausgabe des Erlangten i.S.d. § 818 Abs. 2 BGB herbeiführen, indem sie keine Rückabwicklung durchführen. 16

(2) Kein Rückfall des Mandantenstamms wegen Tätigkeit des A in X nach Herausgabe der Rechtsanwaltskanzlei an B?

Die Unmöglichkeit der Herausgabe des Erlangten auf Grund fehlender Rückübertragung des Mandantenstamms könnte sich daraus ergeben, dass A nach der Rück- 17

---

[11] MünchKommHGB/*Thiessen* Anh. § 25 Rn. 43.
[12] *Schöne* ZGR 2000, 86, 93f.
[13] *Ballerstedt,* FS Schilling, 1973, S. 289, 294.
[14] *Schöne* ZGR 2000, 87, 98.

gabe der Rechtsanwaltskanzlei an B weiterhin in der Stadt X als Rechtsanwalt tätig ist. Zunächst stellt sich die Frage, ob er hierzu überhaupt berechtigt ist.

(a) Recht des A zur weiteren Tätigkeit in X

18 A könnte verpflichtet sein, zum Zweck der Rückübertragung der Rechtsanwaltskanzlei an B eine Ausübung seines Berufs als Rechtsanwalt in der Stadt X zu unterlassen. Hierzu gibt es unterschiedliche Auffassungen.

(aa) Ansatz 1: Wettbewerbsverbot

19 Ein Teil des Schrifttums geht davon aus, dass der Verkäufer eines Unternehmens auch ohne ausdrückliche Vereinbarung zeitlich und räumlich begrenzt zur Unterlassung von Wettbewerb verpflichtet sei. [15] Denn er müsse den Eintritt des Erwerbers in den Markt und einen Übergang des Kundenstamms auf diesen fördern. Danach unterliegt auch der Bereicherungsschuldner, der ein freiberufliches Unternehmen wie eine Rechtsanwaltskanzlei herauszugeben hat, einem Wettbewerbsverbot.

(bb) Ansatz 2: Kein Wettbewerbsverbot

20 Der BGH[16] geht davon aus, dass kein Wettbewerbsverbot des Kondiktionsschuldners besteht. Die Herausgabepflicht des Bereicherungsschuldners stehe nämlich in engem Zusammenhang mit der Übertragungspflicht des Veräußerers. Deshalb schulde der zur Herausgabe des Erlangten in Natur verpflichtete Kondiktionsschuldner grundsätzlich dasselbe wie der Veräußerer bei der Erfüllung des (hier: fehlgeschlagenen) Unternehmenskaufs. Jedoch sei der Bereicherungsausgleich auf die eingetretene und noch vorhandene Vermögensmehrung beschränkt. Der Bereicherungsschuldner schulde keine Maßnahmen (z. B. Wiederherstellung bei Zerstörung oder Wiederbeschaffung bei Entziehung) zur Ermöglichung der Herausgabe in Natur, wenn sie für ihn nicht mehr möglich sei.[17] Vor der Erfüllung des nichtigen Kanzleiübergabevertrages habe es A frei gestanden, in Konkurrenz zu B zu treten. Diese Handlungsfreiheit kann er nicht dadurch verlieren, dass er eine ansonsten unmögliche Herausgabe des Mandantenstamms der Rechtsanwaltskanzlei an B durch die Unterlassung von Wettbewerb im räumlichen Einzugsbereich dieser Kanzlei ermöglichen muss. A ist daher danach nicht verpflichtet, dem B die Chance zu geben, seine alte Marktstellung wieder zu erlangen.[18]

(cc) Ergebnis

21 Die Argumentation des BGH ist überzeugend, sodass ihr zu folgen ist. Daher ist A berechtigt, in der Stadt X weiterhin als Rechtsanwalt tätig zu sein.

(b) Keine Rückübertragung des Mandantenstamms

22 Der Umstand, dass A weiterhin in der Stadt X als Rechtsanwalt tätig ist, könnte dazu führen, dass die Rückübertragung des Mandantenstamms von A auf B scheitert. Ausgangspunkt ist hierfür die Überlegung, dass der Erfolg einer Rechtsanwaltskanzlei und die dafür erforderliche Intensität sowie Dauer der Mandantenverbindung als einem persönlichen Vertrauensverhältnis mit der Person des Inhabers

[15] Baumbach/Hopt/*Hopt* Einl. vor § 1 Rn. 45; *K. Schmidt* § 5 I 2; referierend MünchKommHGB/*Thiessen* Anh. § 25 Rn. 24 und 47.

[16] BGHZ 168, 220 Rn. 27.

[17] Vgl. dazu BGHZ 112, 376, 380 f.

[18] Vgl. dazu *BGH* NJW 2002, 1340, 1341.

zusammenhängt. Die Chance für eine Rückkehr der Mandanten zu dem früheren Kanzleiinhaber verringert sich, je länger der Erwerber Gelegenheit hat, auf Grund seiner persönlichen Tätigkeit Mandantenbindungen aufzubauen.[19] Da A auch nach einer Rückgabe der für fast vier Jahre übernommenen Kanzlei weiterhin neben B in demselben räumlichen Umfeld als Rechtsanwalt tätig sein will, besteht die hohe Wahrscheinlichkeit, dass die Mandanten wegen des in dieser Zeit gegenüber A entstandenen Vertrauens weiterhin A beauftragen. Daher ist mit einer Rückübertragung des Mandantenstamms von A auf B nicht zu rechnen. Die Antworten der Mandanten auf das Rundschreiben des A bestätigen dies.

(c) Unmöglichkeit der Herausgabe des Erlangten wegen fehlender Rückübertragung des Mandantenstamms

Aus der Unmöglichkeit der Übertragung des Mandantenstamms ist auf die Unmöglichkeit der Herausgabe der Rechtsanwaltskanzlei insgesamt zu schließen. Denn der Mandantenstamm einer Rechtsanwaltskanzlei bildet die wesentliche Grundlage für die Ausübung der beruflichen Tätigkeit. **23**

(3) Unmöglichkeit der Herausgabe des Erlangten wegen nachhaltiger Umgestaltung oder Identitätswechsels

Es ist umstritten, ob eine nachhaltige Umgestaltung oder ein Identitätswechsel des Unternehmens unter der Führung des Erwerbers zur Unmöglichkeit der Herausgabe des Mandantenstamms führen kann.[20] Diese Streitfrage kann hier unentschieden bleiben, weil A die Rechtsanwaltskanzlei so führt, wie B sie zuvor geführt hatte. Es ist daher nicht zu einer nachhaltigen Umgestaltung oder einem Identitätswechsel gekommen. **24**

(4) Ergebnis

Die Herausgabe des Erlangten ist A unmöglich i.S.d. § 818 Abs. 2 BGB. Daher ist A zum Wertersatz verpflichtet. **25**

bb) Umfang des Wertersatzes

(1) Maßgeblicher Wert

Der nach § 818 Abs. 2 BGB zu leistende Wertersatz ist nach dem objektiven Verkehrswert des Erlangten zu bemessen.[21] Da dieser Wert hier am 1.1.2010 (1 Mio. EUR) und Ende September 2013 (1,2 Mio. EUR) unterschiedlich hoch ist, kommt es entscheidend darauf an, welcher Zeitpunkt für die Ermittlung des Umfangs der Wertersatzpflicht maßgeblich ist. **26**

(2) Maßgeblicher Zeitpunkt

Maßgeblicher Zeitpunkt für die Bestimmung des nach § 818 Abs. 2 BGB zu leistenden Wertersatzes ist grundsätzlich der Zeitpunkt, zu dem der Bereicherungsgegenstand rechtsgrundlos erlangt ist.[22] Dies gilt jedenfalls dann, wenn der Zeitpunkt der Entstehung des Bereicherungsanspruchs jeweils mit dem Zeitpunkt des Eintritts **27**

[19] BGHZ 168, 220 Rn. 28.

[20] Dafür *Schöne* ZGR 2000, 86, 101 ff.; *Schwintowski* JZ 1987, 588, 589; ablehnend MünchKommHGB/*Thiessen* Anh. § 25 Rn. 45 f.; offen lassend BGHZ 168, 220 Rn. 33.

[21] BGHZ 112, 288, 295; 132, 198, 207; 168, 220 Rn. 39.

[22] *BGH* NJW 2002, 1340, 1341; BGHZ 5, 197, 200; 82, 299, 310.

der Wertersatzpflicht zusammenfällt. Hier fallen jedoch der Zeitpunkt der Entstehung des Bereicherungsanspruchs (Kanzleiübergabevertrag am 1.1.2010) und der Zeitpunkt des Eintritts der Wertersatzpflicht (Unmöglichkeit der Rückübertragung des Mandantenstamms Ende September 2013) auseinander. Es stellt sich daher die Frage, auf welchen Zeitpunkt es ankommt.

28 Bis zum Eintritt der Unmöglichkeit ist der Bereicherungsschuldner zur Herausgabe in Natur verpflichtet. Ob der Bereicherungsgegenstand ab der Entstehung des Herausgabeanspruchs bis zur tatsächlichen Herausgabe an Wert gewinnt oder verliert ist unerheblich. Es ist nicht gerechtfertigt, dass der Kondiktionsschuldner eine solche Wertsteigerung – soweit sie seine nach § 818 Abs. 3 BGB abzugsfähigen Aufwendungen übersteigt – behalten darf, wenn er den Anspruch auf Herausgabe in Natur nicht alsbald nach Entstehung des Anspruchs erfüllt. Dies gilt auch für den Fall, dass die Herausgabe des Bereicherungsgegenstands unmöglich ist. Dass der Bereicherungsschuldner – hier A – die Wertsteigerung durch fachliche Leistungsfähigkeit und persönlichen Einsatz herbeiführt, steht dem nicht entgegen. Denn der Bereicherungsschuldner muss – unabhängig von seinem eigenen Anteil an einer Wertsteigerung – das Erlangte in natura herausgeben, wenn und solange ihm das möglich ist. Dazu gehört auch ein durch Wertsteigerung eingetretener Vermögensvorteil. Der Eintritt der Unmöglichkeit zur Herausgabe ändert daran nur insofern etwas, als an die Stelle der Pflicht zur Herausgabe in Natur die Verpflichtung zum Wertersatz tritt. Die Wertsteigerung ist nur durch den Einsatz des Erlangten als solchen möglich. Dieses ist aber dem Bereicherungsschuldner nicht zugewiesen.

29 Die Wertersatzpflicht tritt bei Unmöglichkeit der Herausgabe *in natura* an die Stelle der Herausgabe. Daher ist für die Bestimmung des Umfangs der Wertersatzpflicht, wenn wie hier die Unmöglichkeit der Herausgabe des Erlangten erst nach Entstehung des Anspruchs eintritt, der Zeitpunkt des Eintritts der Unmöglichkeit zu Grunde zu legen.[23] Für den Umfang der Wertersatzpflicht des A kommt es also entscheidend auf den Zeitpunkt an, zu dem die Unmöglichkeit der Herausgabe der Rechtsanwaltskanzlei in Natur eintritt. Dies ist hier Ende September 2013 der Fall, sodass für die Wertersatzpflicht des A der Wert von 1,2 Mio. EUR zu Grunde zu legen ist.

(3) Saldobildung?

30 Umstritten ist, wie die Rückabwicklung unwirksamer gegenseitiger Verträge nach den §§ 812ff. BGB zu erfolgen hat.

(a) Zweikondiktionentheorie

31 Die – früher herrschende – Zweikondiktionentheorie[24] geht davon aus, dass jeder Partei ein Bereicherungsanspruch zusteht, für dessen Inhalt und Umfang die §§ 818ff. BGB heranzuziehen sind. Diese Theorie scheint deshalb unbefriedigend, da sie einer Vertragspartei die Rückforderung des von ihr Geleisteten auch dann gestattet, obwohl sie selbst gar nicht mehr in der Lage ist, den gegen sie gerichteten Kondiktionsanspruch zu erfüllen. Deshalb ist eine Fortentwicklung der Zweikondiktionentheorie geboten, um eine Einschränkung des § 818 Abs. 3 BGB zu

[23] BGHZ 168, 220 Rn. 36; Palandt/*Sprau* § 818 Rn. 20; *Larenz/Canaris* § 72 III 5a; *Schöne* ZGR 2000, 86, 108f.; differenzierend MünchKommBGB/*Schwab* § 818 Rn. 102ff.

[24] *Oertmann* DJZ 1915, 1063ff.

erreichen (Lehre von der Gegenleistungskondiktion). Dies geschieht dadurch, dass der gutgläubige unverklagte Bereicherungsschuldner bei Zurechenbarkeit seines Verhaltens als bösgläubig i.S.d. § 819 Abs. 1 BGB zu behandeln ist und nur im Übrigen § 818 Abs. 3 BGB anwendbar bleibt.[25] Zurechenbarkeit ist dann gegeben, wenn die Entreicherung auf einem Verhalten beruht, das bei Kenntnis von der Rechtsgrundlosigkeit ein Verschulden darstellen würde.

(b) Saldotheorie

Nach der Saldotheorie bleiben die beiderseitigen Leistungen durch den Austauschzweck auch im Rückabwicklungsstadium unmittelbar miteinander verknüpft und sind anders als bei der Zweikondiktionentheorie nicht selbstständig zu beurteilen. Vielmehr gilt Folgendes: **32**

Abwicklung ungleichartiger Leistungen

Sind ungleichartige Leistungen zurückzugeben, kann jede Partei nur Zug um Zug Rückgabe der Gegenleistung verlangen.[26] Der Geltendmachung eines Zurückbehaltungsrechts nach § 273 BGB bedarf es nicht. **33**

Abwicklung gleichartiger Leistungen

Bei Abwicklung gleichartiger Leistungen wie Geldzahlungen kommt es zu einer Saldierung der Ansprüche in der Weise, dass nur der Partei ein Bereicherungsanspruch zusteht, die *per saldo* mehr gegeben als erhalten hat. Dieser Anspruch besteht in Höhe der Wertdifferenz, die sich durch die Saldierung beider Ansprüche ergibt. Die Saldotheorie ist indes nicht zu Lasten des arglistig Getäuschten[27] und nicht zu Lasten des nicht voll Geschäftsfähigen[28] anzuwenden. **34**

(c) Stellungnahme und Ergebnis

Für die Saldotheorie spricht, dass die Verknüpfung von Leistung und Gegenleistung auch im Rückabwicklungsstadium erhalten bleibt und dadurch eine angemessene Risikoverteilung erfolgt. Da es hier um Geldleistungen, also um gleichartige Leistungen geht, und weder eine arglistige Täuschung noch A und B geschäftsunfähig sind, ist der Saldo der beiderseitigen Ansprüche zu bilden. Nur demjenigen, zu dessen Gunsten sich dabei ein Überschuss ergibt, steht ein Bereicherungsanspruch zu. **35**

(4) Saldobildung im konkreten Fall

A hat an B Wertersatz für die Rechtsanwaltskanzlei in Höhe von 1,2 Mio. EUR zu leisten. Darüber hinaus hat A die mit der rechtsgrundlos erlangten Rechtsanwaltskanzlei erlangten Gewinne als Nutzungen (§ 100 BGB) herauszugeben (§ 818 Abs. 1 BGB), wenn diese Gewinne nicht ausschließlich auf den persönlichen Leistungen oder Fähigkeiten des A beruhen. Da A aus der Tätigkeit für bisherige Mandanten des B einen Gewinn in Höhe von 800000 EUR erzielt, beruht dieser Gewinn nicht ausschließlich auf den persönlichen Leistungen oder Fähigkeiten des A und ist daher ebenfalls herauszugeben. B steht daher gegen A ein Bereicherungsanspruch in Höhe von 2 Mio. EUR zu. Dem steht ein Bereicherungsanspruch des A gegen B auf Rückzahlung der bezahlten 400000 EUR (§ 812 Abs. 1 Satz 1 Alt. 1 **36**

[25] *Larenz/Canaris* § 73 III 7 e.
[26] *BGH* NJW 1988, 3011; 1995, 454, 455; 1999, 1181, 1182.
[27] BGHZ 53, 144, 146f.
[28] *BGH* NJW 1994, 2021, 2022; 2000, 3562.

BGB) nebst Zinsen (§ 818 Abs. 1 Alt. 1 BGB) gegenüber. Diese Zinsen in marktüblicher Höhe von 5% aus 400000 EUR betragen für die Jahre 2010, 2011 und 2012 jeweils 20000 EUR, insgesamt also 60000 EUR, für das Jahr 2013 (neun Monate, da Ende September Stichtag) 15000 EUR. Als Saldo ergibt sich daher zu Gunsten von B ein Überschuss in Höhe von 1,525 Mio. EUR. In dieser Höhe ist die Zahlungsklage des B begründet.

5. Ergebnis

37 B steht gegen A ein Anspruch auf Zahlung von 1,525 Mio. EUR nach §§ 812 Abs. 1 Satz 1 Alt. 1, 818 Abs. 1 und 2 BGB zu.

III. Gesamtergebnis

38 Die Klage des B gegen A auf Zahlung von 1,525 Mio. EUR ist begründet, weil B gegen A ein Anspruch auf Zahlung von 1,525 Mio. EUR nach §§ 812 Abs. 1 Satz 1 Alt. 1, 818 Abs. 1 und 2 BGB zusteht.

Fall 5. Diskothekeneröffnung mit Überraschung

Nach BGH WM 2006, 434.

Sachverhalt

Eine KG (K) betreibt in einer gemieteten Halle über mehrere Jahre eine Diskothek mit Gastronomie unter der Firma „W & K PC69 Musikbetrieb GmbH & Co. KG". Nachdem sie überschuldet und ihr wegen Mietrückstands gekündigt ist, gibt sie die Mieträume an den Vermieter Veit Vischer (V) heraus. Am selben Tag vermietet V die Räumlichkeiten an den eingetragenen Kaufmann Michael Mucki (M). Seitdem betreibt M die Diskothek in derselben Weise und in demselben Umfang, wie sie vorher K geführt hat. M benutzt das Inventar der Diskothek weiter. Außerdem übernimmt er den Telefonanschluss, die Telefonanlage, das Faxgerät, die EDV-Anlage und den Warenbestand der K sowie 90 der 220 Mitarbeiter. M führt den Betrieb ohne Unterbrechung unter der Firma „PC69 Diskothek Inhaber Michael Mucki e. K." weiter. Getränkelieferant Walter Wiesel (W) steht gegen K auf Grund erbrachter Lieferungen während des Diskothekbetriebs durch K noch ein Anspruch auf Zahlung von 21 121,69 EUR zu. Da K zahlungsunfähig ist, verlangt W Zahlung dieses Betrags von M.

Ist das Verlangen des W begründet?

Gliederung

Lösung

Vorüberlegungen: Ein Anspruch auf Zahlung von 21 121,69 EUR steht W aus Vertrag nur gegen K zu. Denn zwischen W und M bestehen im Hinblick auf die dieser Forderung zu Grunde liegenden Lieferungen keine vertraglichen Beziehungen. Da auch Ansprüche aus gesetzlichen Schuldverhältnissen fern liegen, stellt sich die Frage, auf welcher Grundlage M für die Verbindlichkeit der K möglicherweise haften muss. Grundlage hierfür könnte § 25 HGB (vgl. dazu *Lettl* § 5 Rn. 12 ff.) sein. Denn § 25 Abs. 1 Satz 1 HGB sieht eine Haftung des Erwerbers eines Handelsgeschäfts (= kaufmännisches Unternehmen) unter Lebenden auch für die durch den bisherigen Geschäftsinhaber (= Veräußerer) vor dem Erwerb begründeten Verbindlichkeiten des Unternehmens vor, wenn der neue Geschäftsinhaber (= Erwerber) die Firma des Veräußerers fortführt. Dies bezweckt den Schutz des Vertrauens des Rechtsverkehrs darauf, dass für die Verbindlichkeiten der Firma auch deren jeweiliger Rechtsträger haftet. Denn durch die Firmenfortführung tritt die Kontinuität des Unternehmens nach außen in Erscheinung.[1] § 25 Abs. 1 Satz 1 HGB ist keine eigene Anspruchsgrundlage, sondern begründet nur eine Haftung für eine bereits bestehende Altverbindlichkeit des Veräußerers. § 25 Abs. 1 Satz 1 HGB ordnet nämlich lediglich einen gesetzlichen Schuldbeitritt[2] mit unbeschränkter persönlicher Haftung für alle „im Betriebe des Geschäfts" begründeten Verbindlichkeiten an. Hierzu gehören alle Verpflichtungen, die mit dem Geschäftsbetrieb in einer so engen inneren Verbindung stehen, dass sie als dessen Folge erscheinen. Auf welchem Rechtsgrund die Verbindlichkeit beruht, ist unerheblich.[3] Es ist daher zu prüfen, ob (1.) eine Altverbindlichkeit des Veräußerers besteht und (2.) der Erwerber für diese Altverbindlichkeit nach § 25 HGB haftet.

I. Altverbindlichkeit der K nach § 433 Abs. 2 BGB

1 Eine Altverbindlichkeit der K besteht in Gestalt der Kaufpreisschuld gegenüber W nach § 433 Abs. 2 BGB (vgl. Sachverhalt). Eine KG kann nach §§ 161 Abs. 2, 124 Abs. 1 HGB Schuldnerin eines Anspruchs auf Kaufpreiszahlung sein.

II. Haftung des M nach § 25 Abs. 1 Satz 1 HGB für die Altverbindlichkeit des K

2 Der Erwerber eines Handelsgeschäfts haftet für die betriebsbezogenen Altverbindlichkeiten des Handelsgeschäfts nach § 25 Abs. 1 Satz 1 HGB, wenn er (1.) ein Handelsgeschäft (2.) unter Lebenden erwirbt und (3.) dieses Handelsgeschäft unter der bisherigen Firma mit oder ohne Beifügung eines das Nachfolgeverhältnis andeutenden Zusatzes fortführt, (4.) ohne dass ein Ausschluss der Haftung nach § 25 Abs. 2 HGB gegeben ist.

1. Handelsgeschäft

3 Der Begriff des Handelsgeschäfts (= kaufmännisches Unternehmen; anders der Begriff des Handelsgeschäfts in § 343 HGB, der ein einzelnes Rechtsgeschäft wie einen Kaufvertrag meint) setzt voraus, dass der Veräußerer zum Zeitpunkt des Erwerbs unter einer Firma ein Handelsgewerbe nach § 1 HGB betreibt[4] oder die Voraussetzungen von §§ 2, 3, 5 oder 6 HGB in der Person des Veräußerers vorliegen. Der Veräußerer muss daher zum Zeitpunkt der Veräußerung Kaufmann i. S. d.

[1] *BGH* WM 2006, 434, 435.
[2] Baumbach/Hopt/*Hopt* § 25 Rn. 10; Koller/Kindler/Roth/Morck/*Roth* § 25 Rn. 2 und 7; a. A. *K. Schmidt* § 7 V 1: Vertragsübergang.
[3] BGHZ 157, 361, 369.
[4] *BGH* NJW 1992, 112, 113.

§§ 1ff. HGB sein. Diese Voraussetzung ist hier erfüllt. Angesichts des von K ausgeübten Geschäftsumfangs ist K Istkaufmann nach § 1 HGB. Jedenfalls aber sind auf K die Regelungen über Kaufleute anwendbar (§ 6 Abs. 1 HGB).

Dass das Handelsgeschäft erhebliche Verbindlichkeiten hat und weit gehend ver- 4
mögenslos, insbesondere überschuldet oder zahlungsunfähig ist, schadet nicht, weil § 25 Abs. 1 Satz 1 HGB die Haftung lediglich an eine nach außen in Erscheinung tretende Unternehmenskontinuität knüpft. Es kommt daher nicht darauf an, ob der Wert des Unternehmens zur Befriedigung seiner Gläubiger ausreicht. Auch die Kenntnis des Dritten hiervon bei Begründung der Verbindlichkeit zu Lasten des bisherigen Geschäftsinhabers etwa durch Vertragsschluss ist unerheblich.[5] Insbesondere kann der Betrieb eines Handelsgeschäfts auf den Betrieb einer Diskothek gerichtet sein. Auch kann das Handelsgeschäft im Wesentlichen in dem Abschluss eines Mietvertrages über Geschäftsräume, den Einrichtungsgegenständen wie insbesondere den Kommunikationsanlagen und dem Personal verkörpert sein. Der Diskothekenbetrieb der K stellt daher unabhängig von seiner finanziellen Situation ein Handelsgeschäft dar.

2. Erwerb des Handelsgeschäfts unter Lebenden

Das Handelsgeschäft muss unter Lebenden erworben sein. Fehlt es daran, kommt 5
es auf die übrigen Voraussetzungen des § 25 Abs. 1 Satz 1 HGB nicht mehr an. Erwerb bedeutet jede Übernahme der Trägerschaft,[6] die nicht auf Grund einer Erbschaft erfolgt; denn für den Erwerb von Todes wegen gilt § 27 HGB. Es genügt bereits der Erwerb von Teilen des Handelsgeschäfts, sofern der Erwerber diejenigen Teile, die den wesentlichen Kern des Handelsgeschäfts ausmachen – also den Tätigkeitsbereich bestimmen, mit dem das Handelsgeschäft nach außen in Erscheinung tritt – erwirbt. Hierfür kommt es nicht auf die räumlichen Verhältnisse an. Ob der Erwerber das ganze oder nahezu ganze Vermögen des Handelsgeschäfts übernimmt, ist unerheblich.[7] Auch auf die Rechtsnatur des Rechtsgeschäfts zwischen Veräußerer und Erwerber (z. B. Kauf, Schenkung, Miete, Pacht; Auseinandersetzung unter Miterben; Treuhand; Vergleich) kommt es grundsätzlich nicht an. Für den Erwerb eines Handelsgeschäfts im Insolvenzverfahren, gilt § 25 Abs. 1 Satz 1 HGB nach ganz überwiegender Auffassung wegen teleologischer Reduktion der Vorschrift nicht, da das Unternehmen andernfalls (trotz § 25 Abs. 2 HGB) unveräußerbar sei.[8] Doch ist § 25 Abs. 1 Satz 1 HGB bei dem Erwerb von einem überschuldeten Veräußerer außerhalb eines Insolvenzverfahrens oder bei Sanierungsmaßnahmen nach §§ 21ff. InsO anwendbar.[9] Eine teleologische Reduktion von § 25 Abs. 1 Satz 1 HGB, diese Regelung auch auf den Erwerb eines insolventen Unternehmens außerhalb des Insolvenzverfahrens nicht anzuwenden,[10] muss schon aus Gründen der Rechtssicherheit ausgeschlossen sein.[11] Außerdem sind die Altgläubiger insoweit ausreichend

[5] *BGH* WM 2006, 434, 435.

[6] Großkomm/*Burgard* § 25 Rn. 52; Oetker/*Vossler* § 25 Rn. 15; Koller/Kindler/Roth/Morck/*Roth* § 25 Rn. 4.

[7] *BGH* NJW 1982, 1647, 1648.

[8] BGHZ 104, 151, 154; Baumbach/Hopt/*Hopt* § 25 Rn. 4.

[9] *BGH* NJW 1992, 911; WM 2006, 434, 435; BGHZ 104, 151, 155.

[10] *Canaris* § 7 Rn. 16; *ders.*, FS Frotz, 1993, S. 11, 42.

[11] Ebenso schon z. B. *Kanzleiter* DNotZ 2006, 590, 592; *Lettl* § 5 Rn. 19.

durch die Vorschriften über Insolvenz, Anfechtung und unerlaubte Handlungen geschützt. Es stellt sich jedoch die näher zu untersuchende Frage, ob § 25 Abs. 1 Satz 1 HGB auch dann anwendbar ist, wenn – wie hier – zwischen bisherigem und neuem Unternehmensträger kein Rechtsgeschäft zu Stande kommt oder ein solches Rechtsgeschäft nichtig oder (schwebend) unwirksam ist.

a) Ansatz des BGH und von Teilen des Schrifttums

6 Der BGH[12] und Teile des Schrifttums[13] nehmen einen Erwerb des Handelsgeschäfts unter Lebenden auch dann an, wenn zwischen bisherigem und neuem Geschäftsinhaber kein Rechtsgeschäft zu Stande gekommen ist. So bejaht der BGH den Erwerb eines Handelsgeschäfts unter Lebenden, wenn eine Person ein Unternehmen (im konkreten Fall eine Druckerei), das zuvor ein anderer als Pächter betrieben hat, nach Kündigung des Pachtvertrages durch den Verpächter selbst pachtet und das Unternehmen fortführt (Doppelpächterfall).[14] Der Pächter müsse hier als Erwerber nach § 25 Abs. 1 Satz 1 HGB für die Verbindlichkeiten seines Vorpächters haften. Das Fehlen rechtsgeschäftlicher Beziehungen zwischen dem Pächter und dem Vorpächter stehe dem nicht entgegen. Denn das Gesetz verknüpfe die Haftung mit dem Handelsgeschäft selbst und lasse sie über den Wechsel des Unternehmensträgers hinaus zu Lasten des späteren Trägers ohne weiteres fortdauern, wenn das Geschäft in seinem wesentlichen Bestand erhalten bleibe und die Kontinuität des Unternehmens nach außen hin durch die Fortführung der bisherigen Firma in Erscheinung trete. Daher sei es unvertretbar, anzunehmen, für den Fortbestand der Haftung sei zu unterscheiden, ob sich die Aufeinanderfolge der haftenden Unternehmensträger rechtsgeschäftlich oder nur tatsächlich, unmittelbar oder nur mittelbar über einen Zwischenerwerber hinweg vollziehe.

7 Der BGH sieht zwar die Schwierigkeit, dass der Pächter zur Begründung eines Haftungsausschlusses mit dem Vorpächter eine Vereinbarung nach § 25 Abs. 2 HGB treffen müsste. Doch lasse sich mit § 25 Abs. 2 HGB nicht die Auffassung begründen, die Haftung des Erwerbers käme nur in Betracht, wenn sie ausschließbar sei. Der Pächter müsse eine Vereinbarung i. S. d. § 25 Abs. 2 HGB mit dem Vorpächter treffen, wobei der Verpächter eine solche Vereinbarung vermitteln und durch entsprechende Vereinbarung im Vertrag mit dem Vorpächter sicherstellen könne.

b) Abweichende Auffassung im Schrifttum

8 Nach einer abweichenden Auffassung im Schrifttum[15] steht dem bloßen Abstellen auf den tatsächlichen Übergang des Handelsgeschäfts das Tatbestandsmerkmal „erworbenes" Handelsgeschäft entgegen. Danach sind Zustandekommen und Wirksamkeit eines Rechtsgeschäfts zwischen bisherigem und neuem Geschäftsinhaber für den Erwerb des Handelsgeschäfts erforderlich. Der Erwerb eines Handelsge-

[12] *BGH* NJW 1992, 911, 912; WM 2006, 434, 435; BGHZ 18, 248, 251 f.; 22, 234, 239.

[13] Großkomm/*Burgard* § 25 Rn. 56; Baumbach/Hopt/*Hopt* § 25 Rn. 5; Koller/Kindler/Roth/Morck/*Roth* § 25 Rn. 4, jeweils aus Gründen des Verkehrsschutzes.

[14] *BGH* WM 1984, 474, 475 = NJW 1984, 1186, 1187 mit zustimmender Anm. *K. Schmidt.*

[15] Ebenso schon *OLG Dresden* NZG 2000, 32, 33; Großkomm/*Thiessen* § 25 Rn. 43; Ebenroth/Boujong/Joost/Strohn/*Reuschle* § 25 Rn. 32; Heymann/*Emmerich* § 25 Rn. 19; *Canaris* § 7 Rn. 24; *Lettl* § 5 Rn. 19; *ders.* WM 2006, 2336, 2339 f.; *Kanzleiter* DNotZ 2006, 590, 592; *Honsell/Harrer* ZIP 1983, 259, 261 ff.

schäfts unter Lebenden setzt daher einen abgeleiteten (= derivativen) und wirksamen rechtsgeschäftlichen Erwerb vom bisherigen Geschäftsinhaber voraus.[16] Die Haftungserstreckung auf den Erwerber nach § 25 Abs. 1 Satz 1 HGB sei nur dann gerechtfertigt, wenn die Geschäftsübernahme einverständlich erfolge.[17] Daher liege der Erwerb eines Handelsgeschäfts nicht vor, wenn der bisherige Unternehmensträger seine geschäftliche Tätigkeit einstelle oder gar im Handelsregister gelöscht sei und ein anderes – gegebenenfalls zu diesem Zweck neu gegründetes – Unternehmen diese Tätigkeit aufnehme. Ein derivativer Erwerb sei auch deshalb erforderlich, weil dem Erwerber andernfalls die Möglichkeit des Abschlusses einer Vereinbarung i.S.d. § 25 Abs. 2 HGB mit dem Veräußerer fehle;[18] Teile des Schrifttums erwägen insoweit allerdings, einen einseitigen Haftungsausschluss durch den Erwerber zuzulassen.[19] Sei der Unternehmenskaufvertrag nichtig oder unwirksam, komme eine Haftung des Erwerbers nach Rechtsscheingrundsätzen in Betracht.

c) Stellungnahme[20]

Teile des Schrifttums verlangen zu Recht für das Tatbestandsmerkmal „Erwerb des Handelsgeschäfts unter Lebenden“ ein Rechtsgeschäft zwischen bisherigem und neuem Geschäftsinhaber – hier also zwischen K und M. Bereits der für die Auslegung einer Norm so gewichtige Wortlaut („erworbenes Handelsgeschäft“) deutet darauf hin, dass die Gesetzesverfasser dies genauso gesehen haben. Die rechtspolitisch ohnehin fragwürdige Haftung des Erwerbers nach § 25 Abs. 1 Satz 1 HGB gebietet außerdem eine enge Auslegung dieser Regelung. Dass das danach erforderliche Rechtsgeschäft zwischen bisherigem und neuem Geschäftsinhaber zu Stande kommen muss, ergibt sich schon aus dem Zusammenhang von § 25 Abs. 1 Satz 1 HGB und § 25 Abs. 2 HGB, da der Erwerber mit einem Dritten (z.B. Verpächter) keine Vereinbarung im Sinne dieser Regelung treffen kann. Ein Haftungsausschluss auf Grund der Eintragung oder Mitteilung einer bloß einseitigen Erklärung steht jedenfalls mit dem Wortlaut des § 25 Abs. 2 HGB nicht in Einklang. Außerdem ist die Haftung des Erwerbers nach § 25 Abs. 1 Satz 1 HGB für betriebsbezogene Altverbindlichkeiten nur im Hinblick auf denjenigen Veräußerer gerechtfertigt, mit dem der Erwerber auf Grund eigener privatautonomer Entscheidung in rechtsgeschäftlichen Kontakt tritt und der Erwerber sonach weiß oder wissen kann, worauf er sich einlässt. Nur in diesem Fall sind die Erwartungen des Rechtsverkehrs an eine Haftungskontinuität höher zu bewerten. Andernfalls bestünde hingegen die – vom Gesetzgeber gewiss nicht beabsichtigte – Gefahr einer nicht sinnvoll begrenzten Haftung des Erwerbers.[21] Hätte M mit K eine (wirksame) Vereinbarung in der Weise getroffen, dass K mit der Übernahme seines Mietvertrages und Teilen seines Personals sowie der weiteren Benutzung der Einrichtungsgegenstände durch M einverstanden ist, läge ohne Zweifel ein Erwerb des Handelsgeschäfts i.S.d. § 25 Abs. 1 Satz 1 HGB vor. Da hier zwischen M und K aber keine rechtsgeschäftliche Verbindung besteht, liegt kein Erwerb eines Handelsgeschäfts unter Lebenden vor. **9**

[16] Großkomm/*Thiessen* § 25 Rn. 43.
[17] *OLG Dresden* NZG 2000, 32, 33f.
[18] Großkomm/*Thiessen* § 25 Rn. 43.
[19] So bereits *Lettl* WM 2006, 2336, 2339f.
[20] MünchKommHGB/*Thiessen* § 25 Rn. 43, 50, 97: einseitige „Haftungsabwehrerklärung“.
[21] Vgl. dazu *Lettl* § 5 Rn. 19.

d) Zwischenergebnis

10 Nach der Auffassung des BGH und Teilen des Schrifttums liegt hier ein Erwerb des Handelsgeschäfts unter Lebenden vor, sodass die weiteren Voraussetzungen des § 25 HGB zu prüfen sind. Nach der hier vertretenen Auffassung liegt ein solcher Erwerb nicht vor, sodass es auf die weiteren Voraussetzungen des § 25 HGB an sich nicht mehr ankommt. Sie sind daher hilfsgutachterlich zu prüfen.

3. Fortführung des Handelsgeschäfts

11 Die Fortführung des Handelsgeschäfts setzt zunächst voraus, dass der Erwerber Kaufmann i.S.d. §§ 1ff. HGB oder Scheinkaufmann ist. § 25 HGB gilt daher nicht für Nichtkaufleute als Erwerber. Eine analoge Anwendung von § 25 HGB auf Nichtkaufleute scheidet aus, weil Nichtkaufleute nicht mit der Haftung nach § 25 Abs. 1 Satz 1 HGB rechnen müssen und weder Anlass noch Berechtigung zur Begründung eines Haftungsausschlusses nach § 25 Abs. 2 HGB haben.[22] Auf Grund der Sachverhaltsangaben zum Geschäftsumfang ist wie bei K davon auszugehen, dass M Istkaufmann i.S.d. § 1 HGB ist. M ist außerdem als Kaufmann in das Handelsregister eingetragen (vgl. Sachverhalt) und daher jedenfalls nach § 2 HGB Kaufmann (Kannkaufmann).

12 Der Erwerber führt das Handelsgeschäft fort, wenn er zumindest dessen wesentlichen Bestand unverändert weiter betreibt. Denn dann stellt sich der nach außen für den Rechtsverkehr in Erscheinung tretende Vorgang als Fortführung des Unternehmens in seinem wesentlichen Bestand dar (z.B. Eintritt in bestehende Kunden- und Lieferantenbeziehungen, Beibehaltung von Tätigkeitsbereich und innerer Organisation, Übernahme des Personals, Übernahme des Inventars wie kommunikationstechnischer Einrichtungen und Räumlichkeiten).[23] Der Erwerber führt das Handelsgeschäft nicht fort, wenn er es ausschlachtet oder alsbald weiterveräußert. Hier betreibt M die Diskothek in derselben Weise und in demselben Umfang, wie sie vorher die K geführt hat. M benutzt das Inventar der Diskothek weiter. Außerdem übernimmt er den Telefonanschluss, die Telefonanlage, das Faxgerät, die EDV-Anlage und den Warenbestand der K sowie 90 der 220 Mitarbeiter. M betreibt daher zumindest den wesentlichen Kern des vormals von K betriebenen Handelsgeschäfts weiter.

4. Fortführung der bisherigen Firma

13 Der Erwerber muss das Handelsgeschäft unter der bisherigen Firma fortführen. Der Veräußerer muss also die Firma tatsächlich (zumindest kurzfristig) geführt haben und der Erwerber muss diese Firma fortführen. Ohne Bedeutung ist hingegen, ob der Veräußerer die Firma unbefugt geführt[24] hat und ob der Veräußerer die bisherige Firma auf den Erwerber übertragen hat.[25] Ob der Erwerber die bisherige Firma fortführt, ist aus der Sicht der maßgeblichen Verkehrskreise zu beurteilen.[26] Entscheidend ist allein, ob für den Verkehr die von dem bisherigen Geschäftsinhaber

[22] *Canaris* § 7 Rn. 20; a.A. *K. Schmidt* § 8 I 1 a.
[23] *BGH* NJW 1992, 911, 912; WM 2006, 434, 435; BGHZ 18, 248, 250.
[24] BGHZ 22, 234, 237.
[25] *BGH* NJW 1982, 1647.
[26] *BGH* WM 2006, 434, 435.

geführte Firma in der Firma des Erwerbers so prägend wiederkehrt, dass der Verkehr sie mit dem Unternehmen gleichsetzt. Eine wort- und buchstabengetreue Übereinstimmung zwischen bisheriger und neuer Firma ist nicht erforderlich. Es genügt vielmehr, dass der Geschäftsverkehr die neue Firma mit der bisherigen Firma identifiziert. Gewisse Änderungen der bisherigen Firma sind insoweit unerheblich. Zur Fortführung der Firma reicht bereits, dass der Erwerber den Kern der bisherigen Firma in ihrem prägenden Teil übernimmt.[27] Zum Kern der Firma gehören der Name und die Bezeichnung des Geschäftszweigs. Ohne Bedeutung ist das Hinzufügen, das Weglassen oder die Änderung eines Gesellschaftszusatzes oder von Firmenbestandteilen, denen – wie dem Vornamen – keine Individualisierungskraft zukommt. So übernimmt der Erwerber nach Auffassung des BGH beispielsweise dann den prägenden Teil der Firma, wenn er anstelle der bisherigen Firma „Elektro-S-AS" unter der Firma „Elektro-S-GmbH"[28] oder anstelle der bisherigen Firma „Druckerei H-St" unter der Firma „Druckerei H-St, Inhaber Wolfgang Meier"[29] oder anstelle der bisherigen Firma „Kfz-Küpper, Internationale Transporte, Handel mit Kfz-Teilen und Zubehöre aller Art" unter der Firma „Kfz Küpper Transport und Logistik GmbH"[30] auftritt.

In dem hier zu beurteilenden Fall liegt nicht ohne weiteres eine Firmenfortführung vor, da die Firma der KG „W & K PC69 Musikbetrieb GmbH & Co. KG" lautete und M unter der Firma „PC69 Diskothek Inhaber Michael Mucki e. K." auftritt. Zwar ist es für eine Firmenfortführung i. S. d. § 25 Abs. 1 Satz 1 HGB unerheblich, ob der Veräußerer die bisherige Firma auf den Erwerber überträgt. Doch identifiziert der Rechtsverkehr die Firma des M nicht mit der bisherigen Firma der K. Zwar besteht Übereinstimmung im Hinblick auf die Bezeichnung „PC69". Doch ist der Kern beider Firmen im Übrigen völlig unterschiedlich.[31] Auch die unterschiedliche Rechtsform – GmbH & Co. KG einerseits und e. K. andererseits – führt dazu, dass die Erwartung des Rechtsverkehrs nicht auf eine Haftungskontinuität gerichtet sein darf. M führt daher nicht die Firma von K fort (a. A. gut vertretbar). **14**

Führt der Erwerber die bisherige Firma – wie hier – nicht fort, indem er eine von der bisherigen Firma deutlich unterscheidbare Firma wählt, gelten die Regeln des bürgerlichen Rechts (§§ 414, 415 BGB). Der Erwerber haftet in diesem Fall für die betriebsbezogenen Altverbindlichkeiten des Veräußerers nur dann, wenn ein besonderer Verpflichtungsgrund vorliegt (§ 25 Abs. 3 HGB). Als einen solchen Verpflichtungsgrund nennt § 25 Abs. 3 HGB beispielhaft („insbesondere") die Bekanntmachung der Übernahme der Verbindlichkeiten durch den Erwerber in handelsüblicher Weise (z. B. Zeitungsanzeige, Mitteilung gegenüber dem Registergericht oder Gläubigern). Ein besonderer Verpflichtungsgrund kann weiter in der Erfüllung der Voraussetzungen von §§ 613a, 566 BGB, 75 AO sowie in der Übernahme einer Bürgschaft liegen. Im Verhältnis von W zu M liegt ein solcher besonderer Verpflichtungsgrund hingegen nicht vor. **15**

---

[27] *BGH* NJW 1992, 911, 912; 2001, 1352f.

[28] *BGH* NJW 1986, 581, 582; vgl. auch *BGH* NJW 2001, 1352, 1353.

[29] *BGH* NJW 1984, 1186, 1187.

[30] *BGH* WM 2004, 1178, 1179.

[31] Ebenso schon *Kanzleiter* DNotZ 2006, 590, 594; a. A. *BGH* WM 2006, 434 (insoweit nicht abgedruckt).

5. Kein Ausschluss der Haftung nach § 25 Abs. 2 HGB

16 Für einen Haftungsausschluss nach § 25 Abs. 2 HGB fehlen hier indes Anhaltspunkte.

III. Ergebnis

17 W steht nach der hier vertretenen Auffassung kein Anspruch gegen M auf Zahlung von 21 121,69 EUR nach § 433 Abs. 2 BGB, §§ 124 Abs. 1, 25 Abs. 1 Satz 1 HGB zu. Denn danach fehlt es sowohl an dem Erwerb des Handelsgeschäfts unter Lebenden sowie an der Fortführung der Firma. Die gut vertretbare gegenteilige Auffassung gelangt hingegen zum entgegengesetzten Ergebnis.

Fall 6. Teure Freundschaft

Sachverhalt

Kaufmann A betreibt einen Getränkehandel unter der Bezeichnung „A-Getränke e.K.". C steht für gelieferte Ware ein Anspruch gegen A auf Zahlung von 100 000 EUR zu. Nachdem A seinen Betrieb erweitern will, gründet er mit seinem vermögenden Freund B eine oHG, die das bisherige Unternehmen unter der Bezeichnung „Getränkeoase oHG" fortführt.

Von wem kann C Zahlung des Kaufpreises verlangen?

Gliederung

Lösung

Vorüberlegungen: Ein Anspruch auf Zahlung von 100 000 EUR steht C aus Vertrag nur gegen A zu. Denn zwischen C und B sowie zwischen C und der oHG bestehen im Hinblick auf die dieser Forderung zu Grunde liegenden Lieferungen keine vertraglichen Beziehungen. Da auch Ansprüche aus gesetzlichen Schuldverhältnissen fern liegen, stellt sich die Frage, auf welcher Grundlage die oHG und B für die Verbindlichkeit des A möglicherweise haften. Grundlage hierfür könnte § 28 HGB (vgl. dazu *Lettl* § 5 Rn. 73 ff.) sein. Denn § 28 HGB regelt den Fall, dass jemand als persönlich haftender Gesellschafter (Komplementär) oder Kommanditist in das Geschäft eines Einzelkaufmanns eintritt. In diesem Falle haftet die nunmehr bestehende Gesellschaft (oHG oder KG), die an die Stelle des Einzelkaufmanns als Unternehmensträger tritt, für alle Altverbindlichkeiten ohne Rücksicht auf die Fortführung der bisherigen Firma (§ 28 Abs. 1 Satz 1 HGB). § 28 HGB trägt der Verkehrserwartung Rechnung, dass auch ohne Fortführung der bisherigen Firma ein Wechsel des Unternehmensträgers mit einer uneingeschränkten Haftung der durch den Eintritt einer Person in das Geschäft eines Einzelkaufmanns entstehenden Gesellschaft verbunden ist.[1] Für die so entstandene Verbindlichkeit der oHG könnte B nach § 128 Satz 1 HGB haften. § 28 Abs. 1 Satz 1 HGB ist wie § 25 Abs. 1 Satz 1 HGB keine eigene Anspruchsgrundlage, sondern begründet nur eine Haftung für eine bereits bestehende Altverbindlichkeit des Veräußerers. § 28 Abs. 1 Satz 1 HGB ordnet nämlich lediglich einen gesetzlichen Schuldbeitritt der entstehenden oHG mit unbeschränkter Haftung für alle „im Betriebe des Geschäfts" begründeten Verbindlichkeiten an. Hierzu gehören alle Verpflichtungen, die mit dem Geschäftsbetrieb in einer so engen inneren Verbindung stehen, dass sie als dessen Folge erscheinen. Auf welchem Rechtsgrund die Verbindlichkeit beruht, ist unerheblich.[2] Es ist daher für die Haftung der oHG zu prüfen, ob (1.) eine Altverbindlichkeit des vormaligen Einzelkaufmanns besteht und (2.) die oHG für diese Altverbindlichkeit nach § 28 HGB haftet. Besteht eine solche Haftung, stellt sich (3.) weiter die Frage, ob der eintretende Gesellschafter für die Gesellschaftsverbindlichkeit nach § 128 Satz 1 HGB einstehen muss.

I. Anspruch des C gegen A auf Zahlung von 100000 EUR nach § 433 Abs. 2 BGB

1 § 28 Abs. 1 Satz 1 HGB begründet lediglich einen gesetzlichen Schuldbeitritt.[3] Der Einzelkaufmann haftet daher neben der Gesellschaft weiter, sofern er nicht die Stellung eines Kommanditisten erhält und es zu einer Enthaftung kommt (§ 28 Abs. 3 HGB i.V.m. § 26 HGB). A schließt den Kaufvertrag persönlich mit C und haftet daraus nach § 433 Abs. 2 BGB. Diese Haftung besteht weiter und ist nicht durch eine etwaige Haftung der oHG nach § 28 Abs. 1 Satz 1 HGB ausgeschlossen. Eine Möglichkeit der Enthaftung nach § 28 Abs. 3 HGB i.V.m. § 26 HGB besteht für A hier nicht, da er nicht Kommanditist, sondern persönlich haftender Gesellschafter ist.

II. Anspruch des C gegen die oHG auf Zahlung von 100000 EUR nach § 433 Abs. 2 BGB, §§ 28 Abs. 1 Satz 1, 124 Abs. 1 HGB

2 In Betracht kommt ein Anspruch von C gegen die oHG auf Zahlung von 100000 EUR nach § 433 Abs. 2 BGB, §§ 28 Abs. 1 Satz 1, 124 Abs. 1 HGB. Diese Haftung der Gesellschaft setzt (1.) das Geschäft eines Einzelkaufmanns voraus, in das (2.) jemand als persönlich haftender Gesellschafter oder Kommanditist eintritt und (3.) das die Gesellschaft fortführt, ohne dass (4.) ein Ausschluss der Haftung nach § 28 Abs. 2 HGB vorliegt.

1. Geschäft eines Einzelkaufmanns

3 A ist Kaufmann (vgl. Sachverhalt). Der von ihm betriebene Getränkehandel ist daher das Geschäft eines Einzelkaufmanns.

2. Eintritt als persönlich haftender Gesellschafter oder Kommanditist

4 A und B gründen eine oHG unter Eintritt von B als persönlich haftendem Gesellschafter und bringen das einzelkaufmännische Unternehmen in diese Gesellschaft ein.

---

[1] Koller/Kindler/Roth/Morck/*Roth* § 28 Rn. 2.

[2] BGHZ 157, 361, 369.

[3] *BGH* WM 1989, 1219, 1221; Baumbach/Hopt/*Hopt* § 28 Rn. 5.

3. Fortführung des Geschäfts

Die gegründete oHG führt das Geschäft des A fort. 5

4. Kein Ausschluss der Haftung nach § 28 Abs. 2 HGB

Ein Ausschluss der Haftung nach § 28 Abs. 2 HGB liegt nicht vor. 6

5. Unerheblichkeit fehlender Firmenfortführung

Zwar führt die oHG die Firma des A nicht fort („A-Getränke e.K." einerseits, „Ge- 7
tränkeoase oHG" andererseits). Darauf kommt es bei § 28 Abs. 1 Satz 1 HGB aber nicht an.

6. Rechtsfolge

Die oHG haftet für die betriebsbezogenen Altverbindlichkeiten des A gegenüber C. 8
Um eine solche betriebsbezogene Verbindlichkeit des A handelt es hier (Anspruch auf Kaufpreiszahlung auf Grund Lieferung von Ware für den Getränkehandel).

III. Haftung des B für die Gesellschaftsverbindlichkeit nach § 128 Satz 1 HGB i.V.m. § 433 Abs. 2 BGB, §§ 28 Abs. 1 Satz 1, 124 Abs. 1 HGB

Nach § 128 Satz 1 HGB haften die Gesellschafter einer oHG den Gläubigern der 9
Gesellschaft als Gesamtschuldner persönlich. Umstritten ist, ob sich diese Haftung auch auf eine nach § 28 Abs. 1 Satz 1 HGB begründete Gesellschaftsverbindlichkeit erstreckt.

1. Ansatz 1: Keine Anwendbarkeit von § 128 Satz 1 HGB

Nach einer Ansicht im Schrifttum[4] privilegiert die Haftung auch der Gesellschafter 10
für eine nach § 28 Abs. 1 Satz 1 HGB begründete Gesellschaftsverbindlichkeit die Gläubiger zu Unrecht. § 28 HGB spreche nur von einer Haftung der Gesellschaft. Außerdem erstrecke sich die Haftungserwartung des Verkehrs nicht darauf, den Vorteil einer zusätzlichen persönlichen Einstandspflicht zu erhalten. Danach haften die Gesellschafter von vornherein nicht persönlich nach § 128 Satz 1 HGB für die Verbindlichkeiten der Gesellschaft i.S.d. § 28 Abs. 1 Satz 1 HGB.

2. Ansatz 2: Anwendbarkeit von § 128 Satz 1 HGB

Nach vorzugswürdiger Ansicht haften die Gesellschafter einer oHG für die auf 11
Grund von § 28 Abs. 1 Satz 1 HGB entstandene Gesellschaftsverbindlichkeit auch persönlich nach § 128 Satz 1 HGB.[5] Denn dies ist für den Eintretenden keine unzumutbare Belastung. Auch § 130 HGB sieht für einen in eine bestehende Personenhandelsgesellschaft eintretenden Gesellschafter eine volle persönliche Haftung für die vor seinem Eintritt begründeten Verbindlichkeiten vor. Danach haften sowohl der Eintretende als auch der Einzelkaufmann, sofern sie – wie hier als Gesellschafter einer oHG – persönlich haftende Gesellschafter der Gesellschaft sind, per-

---

[4] *Canaris* § 7 Rn. 92: unverdientes Geschenk an die Gläubiger.

[5] *BGH* NJW 1966, 1917, 1918; 1972, 1466, 1467; BGHZ 157, 361, 364f.; Baumbach/Hopt/*Hopt* § 28 Rn. 5; *K. Schmidt* § 8 II 2a.

sönlich nach § 128 Satz 1 HGB für die Gesellschaftsverbindlichkeiten i. S. d. § 28 Abs. 1 Satz 1 HGB (wobei die Haftung des bisherigen Geschäftsinhabers als Eigenschuld daneben besteht). Ein Haftungsausschluss nach § 28 Abs. 2 HGB wirkte zwar nach §§ 128, 130 HGB auch zu Gunsten der Gesellschafter, sodass in diesem Fall die Haftung der Gesellschafter nach § 128 Satz 1 HGB für eine Gesellschaftsverbindlichkeit i. S. d. § 28 Abs. 1 Satz 1 HGB ausgeschlossen wäre.[6] Ein solcher Haftungsausschluss besteht hier jedoch nicht (siehe Rn. 6).

---

6 Koller/Kindler/Roth/Morck/*Roth* § 28 Rn. 15; *Canaris* § 7 Rn. 84.

Fall 7. Berufseinstieg mit Überraschungen

Sachverhalt

A hat gerade die Steuerberaterprüfung bestanden und tritt zum 1.1.2013 in die Kanzlei des B, der schon lange Jahre als Steuerberater tätig ist, ein. Der Zweck des Zusammenschlusses ist auf die gemeinsame Berufsausübung in einer Sozietät gerichtet. A und B vereinbaren, dass B seine bisherigen Mandate weiterhin im eigenen Namen und für eigene Rechnung bearbeiten soll. Außerdem soll B alleinvertretungsberechtigt sein. Ab dem 1.1.2013 erteilte Mandate soll die Sozietät bearbeiten und abrechnen. Nachdem die Sozietät mehr und mehr Mandate erhält, beschließen A und B, den C zum 1.6.2013 in ihre Sozietät aufzunehmen. Wegen eines persönlichen Zerwürfnisses zwischen B und C entscheidet sich C jedoch schon am 25.6.2013 dazu, aus der Sozietät auszutreten. An dessen Stelle tritt D zum 1.7.2013 in die Sozietät ein, wobei die Gesellschafter mit D in der Satzung der Gesellschaft vereinbaren, dass D nicht persönlich für Gesellschaftsverbindlichkeiten gegenüber Dritten haften soll.

B hatte dem Mandanten E am 30.11.2012 falsche Auskünfte erteilt und diesen dadurch in Höhe von 50 000 EUR geschädigt. E will wissen, ob und von wem er den Schaden ersetzt verlangen kann.

B schließt am 2.6.2013 namens der Sozietät einen Vertrag mit F zur Betreuung von dessen Unternehmen in steuerlichen Angelegenheiten. B greift dabei auf das stets von der Sozietät für Verträge mit Mandanten verwendete Vertragsformular zurück. Darin ist die persönliche Haftung der jeweiligen Gesellschafter der Sozietät ausgeschlossen. B versäumt es, die Verjährung von Ansprüchen des F, die am 30.6.2013 eintrat, zu hemmen. Da sich die Gegenseite am 3.7.2013 auf Verjährung beruft, kann F die ihm tatsächlich zustehenden Ansprüche in Höhe von 150 000 EUR nicht mehr durchsetzen. F will wissen, ob und von wem er diesen Schaden ersetzt verlangen kann.

Am 4.7.2013 fährt B auf dem Weg zum Finanzgericht aus Unachtsamkeit den Fußgänger G an und verletzt ihn. G muss 1 500 EUR Heilungskosten aufwenden. Kann G diese von D ersetzt verlangen?

Skizze

30.11.2012:	falsche Auskunft von B gegenüber E
1.1.2013:	Eintritt des A
1.6.2013:	Eintritt des C
2.6.2013:	Beratungsvertrag Sozietät – F
25.6.2013:	Austritt des C
1.7.2013:	Eintritt des D
4.7.2013:	Verletzung des G durch B

Gliederung

Lösung

I. Anspruch des E auf Zahlung von 50 000 EUR

1. Gegen B nach § 280 Abs. 1 BGB

Der Vertrag zwischen B und E als Schuldverhältnis i. S. d. § 280 Abs. 1 BGB ist im Hinblick auf die Erteilung von Rechtsauskünften als Geschäftsbesorgungsvertrag mit Werkvertragscharakter zu qualifizieren (§§ 675 ff., 631 ff. BGB). B trifft danach aus diesem Vertrag gegenüber E die Pflicht, zutreffende Auskünfte zu erteilen. Diese Pflicht verletzt B durch die Erteilung falscher Auskünfte. Das Vertretenmüssen dieser Pflichtverletzung ist widerleglich zu vermuten (§ 280 Abs. 1 Satz 2 BGB). Anhaltspunkte zur Widerlegung dieser Vermutung bestehen nicht. Da B den E laut 1

Sachverhalt in Höhe von 50000 EUR geschädigt hat, ist dieser Schaden von B nach § 251 Abs. 1 BGB zu ersetzen.

2. Gegen eine oHG nach § 280 Abs. 1 BGB, §§ 28 Abs. 1 Satz 1, 124 Abs. 1 HGB

2 Möglicherweise ist durch den Eintritt des A in die Kanzlei des B eine oHG entstanden, die für die nach § 280 Abs. 1 BGB entstandene Altverbindlichkeiten nach § 28 Abs. 1 Satz 1 HGB haften muss. Dies setzt zunächst voraus, dass B als Steuerberater das Geschäft eines Einzelkaufmanns betrieben hat.

a) Geschäft eines Einzelkaufmanns

aa) Istkaufmann nach § 1 HGB

(1) Begriff

3 Einzelkaufmann i.S.d. § 28 Abs. 1 Satz 1 HGB ist eine natürliche Person, die Kaufmann im Sinne einer der Tatbestände der §§ 1 ff. HGB ist. Da Anhaltspunkte für eine Kaufmannseigenschaft des B nach §§ 2, 3, 5 oder 6 Abs. 2 HGB fehlen, ist zu prüfen, ob B Kaufmann i.S.d. § 1 HGB ist. Kaufmann i.S.d. § 1 HGB ist, wer ein Handelsgewerbe betreibt (§ 1 Abs. 1 HGB). Das Tatbestandsmerkmal des Handelsgewerbes definiert § 1 Abs. 2 HGB als *„jeden Gewerbebetrieb, es sei denn, dass das Unternehmen nach Art oder Umfang einen in kaufmännischer Weise eingerichteten Geschäftsbetrieb nicht erfordert"*.

(2) Voraussetzungen

4 Kaufmann i.S.d. § 1 HGB ist also – anders gewendet – jeder, der (1.) ein Gewerbe (2.) betreibt, das (3.) nach Art und Umfang einen in kaufmännischer Weise eingerichteten Geschäftsbetrieb erfordert.[1] Diese drei Merkmale müssen kumulativ erfüllt sein, wobei § 1 Abs. 2 HGB eine widerlegbare Vermutung für den Betrieb eines Handelsgewerbes enthält („jeder Gewerbebetrieb, es sei denn"). Grundsätzlich ist daher davon auszugehen, dass jeder Gewerbetreibende Kaufmann ist.[2] Auf eine Eintragung in das Handelsregister kommt es dann von vornherein nicht an. Entscheidend ist nämlich allein, ob jemand die Voraussetzungen des § 1 HGB erfüllt. Er ist dann *ipso iure* Kaufmann und unterliegt insbesondere den Regelungen über den Handelsstand (§§ 8–104 HGB) und über Handelsgeschäfte (§§ 343–475h HGB). Man spricht deshalb vom Istkaufmann oder Musskaufmann. Die – durch das Registergericht ggf. durch die Festsetzung eines Zwangsgelds zu erzwingende (§ 14 HGB) – Eintragung in das Handelsregister (§ 29 HGB) ist für einen Istkaufmann nur von deklaratorischer Bedeutung.

(3) Betrieb eines Gewerbes

5 Das HGB definiert den Begriff des Gewerbes nicht, sondern setzt ihn voraus. Er ist nicht notwendig im gleichen Sinne zu verstehen wie in anderen Gesetzen (z.B. UWG oder GewO). Gewerbe i.S.d. § 1 HGB ist eine selbstständige, entgeltliche, auf eine Vielzahl von Geschäften gerichtete, nach außen in Erscheinung tretende

---

1 Dem Tatbestandsmerkmal des „Unternehmens" kommt keine eigenständige Bedeutung zu, da im Falle der Erforderlichkeit eines in kaufmännischer Weise eingerichteten Gewerbebetriebs stets auch ein Unternehmen vorliegt.

2 *Mönkemöller* JuS 2002, 30.

Tätigkeit auf wirtschaftlichem Gebiet.[3] Auf die Absicht der Gewinnerzielung kommt es nicht an.[4]

Selbstständig ist, wer über die Gestaltung, Einteilung und Dauer der Tätigkeit entscheiden kann, ohne rechtlichen – insbesondere arbeitsvertraglichen – Einschränkungen zu unterliegen. Diese Voraussetzung ist bei einer freiberuflich tätigen Person wie einem Steuerberater ohne weiteres erfüllt. B ist daher selbstständig tätig. **6**

Die Tätigkeit des B erfolgt gegen Bezahlung, also entgeltlich. **7**

Die Tätigkeit B ist außerdem auf eine unbestimmte Vielzahl von Geschäften gerichtet, da er berufsmäßig als Steuerberater tätig ist und nicht lediglich vereinzelt oder bei Gelegenheit Mandate annimmt. **8**

Die Tätigkeit als Steuerberater ist eine nach außen, d.h. auf dem Markt in Erscheinung tretende Tätigkeit. **9**

Fraglich ist aber, ob die freiberufliche Tätigkeit des B auf wirtschaftlichem Gebiet liegt. § 1 HGB steht nämlich mit dem Begriff des Gewerbes in auffälligem Gegensatz zu § 14 Abs. 1 BGB, der sowohl eine gewerbliche als auch eine selbstständige berufliche Tätigkeit nennt. Außerdem ist für freiberuflich tätige Personen teilweise ausdrücklich festgelegt, dass sie kein Gewerbe betreiben (vgl. § 1 Abs. 2 BundesärzteO, § 2 Satz 3 BNotO, § 2 Abs. 2 BRAO, § 32 Abs. 2 Satz 2 StBerG, § 1 Abs. 2 Satz 2 WPO). Sie können sich deshalb nicht in der – den Betrieb eines Gewerbes voraussetzenden – Rechtsform der oHG (§ 105 Abs. 1 und 2 HGB) oder KG (§§ 161 Abs. 2, 105 Abs. 1 und 2 HGB) zusammenschließen. Freiberufliche Tätigkeiten sind nämlich – jedenfalls nach traditioneller, auf historischen Gründen beruhender, wenn auch durchaus fragwürdiger Auffassung – in erster Linie regelmäßig auf eine individuelle höchstpersönliche Leistung gerichtet. So ist das Rechtsverhältnis zwischen einem Rechtsanwalt oder Steuerberater und seinem Mandanten durch die persönliche und eigenverantwortliche anwaltliche Dienstleistung geprägt.[5] Bei der Auswahl eines freiberuflich Tätigen wie eines Rechtsanwalts oder Steuerberaters kommt es entscheidend auf die Person des beauftragten Rechtsanwalts oder Steuerberaters an. Denn der Erfolg der Interessenwahrnehmung hängt auch von den persönlichen Kenntnissen und Fähigkeiten dieser Person ab. Hinzu kommt, dass ein Rechtssuchender für das Gelingen der Interessenwahrnehmung durch den Rechtsanwalt oder Steuerberater häufig persönliche Umstände gegenüber einem Rechtsanwalt offenbaren muss. Für die Erteilung eines Mandats ist danach persönliches Vertrauen gegenüber dem freiberuflich Tätigen von besonderer Bedeutung. Die Leistungen von Gewerbetreibenden beruhen hingegen vornehmlich dem Einsatz von Produktionsmitteln und fremder Arbeitskraft. Die Person des Gewerbetreibenden ist hier für die Marktgegenseite regelmäßig weitaus weniger bedeutsam als bei den freien Berufen. **10**

Danach betreibt der freiberuflich als Steuerberater tätige B kein Gewerbe. **11**

[3] Vgl. auch BT-Drs. 13/8444 S. 24; BGHZ 74, 273, 277f.; MünchKommHGB/*K. Schmidt* § 1 Rn. 26; *Canaris* § 2 Rn. 16.

[4] MünchKommHGB/*K. Schmidt* § 1 Rn. 26 und 31.

[5] *BVerfG* NJW 2003, 2520; BGHZ 157, 361, 366f.

b) Ergebnis

12 B ist nicht Kaufmann i.S.d. HGB. Die von ihm betriebene Steuerberatungskanzlei ist daher kein Geschäft eines Einzelkaufmanns. Infolgedessen fehlt es an einer Voraussetzung des § 28 Abs. 1 Satz 1 HGB, sodass nur eine analoge Anwendung dieser Norm in Betracht zu ziehen ist (vgl. dazu Rn. 17f.).

3. Gegen die Sozietät nach § 280 Abs. 1 BGB, §§ 28 Abs. 1 Satz 1 analog, 124 Abs. 1 HGB analog

a) Sozietät als Schuldnerin eines Schadensersatzanspruchs

aa) Entstehung einer Gesellschaft

13 Der Abschluss des Sozietätsvertrages zwischen A und B sowie der Eintritt des A in die Kanzlei des B führt zur Entstehung einer Personengesellschaft mit dem Zweck der gemeinsamen Berufsausübung (§ 705 BGB). Es handelt sich dabei um eine BGB-Gesellschaft. Die Entstehung einer oHG scheidet aus, da die Sozietät kein Gewerbe betreibt, sondern eine freiberufliche Tätigkeit ausübt. Wegen der Rechtsbeziehungen zu Dritten, insbesondere Mandanten, handelt es sich um eine Außengesellschaft. Denn die Sozietät nimmt am Rechtsverkehr durch ihre für die Gesellschaft handelnden Organe teil. Der Eintritt und das Ausscheiden des C sowie der Eintritt des D sind für das Bestehen der BGB-Gesellschaft unerheblich, da sie ohne Einfluss auf die Identität der Gesellschaft sind.

bb) Sozietät als Trägerin von Rechten und Pflichten?

(1) Ansatz 1: Traditionelle individualistische Theorie

14 Die traditionelle individualistische Theorie[6] geht davon aus, dass die BGB-Gesellschaft nur in vermögensrechtlicher Hinsicht verselbstständigt sei. Das gemeinschaftliche Vermögen der Gesellschafter sei als Sondervermögen für die Zwecke der Gesellschaft gebunden und vor dem Zugriff einzelner Gesellschafter oder Privatgläubiger geschützt. Eine Außengesellschaft bürgerlichen Rechts sei ein auf vertraglicher Grundlage beruhendes Schuldverhältnis der Gesellschafter, denen das Gesellschaftsvermögen zur gesamten Hand zustehe. Gläubiger und Schuldner sei nicht die Gesellschaft. Gläubiger und Schuldner seien vielmehr immer nur die Gesellschafter. Die für die Gesellschaft tätigen Geschäftsführer seien Vertreter aller Gesellschafter (§ 714 BGB). Den Gesellschaftern sei das Gesellschaftsvermögen als gemeinschaftliches Vermögen zugeordnet (§ 718 Abs. 1 BGB). Eine Klage sei gegen die Gesellschafter zu richten (mit der Vollstreckungsmöglichkeit nach § 736 ZPO). Auch ein Umkehrschluss aus § 124 HGB spreche dafür, dass die Außengesellschaft bürgerlichen Rechts nicht rechtsfähig und parteifähig sei.

(2) Ansatz 2: Rechtsfähigkeit der Gesamthand

15 Der BGH[7] und die überwiegende Auffassung im Schrifttum[8] nehmen zutreffend Rechtsfähigkeit der BGB-Gesellschaft an, soweit sie durch die Teilnahme am

---

6 Vgl. etwa *Zöllner,* FS Gernhuber, 1993, S. 563ff.; *Hueck,* FS Zöllner, 1998, S. 275ff.

7 Vgl. dazu grundlegend BGHZ 142, 315ff.; 146, 341ff.

8 Vgl. nur MünchKommBGB/*Ulmer/Schäfer* § 705 Rn. 301, 303; *Hadding* ZGR 2001, 712, 714; *Habersack* BB 2001, 477ff.; *K. Schmidt* NJW 2001, 993ff.

Rechtsverkehr eigene Rechte und Pflichten begründet (sog. Teilrechtsfähigkeit der BGB-Gesellschaft). Eine Außengesellschaft bürgerlichen Rechts kann danach auch Gläubiger und Schuldner sein und ist wie eine oHG zu behandeln (§ 124 Abs. 1 HGB). Denn ein einzelner Gesellschafter kann die Leistung wegen § 719 BGB nicht als Gesamtschuldner allein erbringen. Außerdem besteht bei Teilrechtsfähigkeit der Vorteil, dass ein Wechsel im Mitgliederbestand ohne Einfluss auf die mit der Gesellschaft bestehenden Rechtsverhältnisse ist. Die Abgrenzung zwischen oHG und BGB-Gesellschaft ist im Einzelfall schwierig (§ 1 HGB i.V.m. § 105 Abs. 1 HGB). Die Übergänge sind fließend, sodass eine Unterscheidung im Hinblick auf die Rechtsfähigkeit nicht gerechtfertigt erscheint. Außerdem finden sich gesetzliche Regelungen wie § 191 Abs. 2 Nr. 1 UmwG (BGB-Gesellschaft als „Rechtsträger neuer Rechtsform"), § 11 Abs. 2 InsO, § 7 Nr. 3 MarkenG („rechtsfähige Personengesellschaften"), § 14 Abs. 2 BGB („rechtsfähige Personengesellschaften") und § 1059a Abs. 2 BGB, die auf die Rechtsfähigkeit einer Außengesellschaft bürgerlichen Rechts schließen lassen.

(3) Zwischenergebnis

Die Steuerberatersozietät kann als solche Schuldnerin eines Schadensersatzanspru- **16**
ches des E nach § 124 Abs. 1 HGB analog sein.

b) Analoge Anwendbarkeit von § 28 Abs. 1 Satz 1 HGB auf freiberuflich tätige Personen?

aa) Ansatz 1: Analoge Anwendung auf jeden Unternehmensträger

Teile des Schrifttums[9] erwägen eine analoge Anwendung von § 28 HGB auf jeden **17**
Unternehmensträger, da § 28 HGB nicht eine speziell kaufmännische Regelung darstelle, sondern Ausdruck der Unternehmenskontinuität sei. Es genüge daher, wenn durch den Eintritt in das Geschäft des bisherigen Einzelunternehmers eine (das Unternehmen tragende) Gesellschaft bürgerlichen Rechts entstünde. § 28 Abs. 1 Satz 1 HGB würde danach auch für den Eintritt in das Unternehmen eines Steuerberaters oder Rechtsanwalts gelten, obwohl dieser kein Einzelkaufmann i.S.d. § 28 Abs. 1 Satz 1 HGB ist (siehe Rn. 10).

bb) Ansatz 2: Keine analoge Anwendung auf jeden Unternehmensträger

Gegen eine analoge Anwendung von § 28 Abs. 1 Satz 1 HGB auf eine GbR spricht **18**
das Fehlen einer planwidrigen Regelungslücke, da § 28 Abs. 1 Satz 1 HGB ausdrücklich die Entstehung einer oHG oder KG voraussetzt. Der BGH[10] und das überwiegende Schrifttum lehnen zu Recht eine analoge Anwendung von § 28 Abs. 1 Satz 1 HGB jedenfalls im Hinblick auf einen Übergang der Verpflichtungen aus dem zwischen einem Rechtsanwalt als Einzelanwalt und seinem Mandanten begründeten Rechtsverhältnis auf die durch den Eintritt eines weiteren Rechtsanwalts entstandene Gesellschaft ab. Denn dieses Rechtsverhältnis ist in erster Linie durch die persönliche und eigen-verantwortliche anwaltliche Dienstleistung geprägt (siehe Rn. 10). Daher ist der Einzelanwalt als Person und nicht als Unternehmen

[9] *K. Schmidt* § 8 II 1a bb.
[10] BGHZ 157, 361, 366ff.

Berater und Vertreter des Mandanten.[11] In diesem Fall greift der Gedanke der Unternehmenskontinuität nicht. Außerdem besteht für Steuerberater oder Rechtsanwälte nicht wie für die Gesellschafter einer oHG oder KG die Möglichkeit einer abweichenden Vereinbarung oder Mitteilung gegenüber Dritten i.S.d. § 28 Abs. 2 HGB. Daher wären Nichtkaufleute schlechter gestellt als Kaufleute. Außerdem sollte eine BGB-Gesellschaft nicht zur Wahl der Rechtsform von oHG oder KG gezwungen sein.[12]

cc) Zwischenergebnis

19 § 28 Abs. 1 Satz 1 HGB ist nicht analog auf die freiberufliche Tätigkeit des B gegenüber seinem Mandanten E anwendbar.

4. Gegen die Sozietät nach § 280 Abs. 1 BGB, § 124 Abs. 1 HGB analog

a) Sozietät als Schuldnerin eines Schadensersatzanspruchs

20 Die Sozietät kann in analoger Anwendung von § 124 Abs. 1 HGB analog Schuldnerin eines Schadensersatzanspruchs sein (siehe Rn. 15).

b) Schuldverhältnis

21 Als Schuldverhältnis kommt der Steuerberatervertrag zwischen B und E in Betracht. Dieser Vertrag hier aber vor der Gründung der Sozietät und daher allein zwischen B und E geschlossen. Allerdings könnte es zu einem Übergang der Rechte und Pflichten des E aus dem Steuerberatervertrag mit B auf die am 1.1.2013 entstandene Sozietät gekommen sein. Ein Sozietätszusammenschluss führt grundsätzlich dazu, dass jeder Gesellschafter bisherige Mandate als Gesellschafterbeitrag (§§ 705ff. BGB) in die Sozietät einbringt. Die Zustimmung der Mandanten ist hierfür nicht erforderlich, da sie lediglich weitere Erfüllungs- und Haftungsschuldner erhalten. Hier vereinbaren A und B aber, dass B vor dem 1.1.2013 begründete Mandate nicht in die Sozietät einbringt. Dazu gehört auch das Mandat des E. Vertragspartner des E ist und bleibt allein B. E hat daher keine Ansprüche gegen die Sozietät nach §§ 280 Abs. 1, 124 Abs. 1 HGB analog.

5. Gegen A, C und D

22 E hat keine Ansprüche gegen A, C und D, da diese nicht seine Vertragspartner sind und E auch keine Ansprüche gegen die Sozietät zustehen (siehe Rn. 21), für die A, C und D persönlich haften müssten.

6. Ergebnis

23 E kann von B Schadensersatz in Höhe von 50000 EUR verlangen, nicht aber von der Sozietät, A, C und D.

---

[11] BGHZ 157, 361, 367.

[12] Koller/Kindler/Roth/Morck/*Roth* § 28 Rn. 5.

II. Anspruch des F auf Zahlung von 150 000 EUR

1. Gegen die Sozietät nach § 280 Abs. 1 BGB, § 124 Abs. 1 HGB analog

a) Sozietät als Schuldnerin eines Schadensersatzanspruchs

Die Sozietät kann in analoger Anwendung von § 124 Abs. 1 HGB Schuldnerin eines Schadensersatzanspruchs nach § 280 Abs. 1 BGB sein. **24**

b) Schuldverhältnis

Als ein Schuldverhältnis i. S. d. § 280 Abs. 1 BGB könnte zwischen der Sozietät und F ein Steuerberatervertrag zu Stande gekommen sein. Da dieser auf die Betreuung in steuerlichen Angelegenheiten gerichtet ist, handelt es sich um einen entgeltlichen Geschäftsbesorgungsvertrag mit Dienstvertragscharakter (§§ 675 ff., 662 ff., 611 ff. BGB). Voraussetzung für das Zustandekommen eines Steuerberatervertrages zwischen der Sozietät und E ist, dass B die Sozietät beim Vertragsschluss mit E wirksam vertreten hat (§ 164 Abs. 1 BGB). B muss dazu (1.) in fremdem Namen handeln und (2.) Vertretungsmacht haben. **25**

aa) Handeln in fremdem Namen

B handelt im Namen der Sozietät, also in fremdem Namen. **26**

bb) Vertretungsmacht

Grundsätzlich besteht in einer BGB-Gesellschaft Gesamtvertretung (§§ 714, 709 BGB). Hier ist B aber nach dem Gesellschaftsvertrag alleinvertretungsberechtigt und verfügt daher über Vertretungsmacht. **27**

c) Pflichtverletzung

Auf Grund des Steuerberatervertrages ist die Sozietät verpflichtet, die Rechte des Mandanten F umfassend wahrzunehmen. Dazu gehört auch, die Verjährung von Ansprüchen des F zu verhindern. Dies ist hier nicht geschehen, sodass eine Pflichtverletzung gegeben ist. Diese könnte der Sozietät nach § 31 BGB analog zuzurechnen sein. Auf eine rechtsfähige (Außen-)Gesellschaft bürgerlichen Rechts ist § 31 BGB entsprechend anwendbar.[13] Ein zum Schadensersatz verpflichtendes Handeln ihrer geschäftsführenden Gesellschafter muss sich die Gesellschaft also zurechnen lassen. Dies gilt grundsätzlich auch für Anwaltssozietäten in der Rechtsform einer Gesellschaft bürgerlichen Rechts. Die Anwaltssozietät ist eine Gesellschaft bürgerlichen Rechts,[14] sofern die Rechtsanwälte nicht ausdrücklich eine andere Rechtsform gewählt haben. Dies ist hier nicht der Fall. Mangels einer gegenteiligen Regelung könnte bei einer Anwaltssozietät jeder Sozius „verfassungsmäßig berufener Vertreter" i. S. d. § 31 BGB sein. In der Gesellschaft bürgerlichen Rechts bestimmt sich die Vertretungsbefugnis nach dem Gesellschaftsvertrag und ohne gesellschaftsvertragliche Regelung nach dem Gesetz. Dieses verbindet die Vertretungsmacht mit der Befugnis zur Geschäftsführung (§ 714 BGB). Grundsätzlich steht die Führung **28**

[13] BGHZ 154, 88, 93 f.; 155, 205, 210; MünchKommBGB/*Ulmer/Schäfer* § 705 Rn. 263; *K. Schmidt* § 60 II 4.

[14] *BGH* NJW 1996, 2859; BGHZ 56, 355, 357 = NJW 1971, 1801.

der Geschäfte der Gesellschaft den Gesellschaftern gemeinschaftlich zu (§ 709 Abs. 1 Hs. 1 BGB). Die Auslegung des Begriffs des „verfassungsmäßig berufenen Vertreters" i.S.d. § 31 BGB richtet sich indes nicht stets nach der gesellschaftsrechtlichen Vertretungsbefugnis. Sie fasst den Begriff vielmehr weiter. Darunter fällt nicht nur der geschäftsführende Gesellschafter. Verfassungsmäßig berufener Vertreter ist vielmehr auch ein Nichtgesellschafter, dem für die Gesellschaft wesensmäßige Funktionen zur selbstständigen, eigenverantwortlichen Erfüllung zugewiesen sind, sodass er die Gesellschaft im Rechtsverkehr repräsentiert.[15] Sogar das unerlaubte Handeln eines bloßen Sachbearbeiters ist der Gesellschaft zuzurechnen, falls er eine wichtige Angelegenheit zur eigenverantwortlichen Erledigung übertragen erhält.[16] Danach genügt es für die Annahme eines „verfassungsmäßig berufenen Vertreters", dass ein einzelner Sozius übertragene Mandate selbstständig und eigenverantwortlich bearbeitet. Eine Tätigkeit in Angelegenheiten, die – wie z.B. die Anmietung von Kanzleiräumen – die Sozietät als solche betreffen, ist nicht erforderlich. Die Bearbeitung von Mandaten ist als anwaltstypische Hauptaufgabe eine wichtige Angelegenheit der Sozietät. Der Rechtsanwalt repräsentiert bei der Wahrnehmung des Mandats auch die Sozietät. Ein Mandant, der eine Sozietät beauftragt, will sich in der Regel die Vorteile zu Nutze machen, die ihm diese Gestaltung bei Organisation und Arbeitsteilung bietet. Daraus ergibt sich zugleich, dass der Sozius, der die Pflichtverletzung bei der Bearbeitung eines Mandats begeht, „in Ausführung einer ihm zustehenden Verrichtung" i.S.d. § 31 BGB tätig ist.

d) Vertretenmüssen

29 Für das Vertretenmüssen einer Personengesellschaft kommt es auf das Vertretenmüssen einer für sie handelnden Person an. Denn ein Vertretenmüssen des B ist der Sozietät nach § 31 BGB analog zuzurechnen. Das Vertretenmüssen des B ist widerleglich zu vermuten (§ 280 Abs. 1 Satz 2 BGB). Anhaltspunkte zur Widerlegung dieser Vermutung bestehen nicht.

e) Schaden und Schadensersatz (§§ 249ff. BGB)

30 Da F infolge der Pflichtverletzung der Sozietät, die zur Nichtdurchsetzbarkeit von Ansprüchen des F nach § 214 Abs. 1 BGB wegen Eintritts der Verjährung führt, ein Schaden in Höhe von 150000 EUR entsteht, ist dieser Schaden von der Sozietät nach § 251 Abs. 1 BGB zu ersetzen.

2. Gegen B

a) Nach § 280 Abs. 1 BGB

31 Eine Haftung des B nach § 280 Abs. 1 BGB setzt voraus, dass zwischen B persönlich und F ein Vertrag als Schuldverhältnis wirksam zu Stande gekommen ist. Hier hat B im Namen der Gesellschaft gehandelt (siehe Rn. 26). Es stellt sich daher die Frage, ob B daneben sich selbst persönlich verpflichtet hat. Die Theorie von der Doppelverpflichtung[17] geht davon aus, dass ein Handeln im Namen der Gesell-

[15] *BGH* NJW 1972, 334; 1998, 1854, 1856; BGHZ 49, 19, 21 = NJW 1968, 391.
[16] *BGH* NJW 2007, 2490 Rn. 16.
[17] So noch seinerzeit BGHZ 74, 240, 242; 79, 374, 377; 117, 168, 176.

schaft neben der Gesellschaft auch die Gesellschafter selbst verpflichtet. Danach wäre hier nicht nur zwischen der Sozietät und F, sondern auch zwischen dem Gesellschafter B und F ein Vertrag zu Stande gekommen. Danach müsste B mit seinem Privatvermögen haften, wenn er – wie hier – eine Pflicht aus dem Vertrag mit F schuldhaft verletzt. Die Theorie von der Doppelverpflichtung beruht aber zumindest teilweise auf fiktiven Willenserklärungen. Außerdem hat diese Theorie Schwierigkeiten bei der Begründung einer persönlichen Haftung der Gesellschafter für gesetzliche Verbindlichkeiten. Sie ist daher abzulehnen.[18] Mangels Schuldverhältnisses zwischen B und F scheidet daher ein Anspruch des F gegen B auf Zahlung von 150000 EUR nach § 280 Abs. 1 BGB aus.

b) Nach § 128 Satz 1 HGB analog i.V.m. § 280 Abs. 1 BGB, § 124 Abs. 1 HGB analog

aa) Analoge Anwendung von § 128 Satz 1 HGB

Das Außenrecht der BGB-Gesellschaft ist dem Recht der oHG zumindest angenähert. Zur Teilrechtsfähigkeit der BGB-Gesellschaft in analoger Anwendung von § 124 Abs. 1 HGB ist dies bereits oben herausgearbeitet. Diese Annäherung an das Recht der oHG setzt sich damit fort, dass die Gesellschafter einer BGB-Gesellschaft akzessorisch kraft Gesetzes für Gesellschaftsverbindlichkeiten persönlich mit ihrem Privatvermögen haften (§ 128 Satz 1 HGB analog; Akzessorietätstheorie). Der BGH[19] begründete die persönliche Haftung der Gesellschafter für Gesellschaftsverbindlichkeiten zunächst mit dem „allgemeinen Rechtsprinzip", wonach derjenige, der allein oder zusammen mit anderen Geschäfte betreibe, mangels gesetzlicher oder vertraglicher Haftungsbeschränkung auch mit seinem persönlichen Vermögen hafte. Methodisch überzeugender erscheint jedoch eine analoge Anwendung von § 128 Satz 1 BGB, die jedoch auch der Begründung bedarf. Die Voraussetzungen für eine solche analoge Anwendung (planwidrige Regelungslücke und Vergleichbarkeit der Interessenlage) ergeben sich daraus, dass die §§ 705ff. BGB wegen des die Gesamthand als Sondervermögen behandelnden, mittlerweile aber überholten Ansatzes auf eine Regelung der Mithaftung der Gesellschafter verzichten. Wegen des Fehlens besonderer Gläubigerschutznormen ist aber die persönliche Mithaftung der Gesellschafter erforderlich.[20] Das Verhältnis zwischen der Verbindlichkeit der Gesellschaft und der Haftung des Gesellschafters entspricht daher derjenigen bei der oHG.[21] Nunmehr geht auch der BGH[22] zu Recht davon aus, dass die Gesellschafter einer oHG für ein „fremdes" Delikt solidarisch haften sollten. Denn wegen des Fehlens eines gesicherten Mindestkapitals bei den Personengesellschaften müsse Gläubigern der Gesellschaft die persönliche Haftung der Gesellschafter zur Verfügung stehen, zumal der deliktische Gläubiger sich seinen Schuldner nicht aussuchen könne. Diese Überlegungen treffen nach überzeugender Ansicht des BGH auch für die Gesellschafter einer bürgerlich-rechtlichen Gesellschaft zu. Denn die Unterscheidung, ob die Gesellschaft ein Handelsgewerbe betreibe und infolgedessen dem Recht der oHG unterliege oder lediglich eine Gesellschaft bürgerlichen Rechts ge- **32**

[18] So auch BGHZ 142, 315, 320ff.; MünchKommBGB/*Schäfer* § 714 Rn. 6.
[19] BGHZ 142, 315, 319.
[20] MünchKommBGB/*Schäfer* § 714 Rn. 36; *Casper* JZ 2002, 1112f.
[21] Palandt/*Sprau* § 714 Rn. 13; *K. Schmidt* § 60 III 4; *Habersack* BB 2001, 477, 481; *Ulmer* ZIP 2001, 585, 597; a.A. *Altmeppen* NJW 2003, 1553, 1554ff.; *Canaris* ZGR 2004, 69, 109ff.
[22] *BGH* NJW 2007, 2490 Rn. 26.

geben sei, ist im Einzelfall mit erheblichen Unwägbarkeiten verbunden. Bei der oHG ist aber die Haftung der Gesellschaft auch für ein zum Schadensersatz verpflichtendes Verhalten ihrer Gesellschafter und die analoge Anwendung des § 31 BGB allgemein anerkannt. Außerdem hätten die BGB-Gesellschafter Einfluss auf Auswahl und Tätigkeit der „Organe" (§ 31 BGB). Sie wären deshalb bei der Zuweisung des Schadensrisikos „näher dran" als die deliktisch Geschädigten.[23] Die Haftung der Gesellschafter für gesetzliche Verbindlichkeiten der Gesellschaft entspricht zudem der Rechtssubjektivität der Gesellschaft bürgerlichen Rechts und der akzessorischen Haftung ihrer Gesellschafter. Danach ist der jeweilige Bestand der Gesellschaftsverbindlichkeit auch für die persönliche Haftung der Sozien maßgebend. Diese Haftung der Gesellschafter besteht nicht kraft Rechtsgeschäfts, sondern kraft Gesetzes, hier nach § 128 Satz 1 HGB analog i. V. m § 280 Abs. 1 BGB, § 124 Abs. 1 HGB analog. Sie setzt (1.) eine Verbindlichkeit der Gesellschaft und (2.) die Gesellschafterstellung des in Anspruch Genommenen voraus.

bb) Gesellschaftsverbindlichkeit

33 Eine Gesellschaftsverbindlichkeit besteht gegenüber F in Höhe von 150 000 EUR wegen Pflichtverletzung nach § 280 Abs. 1 BGB (siehe Rn. 30).

cc) Gesellschafterstellung des B

34 B ist Gesellschafter der Sozietät sowohl beim Abschluss des Vertrages zwischen der Sozietät und F als auch im Zeitpunkt der Pflichtverletzung als auch im Zeitpunkt des Schadenseintritts, sodass es nicht darauf ankommt, welcher Zeitpunkt maßgeblich ist.

dd) Kein wirksamer Haftungsausschluss

35 B vereinbart mit F formularmäßig einen Ausschluss der persönlichen Haftung der Gesellschafter. Daher ist die persönliche Haftung des B ausgeschlossen, wenn dieser Haftungsausschluss wirksam ist.

(1) § 128 Satz 2 HGB

36 § 128 Satz 2 HGB steht der Wirksamkeit des vereinbarten Haftungsausschlusses nicht entgegen. Denn diese Regelung betrifft lediglich den Fall der gesellschaftsinternen Vereinbarung, also einer Vereinbarung, an der der Dritte nicht beteiligt ist. Hier ist jedoch der Haftungsausschluss mit dem Dritten F vereinbart. Allerdings kann sich die Unwirksamkeit dieses Haftungsausschlusses nach § 307 Abs. 1 und 2 BGB ergeben.

(2) § 307 Abs. 1 und 2 BGB

(a) Vorliegen allgemeiner Geschäftsbedingungen nach § 305 Abs. 1 BGB

37 Da B bei Abschluss des Vertrages namens der Sozietät auf ein Vertragsformular zurückgreift, das die Sozietät stets gegenüber Mandanten verwendet, liegen allgemeine Geschäftsbedingungen i. S. d. § 305 Abs. 1 BGB vor.

(b) Einbeziehung der allgemeinen Geschäftsbedingungen

38 Die allgemeinen Geschäftsbedingungen der Sozietät sind in den Vertrag zwischen der Sozietät und F einbezogen. Auf die besonderen Einbeziehungsvoraussetzungen

23 *BGH* NJW 2007, 2490 Rn. 26; BGHZ 154, 88, 95 = NJW 2003, 1445 im Anschluss an *Ulmer* ZIP 2001, 585, 597.

des § 305 Abs. 2 BGB kommt es gegenüber dem Unternehmer F nicht an (§ 310 Abs. 1 Satz 1 BGB).

(c) Unwirksamkeit des Haftungsausschlusses

Auf die Unwirksamkeitsgründe in §§ 308, 309 BGB ist bei Verwendung allgemeiner Geschäftsbedingungen gegenüber einem Unternehmer nicht – jedenfalls nicht unmittelbar – zurückzugreifen (§ 310 Abs. 1 Satz 1 BGB). Nach § 307 Abs. 1 Satz 1 BGB sind Bestimmungen in allgemeinen Geschäftsbedingungen unwirksam, wenn sie den Vertragspartner des Verwenders entgegen den Geboten von Treu und Glauben unangemessen benachteiligen. Eine unangemessene Benachteiligung ist im Zweifel anzunehmen, wenn eine Bestimmung mit wesentlichen Grundgedanken der gesetzlichen Regelung, von der abgewichen wird, nicht zu vereinbaren ist (§ 307 Abs. 2 Nr. 1 BGB). **39**

Ein Verstoß gegen § 307 Abs. 1 und 2 BGB kommt von vornherein nicht in Betracht in den Fällen, in denen kraft Gesetzes vorformulierte Haftungsbeschränkungen zugelassen sind. So ist zu Gunsten der Angehörigen rechts- und wirtschaftsberatender Berufe die höhenmäßige Haftungsbeschränkung auf das Vierfache der Mindestversicherungssumme in Verträgen zwischen bestimmten Freiberuflern und ihren Mandanten (§§ 52a Abs. 1 Nr. 2 BRAO, 67a Abs. 1 Nr. 2 StBerG, 54a Abs. 1 Nr. 2 WPO) zulässig. Dasselbe gilt für die formularmäßige Haftungskonzentration bei Schadensersatzansprüchen von Mandanten auf diejenigen Mitglieder der Freiberufler-Sozietät, die mit dem Mandat persönlich befasst sind (§ 52 Abs. 1 Satz 2 BRAO, § 67a Abs. 2 Satz 1 StBerG, § 54a Abs. 2 WPO). Für den hier zu beurteilenden Fall sind diese Regelungen indes ohne Bedeutung, da hier weder eine höhenmäßige Haftungsbeschränkung noch eine Haftungskonzentration auf bestimmte Sozietätsmitglieder, sondern generell ein Haftungsausschluss zu Gunsten aller Sozietätsmitglieder vereinbart ist. **40**

Der BGH[24] führt aus, dass eine Haftungsbeschränkung auf das Gesellschaftsvermögen nur dann wirksam sei, wenn die Parteien sie durch individuelle Absprache vereinbarten. Dies deutet darauf hin, dass vorformulierte, die AGB-Voraussetzungen i.S.d. § 305 Abs. 1 BGB erfüllende Haftungsbeschränkungen absolut, also stets ohne weiteres unwirksam sind.[25] Diesem Ansatz ist indes nicht zu folgen. Er steht bereits im Widerspruch zur gesetzlichen Zulassung bestimmter formularmäßiger Haftungsbeschränkungen für die Angehörigen rechts- und wirtschaftsberatender Berufe.[26] Der Rechtsprechung steht außerdem die Entwicklung absoluter Klauselverbote außerhalb des Anwendungsbereichs von § 309 BGB nicht zu. Zutreffend erscheint es vielmehr, die akzessorische Haftung der Gesellschafter nach § 128 Satz 1 HGB analog zu den Grundgedanken des Rechts der BGB-Gesellschaft zu zählen. Daraus ergibt sich eine gesetzliche Vermutung („im Zweifel") für die Unangemessenheit einer abweichenden Vereinbarung i.S.d. § 307 Abs. 2 Nr. 1 BGB.[27] Doch kann diese Vermutung durch Sachgründe etwa in Sonderkonstellationen nicht erwerbswirtschaftlicher Zweckverfolgung durch die BGB-Gesellschaft wider- **41**

24 BGHZ 142, 315, 323.
25 *OLG Stuttgart* NZG 2002, 84, 85; *Goette* DStR 1999, 1707; *Henze* BB 1999, 2260, 2262.
26 MünchKommBGB/*Schäfer* § 714 Rn. 66.
27 MünchKommBGB/*Schäfer* § 714 Rn. 66; *Canaris,* FS Ulmer, 2003, S. 1073, 1075 ff., 1081.

legt sein.[28] Die gebotene Interessenabwägung führt in dem hier zu beurteilenden Fall jedoch nicht zur Widerlegung der Unwirksamkeitsvermutung. Denn es fehlt an der erforderlichen Sonderkonstellation nicht erwerbswirtschaftlicher Zweckverfolgung durch die BGB-Gesellschaft. Vielmehr sind die Sozietät sowie deren Gesellschafter erwerbswirtschaftlich tätig.

42 Danach ist der zwischen der Sozietät und F vereinbarte Ausschluss der persönlichen Haftung der Gesellschafter nach § 307 Abs. 1, Abs. 2 Nr. 1 BGB unwirksam und steht einer Inanspruchnahme des B nicht entgegen.

c) Ergebnis

43 F kann von B nach § 128 Satz 1 HGB analog i.V.m. § 280 Abs. 1 BGB, § 124 Abs. 1 HGB analog die Zahlung von 150000 EUR verlangen.

3. Gegen A nach § 128 Satz 1 HGB analog i.V.m. § 280 Abs. 1 BGB, § 124 Abs. 1 HGB analog

44 Für die Haftung des A nach § 128 Satz 1 HGB analog i.V.m. § 280 Abs. 1 BGB, § 124 Abs. 1 HGB analog gelten die zur Haftung des B angestellten Erwägungen in gleicher Weise.

4. Gegen C nach § 128 Satz 1 HGB analog i.V.m. § 280 Abs. 1 BGB, § 124 Abs. 1 HGB analog

a) Gesellschaftsverbindlichkeit

45 Eine Gesellschaftsverbindlichkeit besteht gegenüber F in Höhe von 150000 EUR (siehe Rn. 30).

b) Gesellschafterstellung des C

46 Zum Zeitpunkt des Vertragsschlusses zwischen der Sozietät und F (2.6.2013) und damit zum Zeitpunkt der Entstehung der vertraglichen Pflichten der Sozietät gegenüber F ist C Gesellschafter. C ist nämlich seit 1.6.2013 Mitglied der Sozietät. Würde man auf den Zeitpunkt des Vertragsschlusses abstellen, müsste C nach § 128 Satz 1 HGB analog haften. Die Pflichtverletzung der Sozietät ist jedoch erst nach seinem Ausscheiden (25.6.2013) begangen (30.6.2013: Nichthemmung der am 30.6.2013 eintretenden Verjährung). Würde dieser Zeitpunkt maßgeblich sein, würde C nicht nach § 128 Satz 1 HGB analog haften, da er zu diesem Zeitpunkt nicht mehr Gesellschafter ist und ein ausgeschiedener Gesellschafter nicht für Gesellschaftsschulden nach § 128 Satz 1 HGB analog haftet, die nach seinem Ausscheiden entstehen (vgl. aber § 736 Abs. 2 BGB i.V.m. § 160 HGB). Daher fragt sich, auf welchen Zeitpunkt es für die Gesellschafterstellung des C ankommen soll. Für ein Abstellen auf den Zeitpunkt der Pflichtverletzung spricht, dass die Schadensersatzpflicht schon durch die Pflichtverletzung entstanden ist. Zwar hatte C auf Grund seines Ausscheidens keine Möglichkeit, auf die Hemmung der Verjährung der Ansprüche des F hinzuwirken. Gleichwohl stellen Rechtsprechung und h.L. auf

[28] Vgl. etwa BGHZ 150, 1, 6 für geschlossenen Immobilienfonds (allerdings ohne Bezugnahme auf § 307 BGB).

den Zeitpunkt ab, in dem der Rechtsgrund für die Verbindlichkeit der Gesellschaft gelegt ist, auch wenn weitere Voraussetzungen ihres Entstehens erst später eintreten.[29] Bei Vertragsverletzungen ist dies der Zeitpunkt, in dem die Vertragspflicht begründet ist. Dafür spricht, dass das durch die zusätzliche persönliche Haftung der Gesellschafter nach § 128 Satz 1 HGB analog geschützte Leistungsinteresse des F bereits mit Vertragsabschluss entsteht. Danach haftet C auf Schadensersatz, weil er zum Zeitpunkt des Abschlusses des Vertrages zwischen der Sozietät und F Gesellschafter ist.

c) Kein wirksamer Haftungsausschluss

47 Der zwischen der Sozietät und F vereinbarte Ausschluss der persönlichen Haftung der Gesellschafter ist nach § 307 Abs. 1, Abs. 2 Nr. 1 BGB unwirksam (siehe Rn. 42) und steht einer Inanspruchnahme des C nicht entgegen.

d) Ergebnis

48 F kann von C nach § 128 Satz 1 HGB analog i.V.m. § 280 Abs. 1 BGB, § 124 Abs. 1 HGB analog die Zahlung von 150000 EUR verlangen.

5. Gegen D nach §§ 128 Satz 1, 130 HGB analog i.V.m. § 280 Abs. 1 BGB, § 124 Abs. 1 HGB analog

a) Gesellschaftsverbindlichkeit

49 Eine Gesellschaftsverbindlichkeit besteht gegenüber F in Höhe von 150000 EUR (siehe Rn. 30).

b) Gesellschafterstellung des D

50 Zum Zeitpunkt des Vertragsschlusses, der Pflichtverletzung und Schadensentstehung ist D nicht Gesellschafter. Er würde aber gleichwohl für die vor seinem Eintritt begründete Gesellschaftsverbindlichkeit haften, wenn auf ihn § 130 HGB analog anwendbar wäre. Dies ist umstritten. Ein Teil des Schrifttums lehnt eine Haftung der Gesellschafter einer BGB-Gesellschaft analog § 130 HGB ab.[30] Die persönliche Haftung des eintretenden Gesellschafters nach § 130 HGB sei ein Einzelfall und lasse sich daher nicht auf die BGB-Gesellschaft übertragen. Die analoge Anwendung von § 130 HGB sei nicht notwendige Folge der analogen Anwendung von § 128 Satz 1 HGB. Die analoge Anwendung von § 130 HGB lasse sich auch nicht auf den wenig klaren Normzweck von § 130 HGB stützen. Eine so deutliche Haftungsverschärfung zu Lasten der Personen, die in eine BGB-Gesellschaft einträten, müsse dem Gesetzgeber vorbehalten bleiben. Nach der Rechtsprechung des BGH[31] und der überwiegenden Auffassung im Schrifttum[32] haftet der in eine BGB-Gesellschaft eingetretene Gesellschafter hingegen analog § 130 HGB auch für Alt-

---

[29] BGHZ 142, 324, 329; Baumbach/Hopt/*Roth* § 128 Rn. 29.

[30] *Baumann* JZ 2001, 895, 901; *Wiedemann* JZ 2001, 661, 664; *Dauner-Lieb,* FS Ulmer, 2003, S. 78, 85.

[31] *BGH* NJW 2003, 1803, 1804.

[32] *K. Schmidt* NJW 2001, 993, 999; *Ulmer* ZIP 2003, 1113, 1115; *Habersack/Schürnbrand* JuS 2003, 739, 740ff., 742.

verbindlichkeiten. Dies sei lediglich die konsequente Folge der akzessorischen Haftung der Gesellschafter einer BGB-Gesellschaft. Auch § 736 Abs. 2 BGB spreche für diese Strukturgleichheit der Haftung zwischen GbR und oHG. Der einzelne Gesellschafter erwerbe zudem durch seinen Eintritt Anteile am Gesellschaftsvermögen, sodass im Gegenzug eine Haftung auch für Altverbindlichkeiten gerechtfertigt sei. Die besseren Gründe sprechen für die überwiegende Auffassung. Für sie ist auch anzuführen, dass bei den Personengesellschaften gläubigerschützende Vorschriften über Kapitalaufbringung und -erhaltung fehlen. Außerdem sind alle Gesellschafter verantwortlich für die ordnungsgemäße Erfüllung der von der Gesellschaft übernommenen Aufgaben. Daher ist § 130 HGB analog auf die persönliche Haftung eines in eine GbR eintretenden Gesellschafters anwendbar. Der in eine GbR eintretende Gesellschafter hat danach für die vor seinem Eintritt begründeten Verbindlichkeiten der Gesellschaft grundsätzlich auch persönlich und als Gesamtschuldner mit den Altgesellschaftern einzustehen.

51 Dieser Grundsatz gilt auch für Gesellschaften bürgerlichen Rechts, in denen sich Angehörige freier Berufe zur Berufsausübung zusammengeschlossen haben.[33] § 8 Abs. 1 PartGG zeigt, dass der Gesetzgeber keine Bedenken hat, die Angehörigen der freien Berufe grundsätzlich einer Haftung zu unterwerfen, die im Hinblick auf die Haftung für Altverbindlichkeiten der Haftung des Gesellschafters einer oHG gleicht.

c) Ergebnis

52 F kann von D nach §§ 128, 130 HGB analog i.V.m. § 280 Abs. 1 BGB, § 124 Abs. 1 HGB analog die Zahlung von 150000 EUR verlangen.

III. Anspruch des G gegen D nach § 128 Satz 1 HGB analog i.V.m. § 823 Abs. 1 BGB, § 124 Abs. 1 HGB analog

1. Bestehen einer Gesellschaftsverbindlichkeit

53 Ein Anspruch des G gegen die Sozietät könnte nach § 823 Abs. 1 BGB bestehen. Auch für eine solche Gesellschaftsverbindlichkeit kraft Gesetzes haften die Gesellschafter einer BGB-Gesellschaft nach § 128 Satz 1 HGB analog. Denn die akzessorische Gesellschafterhaftung erstreckt sich grundsätzlich auf alle Gesellschaftsverbindlichkeiten, unabhängig von deren Rechtsgrund.[34]

54 Es stellt sich jedoch die Frage, ob die Tathandlung des B der Gesellschaft nach § 31 BGB analog zuzurechnen ist. Als alleinvertretungsberechtigter Gesellschafter der Sozietät ist B zwar ein verfassungsmäßig berufener Vertreter i.S.d. § 31 BGB. Doch lehnt ein Teil des Schrifttums[35] eine Zurechnung nach § 31 BGB analog ab, weil es außerhalb des Anwendungsbereichs von § 31 BGB keine persönliche Haftung Dritter für deliktisches Handeln gebe. Dies ergebe ein Umkehrschluss aus § 831 BGB. Die überwiegende Auffassung[36] spricht sich demgegenüber zu Recht für eine analo-

[33] *BGH* NJW 2003, 1803, 1805.

[34] MünchKommBGB/*Schäfer* § 714 Rn. 37.

[35] *Flume,* FS H. Westermann, 1974, S. 119, 143; *Altmeppen* NJW 1996, 1017, 1021 ff.

[36] BGHZ 154, 88, 94 f.; MünchKommBGB/*Schäfer* § 714 Rn. 38; *K. Schmidt* NJW 2003, 1897, 1898 ff.

ge Anwendung von § 31 BGB auf die BGB-Gesellschaft auch bei deliktischem Handeln eines Gesellschafters aus (siehe Rn. 32).

Die Tathandlung des B ist daher der Sozietät zuzurechnen. Handlungserfolg, Kausalität, Rechtswidrigkeit und Schaden sind gegeben. Die Sozietät hat G den Schaden in Höhe von 1 500 EUR nach § 249 Abs. 2 Satz 1 BGB zu ersetzen. **55**

Danach besteht eine Gesellschaftsverbindlichkeit gegenüber G in Höhe von 1 500 EUR. **56**

2. Gesellschafterstellung des D

D ist zum Zeitpunkt der Tathandlung (4.7.2013) Gesellschafter der Sozietät (Eintritt am 1.7.2013). **57**

3. Kein wirksamer Haftungsausschluss

Die Gesellschafter der Sozietät vereinbaren zwar mit D in der Satzung der Gesellschaft, dass D nicht persönlich gegenüber Dritten für Gesellschaftsverbindlichkeiten haften soll. Diese – lediglich gesellschaftsinterne – Vereinbarung ist jedoch nach dem ebenfalls analog anwendbaren § 128 Satz 2 HGB Dritten gegenüber aus Gründen des Gläubigerschutzes unwirksam. D kann sie Dritten wie G auch dann nicht entgegensetzen, wenn sie nach außen erkennbar ist.[37] Für einen wirksamen Haftungsausschluss des D bedürfte es vielmehr eines Erlassvertrages mit F. Für das Zustandekommen eines solchen Vertrages fehlen Anhaltspunkte. **58**

4. Ergebnis

G kann von D nach § 128 Satz 1 HGB analog i. V. m. § 823 Abs. 1 BGB, § 124 Abs. 1 HGB analog Zahlung von 1500 EUR verlangen. **59**

---

[37] Großkomm/*Habersack* § 128 Rn. 15.

Fall 8. Grundstück mit Seeblick

Sachverhalt

Immobilienmakler Veit Veistenauer (V) gewinnt im Lotto unerwartet 2 Mio. EUR. Nachdem er den Gewinn einige Tag ausgiebig gefeiert hat, sieht er sich nach Möglichkeiten zur Kapitalanlage um. Er begegnet seinem langjährige Freund Paul Pinte (P). Dieser ist bei der Cyberspace-AG (C) tätig. Vor kurzem hat der Vorstand der C den P auf Grund besonderer Verdienste um das Unternehmen mündlich zur Zeichnung mit „ppa" ermächtigt und ihn formwirksam zum Verkauf von Grundstücken der C berechtigt. V kommt auf seinen Lottogewinn und die Suche nach einer Kapitalanlage zu sprechen. V erklärt gegenüber C, er würde gerne das im Eigentum der C stehende Grundstück an der Berliner Straße erwerben, weil es einen so herrlichen Ausblick auf den See gewähre. Daraufhin bietet P dem V dieses Grundstück für 750000 EUR zum Kauf an. Der Verkehrswert dieses Grundstücks beträgt 1,2 Mio. EUR. P glaubt mangels näherer Erkundigungen, er verkaufe das Grundstück zum Verkehrswert. V hingegen sieht ein besonders vorteilhaftes Angebot und erklärt sich mit dem Geschäft einverstanden. P und V lassen den Kaufvertrag notariell beurkunden. Außerdem erfolgt die Auflassung des Grundstücks namens der C in der gesetzlich vorgeschriebenen Form. Das zuständige Amtsgericht trägt V als neuen Eigentümer des Grundstücks in das Grundbuch ein. Als der Vorstand der C von dem Geschäft erfährt, will er das Grundstück für die C zurückerlangen.

Ist C berechtigt, von V die Bewilligung ihrer Wiedereintragung in das Grundbuch zu verlangen?

Gliederung

Lösung

Vorüberlegungen: Für das Rechtsschutzziel der C, von V die Bewilligung ihrer Wiedereintragung zu verlangen, kommt als Anspruchsgrundlage nur § 894 BGB in Frage. Nachdem P als Stellvertreter der C auftritt, stellt sich in diesem Zusammenhang die Frage, ob P die C wirksam vertreten hat. Vertretung i. S. d. §§ 164 ff. BGB ist rechtsgeschäftliches Handeln im Namen des Vertretenen. Aktive Vertretung liegt vor, wenn der Vertreter für den Vertretenen eine (eigene) Willenserklärung abgibt. Passive Vertretung ist gegeben, wenn der Vertreter für den Vertretenen eine Willenserklärung entgegennimmt (§ 164 Abs. 3 BGB). Für die Vertretung eines Kaufmanns wie einer AG (§ 6 Abs. 2 HGB, § 3 Abs. 1 AktG) im Rechtsverkehr gelten die allgemeinen Vorschriften des BGB (§§ 164 ff. BGB) einschließlich der Grundsätze über die Rechtsscheinvollmacht, sofern sich aus dem HGB nichts anderes ergibt. Nach bürgerlichem Recht setzt die rechtsgeschäftliche Vertretung eines anderen voraus, dass (1.) sie nicht vertraglich oder kraft Gesetzes ausgeschlossen ist, (2.) der Vertreter im Namen des Vertretenen auftritt (§ 164 Abs. 1 Sätze 1 und 2 BGB) und (3.) innerhalb der ihm zustehenden Vertretungsmacht (§ 164 Abs. 1 Satz 1 BGB) handelt (vgl. dazu *Lettl* § 6 Rn. 2–24). Das HGB beschränkt sich darauf, die Regelungen des BGB zur Stellvertretung teilweise zu ergänzen, teilweise zu modifizieren. Das insoweit bestehende Regelungsanliegen des HGB beruht darauf, dass im Handelsrecht ein großes Bedürfnis nach Rechtssicherheit und Verkehrsschutz insbesondere im Hinblick auf den Umfang einer Vollmacht besteht. Der Rechtsverkehr soll nicht lange Nachforschungen nach dem Umfang einer Vertretungsmacht anstellen müssen. Daher enthalten §§ 48 ff. HGB hierzu Sondervorschriften (vgl. dazu *Lettl* § 6 Rn. 26–110). Es sind dies die Regelungen über die Prokura (§§ 48–53 HGB) und die Handlungsvollmacht (§§ 54–58 HGB). Es handelt sich dabei nicht um organschaftlich, sondern rechtsgeschäftlich begründete Vertretung.

Anspruch der C gegen V auf Bewilligung (§ 19 GBO) ihrer Wiedereintragung in das Grundbuch als Eigentümerin des Grundstücks nach § 894 BGB

I. Unrichtigkeit des Grundbuchs

Ein Anspruch nach § 894 BGB setzt die Unrichtigkeit des Grundbuchs voraus. Das **1**
Grundbuch ist unrichtig, wenn der Bucheigentümer V nicht auch tatsächlich Eigentümer des Grundstücks ist. Ursprünglich ist C Eigentümerin des Grundstücks.

Möglicherweise hat sie aber ihr Eigentum durch Übereignung an V nach §§ 873 Abs. 1, 925 BGB verloren. V erwirbt das Eigentum an dem Grundstück der C nach §§ 873 Abs. 1, 925 BGB, wenn P die C bei der Auflassung (§ 925 BGB) wirksam vertritt (§ 164 Abs. 1 BGB) und die Eintragung des V als Grundstückseigentümer erfolgt (§ 873 Abs. 1 BGB). Die Eintragung von V als Grundstückseigentümer liegt vor. Fraglich ist hingegen, ob P die C bei der Auflassung wirksam vertritt.

1. Kein Ausschluss der Stellvertretung kraft Vertrages oder Gesetzes

2 Stellvertretung kommt grundsätzlich bei allen Rechtsgeschäften in Betracht. Sie kann aber vertraglich[1] oder kraft Gesetzes ausgeschlossen sein. Dies gilt insbesondere für höchstpersönliche Rechtsgeschäfte. So ist Stellvertretung kraft Gesetzes ausgeschlossen bei der Eheschließung (§ 1311 BGB), der Errichtung eines Testaments (§ 2064 BGB) oder dem Abschluss eines Erbvertrages (§ 2274 BGB). In dem hier zu beurteilenden Fall ist die Stellvertretung durch P jedoch weder kraft Rechtsgeschäfts noch Gesetzes ausgeschlossen.

2. Eigene Willenserklärung in fremdem Namen nach § 164 Abs. 1 BGB

3 Der Vertreter gibt eine eigene Willenserklärung ab. Die vom Vertreter abgegebene eigene Willenserklärung muss aber im Namen des Vertretenen abgegeben sein (Offenkundigkeitsprinzip). Für den Rechtsverkehr soll Klarheit bestehen, wer die andere Partei ist, mit der ggf. ein Vertrag zu Stande kommt. Der Wille, in fremdem Namen zu Handeln, kann sich (1.) aus einer ausdrücklichen Erklärung oder (2.) aus den Umständen ergeben (§ 164 Abs. 1 Satz 2 BGB). Hier gibt P eine eigene Willenserklärung ausdrücklich im Namen der C ab, sodass das Offenkundigkeitsprinzip gewahrt ist.

3. Vertretungsmacht nach § 167 BGB, §§ 48ff. HGB

4 Vertretungsmacht kann (1.) gesetzlich, (2.) rechtsgeschäftlich oder (3.) auf Grund des Rechtsscheins einer Bevollmächtigung begründet sein. Gesetzliche Vertretungsmacht haben z.B. die Organe juristischer Personen (§ 26 Abs. 1 BGB, § 78 Abs. 1 AktG, § 35 Abs. 1 GmbHG) und die persönlich haftenden Gesellschafter einer Personenhandelsgesellschaft (§§ 125 Abs. 1, 161 Abs. 2 HGB). Die Vertretungsmacht der Organe juristischer Personen ist unbeschränkt und mit Ausnahme des Ideal-Vereins (vgl. § 26 Abs. 2 Satz 2 BGB) auch unbeschränkbar (§ 82 Abs. 1 AktG; § 37 Abs. 2 GmbHG). Dasselbe gilt für die vertretungsberechtigten Gesellschafter von Personenhandelsgesellschaften (§§ 126 Abs. 2, 161 Abs. 2 HGB). Bei der gesetzlichen Vertretung von juristischen Personen oder Personenhandelsgesellschaften handelt es sich um organschaftliche Vertretung. Der hier handelnde Prokurist P hat indes keine gesetzliche Vertretungsmacht. In Betracht kommt aber rechtsgeschäftliche Vertretungsmacht.

a) Erteilung

aa) Grundsätze nach bürgerlichem Recht

5 Die rechtsgeschäftlich erteilte Vertretungsmacht heißt Vollmacht (§ 166 Abs. 2 Satz 1 BGB). Sie wird nach § 167 Abs. 1 BGB durch (1.) Erklärung gegenüber dem

[1] BGHZ 99, 90, 94.

zu Bevollmächtigenden (Innenvollmacht, § 167 Abs. 1 Alt. 1 BGB) oder (2.) Erklärung gegenüber dem Dritten, dem gegenüber die Vertretung stattfinden soll (Außenvollmacht, § 167 Abs. 1 Alt. 2 BGB) erteilt.

bb) Handelsrechtliche Besonderheiten nach § 48 Abs. 1 HGB

Nach § 48 Abs. 1 HGB kann nur der Inhaber eines Handelsgeschäfts oder sein gesetzlicher Vertreter Prokura erteilen. Da Inhaber eines Handelsgeschäfts nur ein Kaufmann sein kann, ist die Erteilung von Prokura allein Kaufleuten vorbehalten. Worauf die Kaufmannseigenschaft beruht, ist unerheblich. C ist hier jedenfalls Formkaufmann nach § 6 Abs. 2 HGB i.V.m. § 3 Abs. 1 AktG. **6**

Die Prokuraerteilung hat „mittels ausdrücklicher Erklärung" zu erfolgen. Die Worte Prokura oder Prokurist sind nicht erforderlich. Es genügt die Ermächtigung zur Zeichnung „ppa". Dies ist hier geschehen. **7**

Der Inhaber des Handelsgeschäfts oder dessen gesetzlicher Vertreter muss die Prokura *persönlich* („nur") erteilen. Der Kaufmann kann sich daher bei der Prokuraerteilung nicht durch einen Bevollmächtigten vertreten lassen. Hier erfolgt die Erteilung der Prokura durch den Vorstand als gesetzlichen Vertreter von C (§ 78 Abs. 1 AktG) und damit durch den Kaufmann „persönlich". **8**

Die Prokuraerteilung kann gegenüber dem zu Bevollmächtigenden (§ 167 Abs. 1 Alt. 1 BGB) erfolgen. Die Erklärung bedarf als einseitiges Rechtsgeschäft nicht der Annahme durch den Bevollmächtigten. **9**

Prokura können nur natürliche Personen, nicht aber juristische Personen erhalten.[2] Denn die Erteilung von Prokura setzt ein besonderes Vertrauensverhältnis zwischen Kaufmann und Prokurist voraus, das nur gegenüber einer natürlichen Person bestehen kann. Dies kommt insbesondere mit dem jederzeitigen Widerrufsrecht des Kaufmanns nach § 52 Abs. 1 HGB und der Unübertragbarkeit der Prokura nach § 52 Abs. 2 HGB zum Ausdruck. Die Organe einer juristischen Person können hingegen wechseln. Hier ist indes P, also einer natürlichen Person Prokura erteilt. **10**

C hat bei der Erteilung von Prokura zu Gunsten von P die Anforderungen des § 48 Abs. 1 HGB erfüllt. **11**

b) Form

Die Bevollmächtigung bedarf grundsätzlich keiner Form (§ 167 Abs. 2 BGB). Ob der Kaufmann die ausdrückliche Erklärung der Prokuraerteilung schriftlich oder mündlich abgibt, ist daher unerheblich. Gesetzliche Ausnahmen sind etwa in §§ 492 Abs. 4, 1484 Abs. 2, 1945 Abs. 3 BGB, § 2 Abs. 2 GmbHG oder §§ 134 Abs. 3, 135 AktG vorgesehen. Außerdem ist die Vollmacht in der für das Vertretergeschäft vorgeschriebenen Form zu erteilen, wenn die formfreie Bevollmächtigung im Ergebnis zu einer Umgehung der Formvorschriften und deren Schutzzweck (Warnfunktion) führen würde (teleologische Reduktion von § 167 Abs. 2 BGB). Formbedürftig i.S.d. § 311b Abs. 1 BGB ist danach eine Vollmacht zum Grundstücksverkauf oder -erwerb.[3] **12**

---

2 *Canaris* § 12 Rn. 6; *K. Schmidt* § 16 III 2b.

3 *Köhler* § 11 Rn. 27.

13 Die mündliche Prokuraerteilung durch C ist wirksam. Soweit P auch zum Verkauf von Grundstücken ermächtigt sein soll – die Prokura erstreckt sich hierauf grundsätzlich nicht (§ 49 Abs. 2 HGB) – muss dies in der Form des § 311b Abs. 1 BGB geschehen. Auch dieses Erfordernis ist hier gegeben („formwirksam“, vgl. Sachverhalt).

c) Umfang

aa) Grundsätze nach bürgerlichem Recht

14 Nach bürgerlichem Recht bestimmt der Vollmachtgeber den Umfang der Vollmacht. Bei Zweifeln ist er durch Auslegung danach zu ermitteln, wie ein Erklärungsempfänger (§§ 133, 157 BGB) das Verhalten des Vollmachtgebers auffassen darf.

bb) Handelsrechtliche Besonderheiten nach § 49 HGB

15 Der Umfang der Vertretungsmacht des Prokuristen ist auf Grund des im Handelsverkehr erhöhten Bedürfnisses nach Rechtssicherheit und Verkehrsschutz gesetzlich zwingend festgelegt (§ 49 HGB). Danach erstreckt sich die Prokura auf „alle Arten von gerichtlichen und außergerichtlichen Geschäften und Rechtshandlungen, die der Betrieb eines Handelsgewerbes mit sich bringt“ (§ 49 Abs. 1 HGB). Hierzu gehört beispielsweise die Einstellung von Personal, die Vornahme von Käufen und Verkäufen, die Kreditaufnahme, die Errichtung und Schließung von Niederlassungen die Führung von Zivilprozessen und der Erwerb von Beteiligungen. Die Formulierung (irgend-)„*eines*“ Handelsgewerbes stellt klar, dass der Prokurist auch wirksam Geschäfte vornehmen kann, die gar nicht zum typischen Kreis der Geschäfte des konkreten Gewerbebetriebs gehören. Der Prokurist kann den Kaufmann daher auch bei außergewöhnlichen oder branchenfremden Geschäften wirksam vertreten. Der Unternehmensgegenstand bildet keine Schranke.

16 Ausgenommen von der Vertretungsmacht des Prokuristen ist die Veräußerung und Belastung von Grundstücken, sofern dies nicht besonders gestattet ist (§ 49 Abs. 2 HGB). § 49 Abs. 2 HGB betrifft dem Wortlaut nach nur das Verfügungsgeschäft. Doch ist § 49 Abs. 2 HGB in teleologischer Extension auch auf das Verpflichtungsgeschäft zu erstrecken.[4] Die Beschränkung des § 49 Abs. 2 HGB ist hier aber ohne Bedeutung, weil der Vorstand von C den P auch formwirksam zum Verkauf von Grundstücken der C ermächtigt. Danach erstreckt sich die Vertretungsmacht des P auch auf solche Geschäfte. Möglicherweise ergibt sich hier aber eine Einschränkung der Vertretungsmacht des P durch die Grundsätze der Kollusion oder des Missbrauchs der Vertretungsmacht.

cc) Einschränkungen

17 Das Risiko des Missbrauchs der Vertretungsmacht trägt grundsätzlich der Vertretene. Denn Innenverhältnis zwischen Vertretenem und Vertreter (rechtliches Dürfen) und Außenverhältnis zwischen Vertreter und Drittem (rechtliches Können) sind grundsätzlich voneinander unabhängig. Das rechtsgeschäftliche Handeln des Vertreters ist daher grundsätzlich wirksam, auch wenn er Beschränkungen aus dem Innenverhältnis überschreitet. In zwei Ausnahmefällen, nämlich bei Kollusion zwi-

[4] Koller/Kindler/Roth/Morck/*Roth* § 49 Rn. 7; *Canaris* § 12 Rn. 17.

schen Vertreter und Drittem sowie bei Missbrauch der Vertretungsmacht, kommt es zur Durchbrechung der Unabhängigkeit von Innen- und Außenverhältnis.

(1) Kollusion

18 Bei einvernehmlichem Zusammenwirken von Vertreter und Drittem zum Zwecke der Schädigung des Vertretenen (Kollusion) ist das Vertretergeschäft nichtig nach § 138 Abs. 1 BGB. Zu einem einvernehmlichen Zusammenwirken zwischen P und V zum Nachteil von C ist es hier jedoch nicht gekommen.

(2) Missbrauch der Vertretungsmacht

(a) Grundsätze nach bürgerlichem Recht

19 Die Grundsätze über den Missbrauch der Vertretungsmacht (nicht: Überschreitung der Vertretungsmacht) setzen ein pflichtwidriges Handeln des Vertreters und auf der Seite des Dritten voraus, dass er den Missbrauch der Vertretungsmacht kennt oder sich der Missbrauch ihm geradezu aufdrängen muss, weil der Vertreter von seiner Vertretungsmacht in ersichtlich verdächtiger Weise Gebrauch macht.[5] Dem Dritten obliegt aber keine Prüfungspflicht.[6] Der Vertreter muss sich des Missbrauchs der Vertretungsmacht nicht bewusst sein.[7]

(b) Handelsrechtliche Besonderheiten

(aa) Pflichtwidrigkeit des Prokuristen

20 Der Prokurist muss pflichtwidrig handeln, d. h. seine Befugnisse aus dem Innenverhältnis zwischen ihm und dem Kaufmann überschreiten. Dies ist hier geschehen, da P das Grundstück von C 450 000 EUR unter Wert verkauft.

(bb) Unerheblichkeit der Nachteiligkeit des Vertretergeschäfts

21 Auf die Nachteiligkeit des Vertretergeschäfts für den Vertretenen kommt es nicht an. Dies gebietet der Verkehrsschutzzweck des § 50 Abs. 2 HGB.[8] Einvernehmliches rechtsgeschäftliches Zusammenwirken von Vertreter und Drittem zur Schädigung des Vertretenen ist bereits nach § 138 Abs. 1 BGB wegen Kollusion nichtig. Im Übrigen ist hier ein Nachteil für C deshalb eingetreten, weil P ihr Grundstück für 450 000 EUR unter Wert verkauft.

(cc) Vorsatz des Prokuristen?

22 P handelt nicht vorsätzlich, sondern fahrlässig. Denn er geht mangels Erkundigung davon aus, dass er das Grundstück zum Verkehrswert verkauft. Es stellt sich die Frage, ob dies für einen Missbrauch der Vertretungsmacht, die auf Grund von Prokura besteht, ausreicht. Nach einer Auffassung muss der Vertreter bei gesetzlich unbeschränkbarer Vertretungsmacht des Handelsrechts (für Prokura § 50 Abs. 1 HGB; für oHG § 126 Abs. 2 HGB; für AG § 82 Abs. 1 AktG; für GmbH § 37 Abs. 2 GmbHG) bewusst zum Nachteil des Geschäftsinhabers handeln, also vorsätzlich seine Pflichten aus dem Innenverhältnis verletzen.[9] Wegen der Unbe-

---

[5] Ähnlich grober Fahrlässigkeit, vgl. *BGH* NJW 1994, 2082, 2083; 1995, 250, 251: „massive Verdachtsmomente voraussetzende objektive Evidenz".

[6] *BGH* NJW 1994, 2082, 2083.

[7] *BGH* NJW 1988, 3012, 3013.

[8] *Canaris* § 12 Rn. 38; a. A. *K. Schmidt* § 16 III 4b bb aaa; Großkomm/*Joost* § 50 Rn. 42.

[9] *BGH* NJW 1984, 1461, 1462; 1988, 3012, 3013; BGHZ 50, 112, 114.

schränkbarkeit der Vertretungsmacht seien nämlich erhöhte Anforderungen an den Missbrauch der Vertretungsmacht z. B. bei Prokura zu stellen, da wegen der gesetzlich typisierten Vollmacht des Handelsrechts ein erhöhter Vertrauensschutz bestehe. Außerdem verwirkliche sich nur bei bewusst nachteiligem Handeln das spezifische Risiko des Einsatzes von Stellvertretern. Nach anderer Auffassung ist Vorsatz des Prokuristen für einen Missbrauch der Vertretungsmacht nicht erforderlich,[10] da subjektive Elemente für die Schutzwürdigkeit der anderen Vertragspartei unerheblich sind.

23 Die auf die Schutzwürdigkeit der anderen Vertragspartei abstellende Ansicht überzeugt. Die gesetzlich typisierte Vollmacht Prokura vermag erhöhten Vertrauensschutz nur dann zu verwirklichen, wenn an den Missbrauch der Vertretungsmacht nicht höhere Anforderungen im Hinblick auf den subjektiven Tatbestand des Vertreters gestellt sind als nach bürgerlichem Recht. Danach genügt es bereits, dass der Vertreter objektiv pflichtwidrig handelt. Die Streitfrage kann hier freilich letztlich dahinstehen. Denn es geht um einen Grundstücksverkauf, auf den sich die Prokura von vornherein nicht erstreckt (§ 49 Abs. 2 HGB). Auf die Besonderheiten der Prokura kommt es insoweit gar nicht an. Die Ermächtigung des P zum Verkauf von Grundstücken der C ist daher von vornherein nach den Grundsätzen des Bürgerlichen Rechts zu beurteilen. Hier kommt es auf das Bewusstsein des Vertreters, zum Nachteil des Vertretenen zu handeln, nicht an.

(dd) Kenntnis oder grob fahrlässige Nichtkenntnis des Dritten

24 Der Dritte muss den Missbrauch der Prokura kennen oder grob fahrlässig nicht kennen.[11] Notwendig ist hierfür eine massive Verdachtsmomente voraussetzende objektive Evidenz des Missbrauchs.[12] Der Missbrauch muss sich also dem Dritten geradezu aufdrängen. Die auf einfacher Fahrlässigkeit beruhende Unkenntnis des Dritten vom Missbrauch der Vertretungsmacht schadet wegen des Verkehrsschutzzwecks der §§ 49 Abs. 1, 50 Abs. 1 und 2 HGB nicht.[13] In dem hier zu beurteilenden Fall ist eine objektive Evidenz des Missbrauchs der Vertretungsmacht durch P gegeben. V ist Immobilienmakler und daher mit den Gegebenheiten auf dem Immobilienmarkt bestens vertraut. Bei dem Verkauf eines Grundstücks 450 000 EUR unter Wert muss V erkennen, dass P seine Befugnisse aus dem Innenverhältnis zu C überschreitet.

(c) Rechtsfolge

25 Bei Missbrauch der Vertretungsmacht ist das Rechtsgeschäft nicht nichtig, sondern nach überwiegender Auffassung[14] lediglich schwebend unwirksam nach § 177 BGB analog. Der Vertretene hat danach die Möglichkeit, das Rechtsgeschäft zu genehmigen. Teile der Rechtsprechung[15] gehen demgegenüber, vor allem gestützt auf § 242 BGB, davon aus, dass sich der Dritte nicht auf die Vertretungsmacht des Vertreters berufen darf. Zutreffend erscheint, die Rechtsfolgen eines Missbrauchs der Vertre-

[10] Baumbach/Hopt/*Hopt* § 50 Rn. 5; *K. Schmidt* § 16 III 4b bb.

[11] Vgl. *BGH* NJW 1990, 384, 385.

[12] *BGH* DB 2002, 1439, 1440: „ersichtlich verdächtig".

[13] Großkomm/*Joost* § 50 Rn. 46; Baumbach/Hopt/*Hopt* § 50 Rn. 5; *K. Schmidt* § 16 III 4b bb ddd.

[14] BGHZ 141, 357, 364; Großkomm/*Joost* § 50 Rn. 51; Koller/Kindler/Roth/Morck/*Roth* § 50 Rn. 13.

[15] BGHZ 50, 112, 114; 113, 315, 320.

tungsmacht in Analogie zu §§ 177 ff. BGB zu bestimmen, da auch der Einwand des Rechtsmissbrauchs nach § 242 BGB zum Fehlen der Vertretungsmacht führt.[16] Hinzu kommt, dass hier der Vertretene das Rechtsgeschäft noch genehmigen kann und dogmatisch die Ausnahme vom Abstraktionsprinzip berücksichtigt ist. Danach ist die Auflassung entsprechend § 177 Abs. 1 BGB schwebend unwirksam. Ihre Wirksamkeit hängt von eine Genehmigung der C ab. Eine Genehmigung des Geschäfts zwischen P und V hat C hier nicht erklärt. Im Gegenteil: Sie will das Geschäft nicht gelten lassen. Darin liegt die Verweigerung der Genehmigung. Somit ist nach beiden Auffassungen das Vertretergeschäft unwirksam.

Der Dritte kann nach der Rechtsprechung zwar gegenüber dem Einwand des Missbrauchs der Vertretungsmacht geltend machen, der Vertretene habe den Missbrauch dadurch ermöglicht, dass er ihm zumutbare Kontrollmaßnahmen gegenüber dem Vertreter unterlassen hat.[17] Da hier Anhaltspunkte dafür fehlen, dass C zumutbare Kontrollmaßnahmen unterlassen hat, ist der Einwand des Missbrauchs der Vertretungsmacht durch C nicht ganz oder teilweise ausgeschlossen. **26**

d) Zwischenergebnis

Das Rechtsgeschäft, das zwischen C und V auf Grund der Stellvertretung durch P zu Stande gekommen ist, ist unwirksam. C hat danach das Eigentum an dem Grundstück nicht durch die Auflassung von P an V namens von C verloren. Da gleichwohl V als Grundstückseigentümer eingetragen ist, ist das Grundbuch unrichtig i.S.d. § 894 BGB. **27**

II. Aktivlegitimation von C

Die grundbuchfähige C (§ 3 Abs. 1 AktG) ist aktivlegitimiert, weil ihr Eigentum fälschlicherweise nicht eingetragen ist. **28**

III. Passivlegitimation von V

V ist passivlegitimiert, weil er als Eigentümer in das Grundbuch eingetragen ist. **29**

IV. Ergebnis

C hat einen Anspruch gegen V nach § 894 BGB auf Bewilligung (§ 19 GBO) ihrer Wiedereintragung als Eigentümerin des Grundstücks. **30**

[16] *Canaris* § 12 Rn. 41.
[17] BGHZ 50, 112, 114.

Fall 9. Schweigen ist nicht immer Gold

Sachverhalt

Die Energie Plus GmbH (E) ist ein Energieversorgungsunternehmen, das ein Stromleitungsnetz betreibt. Handyhersteller Anders Technology AG (A) unterhält im Einzugsbereich dieses Leitungsnetzes eine Produktionsstätte. Angesichts steigender Strompreise beabsichtigt A, den Vertrag mit seinem bisherigen Stromversorger zum 31.12.2010 zu kündigen und ab 1.1.2011 zu E zu wechseln. Daraufhin treffen sich die Geschäftsführer der E und der Vorstand von A. A fragt dabei an, ob nunmehr E gegen ein bestimmtes Entgelt die Stromversorgung der A übernehmen wolle. A und E vereinbaren als Lieferungsbeginn den 1.1.2011. Nach umfangreichen Verhandlungen einigt man sich auf den Vorschlag der A, sodass A den Vertrag mit seinem bisherigen Stromversorger zum 31.12.2010 kündigt. Am nächsten Tag nach dem Abschluss zwischen A und E geht bei A eine mit „Auftragsbestätigung" überschriebene E-Mail der E ein, die auf „den Vertrag von gestern" Bezug nimmt. Weiter heißt es dort, dass – nachdem darüber bisher noch nicht gesprochen worden ist – für den Vertrag selbstverständlich die beigefügten „Allgemeinen Geschäftsbedingungen" der E gelten. Der Vorstand von A reagiert hierauf nicht, weil der für eingehende E-Mails zuständige Mitarbeiter die E-Mail nicht an den Vorstand weiterleitet. Am 1.1.2011 wartet A vergebens auf Strom von E. Dies beruht darauf, dass ein Mitarbeiter von E auf Grund leichter Fahrlässigkeit das Stromaggregat, mit dem A bedient werden sollte, beschädigt. Deshalb nimmt A die Stromversorgung von E erst ab 7.1.2011 auf. Infolgedessen kommt es zu einem Kurzschluss im Betrieb der A und einem Erliegen der Produktion bei A. Dadurch entsteht A ein Schaden in Höhe von 3 Mio. EUR. In den Allgemeinen Geschäftsbedingungen der E sind Schadensersatzersatzansprüche des Kunden bei leichter Fahrlässigkeit von E ausgeschlossen. A verlangt Ersatz des entstandenen Schadens. Als sich E gegenüber A auf den Haftungsausschluss in ihren Allgemeinen Geschäftsbedingungen beruft, erklärt der Vorstand von A, er habe diese Allgemeinen Geschäftsbedingungen niemals zu sehen bekommen. Daher könnten diese nicht gegenüber A gelten.

Verlangt A von E zu Recht Ersatz des Schadens in Höhe von 3 Mio. EUR?

Gliederung

Rn.

Anspruch des A gegen E auf Schadensersatz wegen Produktionsausfalls nach §§ 280 Abs. 1 und 2, 286 BGB

Lösung

Anspruch des A gegen E auf Schadensersatz wegen Produktionsausfalls nach §§ 280 Abs. 1 und 2, 286 BGB

I. Schuldverhältnis

Durch den Abschluss eines Energielieferungsvertrages verpflichtet sich der Energie- 1
versorger zur Energieversorgung, der Kunde zur Zahlung des vereinbarten Entgelts.

Zwar ist Strom keine bewegliche Sache i.S.d. §§ 433, 90 BGB. Doch finden nach § 453 Abs. 1 BGB die Vorschriften über den Kauf von Sachen auf den Kauf von sonstigen Gegenständen entsprechende Anwendung. Ein sonstiger Gegenstand in diesem Sinne ist Strom.[1] Voraussetzung für das Zustandekommen eines Kaufvertrages ist, dass sich E und A (rechtsfähig nach § 13 Abs. 1 GmbHG und § 3 Abs. 1 AktG; vertreten durch die Geschäftsführer nach § 35 Abs. 1 GmbHG und den Vorstand nach § 78 Abs. 1 AktG) über den Abschluss eines Kaufvertrages geeinigt haben. Dies setzt zwei aufeinander bezogene, übereinstimmende Willenserklärungen von E und A, nämlich Antrag (§ 145 BGB) und Annahme (§§ 146f. BGB), voraus. A und E geben solche Erklärungen ab, da sie sich auf den Vorschlag von A, dass A die Stromversorgung von E zu einem bestimmten Entgelt übernimmt, einigen („Einigung"; „Abschluss"). Daher besteht zwischen A und E ein wirksamer Kaufvertrag i.S.d. § 433 BGB, also ein Schuldverhältnis i.S.d. § 280 Abs. 1 BGB.

II. Pflichtverletzung

2 E hat ihre Verpflichtung zur Stromversorgung von A ab 1.1.2011 nicht erfüllt. Da sie überhaupt keinen Strom bis 7.1.2011 liefert, kommt es zu einer Verzögerung der Leistung. Darin liegt eine Pflichtverletzung von E.

III. Vertretenmüssen der Pflichtverletzung nach § 280 Abs. 1 Satz 2 BGB

3 E hat die Verletzung der Pflicht zu vertreten i.S.d. § 280 Abs. 1 Satz 2 BGB. Für eine Widerlegung der Vermutung des § 280 Abs. 1 Satz 2 BGB fehlen Anhaltspunkte. Im Gegenteil: Die Nichtbelieferung von A beruht hier auf einer Nachlässigkeit eines Mitarbeiters von E, dessen Verhalten E nach § 278 BGB zuzurechnen ist.

IV. Zusätzliche Voraussetzung des § 286 BGB (§ 280 Abs. 2 BGB)

4 Schadensersatz wegen Verzögerung der Leistung kann der Gläubiger nur unter der zusätzlichen Voraussetzung des § 286 BGB verlangen (§ 280 Abs. 2 BGB). § 286 BGB setzt grundsätzlich eine Mahnung des Gläubigers nach Eintritt der Fälligkeit (§ 286 Abs. 1 Satz 1 BGB) oder die Erhebung der Klage auf die Leistung (§ 286 Abs. 1 Satz 2 Alt. 1 BGB) oder die Zustellung eines Mahnbescheids im Mahnverfahren (§ 286 Abs. 1 Satz 2 Alt. 2 BGB) voraus. Dazu ist es hier zwar nicht gekommen. Doch bedarf es nach § 286 Abs. 2 BGB der Mahnung nicht, wenn für die Leistung eine Zeit nach dem Kalender bestimmt ist. So liegt es hier bei der Vereinbarung des Lieferbeginns 1.1.2011. Das für den Eintritt von Verzug erforderliche Vertretenmüssen der Verzögerung der Leistung durch den Schuldner (§ 286 Abs. 4 BGB) liegt vor (siehe Rn. 3). Daher ist die zusätzliche Voraussetzung des § 286 BGB erfüllt.

V. Eintritt eines Schadens

5 Bei A tritt tatsächlich ein Schaden in Höhe von 3 Mio. EUR ein.

[1] Palandt/*Weidenkaff* § 453 Rn. 6.

VI. Art und Umfang des Schadensersatzes (§§ 249ff. BGB)

Die von E zu vertretende Pflichtverletzung (keine Erfüllung i. S. d. § 433 Abs. 1 BGB) ist kausal für den Betriebsausfallschaden in Höhe von 3 Mio. EUR bei A. Daher kann A von E diesen Betrag nach §§ 280 Abs. 1 und 2, 286, 251 Abs. 1 BGB ersetzt verlangen, wenn dieser Schadensersatzanspruch nicht wirksam ausgeschlossen ist. 6

VII. Kein Ausschluss der Schadensersatzpflicht

Der Schadensersatzanspruch von A gegen E wäre durch die AGB von E ausgeschlossen, wenn diese (1.) Vertragsinhalt und (2.) wirksam sind. 7

Hinweis: Die AGB von E sind nicht Bestandteil des ursprünglichen Vertrags. Sie könnten aber durch eine Änderung dieses Vertrages einbezogen sein. Es handelt sich dabei um eine Frage der Rechtsgeschäftslehre, die hier auf die Abgabe einer Willenserklärung durch Schweigen gerichtet ist. Das Handelsrecht enthält hierzu Besonderheiten, die sich in erster Linie aus § 362 HGB (vgl. dazu *Lettl* § 10 Rn. 23–38 mit Fallbeispiel) und den Grundsätzen über das Schweigen auf kaufmännisches Bestätigungsschreiben (vgl. dazu *Lettl* § 10 Rn. 39–63 mit Fallbeispiel) ergeben.

1. AGB von E Vertragsinhalt

a) Ursprünglicher Vertragsschluss

Zwischen A und E kommt es zum Vertragsschluss mit Wirkung ab 1.1.2011 über die Stromversorgung von A durch E. Rechtsbindungswillen ist bei beiden übereinstimmenden und korrespondierenden Erklärungen gegeben (§§ 133, 157 BGB). Danach ist die Haftungsausschlussklausel von E nicht Vertragsbestandteil, da über die AGB von E nicht gesprochen worden war und diese deshalb auch nicht in den Vertrag einbezogen sind. Die AGB von E könnten jedoch auf Grund einer auf Grund der Vertragsfreiheit jederzeit möglichen Vertragsänderung (§ 311 Abs. 1 BGB) Bestandteil des Vertrages zwischen E und A sein. Dies setzt einen darauf gerichteten Antrag i. S. d. § 145 BGB sowie dessen Annahme i. S. d. §§ 146f. BGB voraus. 8

b) Vertragsänderung durch „Auftragsbestätigung" (§ 311 Abs. 1 BGB)

aa) Antrag i. S. d. § 145 BGB auf Vertragsänderung durch E-Mail der E

In der E-Mail von E könnte ein Antrag i. S. d. § 145 BGB auf Vertragsänderung i. S. d. § 311 BGB liegen. Es muss sich also um eine Willenserklärung von E handeln, die – vorbehaltlich der Zustimmung durch den Empfänger – auf eine konstitutive, d. h. vertragsändernde Wirkung abzielt. Eine solche Wirkung hat eine Auftragsbestätigung im eigentlichen Sinne (nämlich Annahme i. S. d. §§ 146f. BGB) nicht (vgl. § 150 Abs. 2 BGB), weil sie den Vertrag überhaupt erst zustande bringt. Hier geht es E mit ihrer E-Mail jedoch nicht darum, den Vertrag mit A erst durch Annahme zu Stande zu bringen. Vielmehr nimmt E auf den bereits geschlossenen Vertrag Bezug. E will mit der E-Mail den Inhalt des bereits abgeschlossenen Vertrages dokumentieren und auf die Geltung seiner Allgemeinen Geschäftsbedingungen aufmerksam machen. Bei der E-Mail von E handelt es sich daher nicht um eine Auftragsbestätigung im eigentlichen Sinne, sondern um einen Antrag auf Vertragsänderung. Diesen müsste A annehmen. 9

bb) Annahme i.S.d. §§ 146f. BGB

10 A reagiert nicht auf die E-Mail von E, sondern schweigt. Bloßes Schweigen ist, sofern nicht ein Fall schlüssigen Verhaltens (z.B. Einsteigen in eine Straßenbahn) gegeben ist, regelmäßig keine Willenserklärung. Ein Schweigender setzt im Allgemeinen keinen Erklärungstatbestand, da er weder Zustimmung noch Ablehnung zum Ausdruck bringt. Auch im Handelsverkehr gilt Schweigen grundsätzlich als Ablehnung.[2] Insbesondere besteht kein abweichender Handelsbrauch.[3] Von dem Grundsatz, wonach Schweigen keinen rechtlichen Erfolg herbeiführen kann, gibt es aber Ausnahmen.

(1) Schweigen als Erklärungshandlung

11 Ein Schweigender setzt insbesondere dann einen Erklärungstatbestand (beredtes Schweigen), wenn vereinbart ist, dass Schweigen einen bestimmten Willen zum Ausdruck bringt. Nach dem Parteiwillen liegt dann im Schweigen eine Erklärungshandlung (beachte aber § 308 Nr. 5 BGB). Ein solcher Parteiwille fehlt indes in dem hier zu beurteilenden Fall.

(2) Schweigen mit Erklärungswirkung

12 Schweigen kommt auch ohne Erklärungshandlung in bestimmten Fällen eine Erklärungswirkung (sog. normiertes Schweigen oder Schweigen an Erklärungs statt) zu.

(a) § 362 Abs. 1 HGB

13 § 362 Abs. 1 HGB stellt eine Regel für den Vertragsschluss durch Schweigen auf. Sie gilt für Kaufleute, deren Geschäftsbetrieb die Besorgung von Geschäften für andere mit sich bringt oder die sich zur Besorgung von Geschäften erboten haben. § 362 Abs. 1 HGB liegt die Vorstellung zu Grunde, dass Kaufleute einen ihnen zugehenden Antrag annehmen, sofern sie ihn nicht unverzüglich ablehnen. Denn erfolgt nicht unverzüglich die Ablehnung des Antrags, gilt das Schweigen als Annahme des Antrags (§ 362 Abs. 1 Satz 1 Hs. 2 HGB). Diese Abweichung gegenüber § 663 BGB, der bei unterbliebener unverzüglicher Ablehnung lediglich den Ersatz des Vertrauensschadens vorsieht, geschieht zur Schaffung von Rechtssicherheit und Verkehrsschutz.[4] § 362 Abs. 1 HGB soll nämlich Streit über die – in den von § 362 Abs. 1 HGB genannten Fällen typischerweise gegebene – Erfüllung des Tatbestands einer Willenserklärung vermeiden. § 362 Abs. 1 Satz 1 HGB setzt voraus, dass (1.) der Antragsempfänger Kaufmann ist, (2.) sein Gewerbebetrieb die Besorgung von Geschäften für andere mit sich bringt, (3.) ihm gegenüber ein Antrag auf Besorgung solcher Geschäfte zugeht (4.) von jemandem, mit dem er in ständiger Geschäftsverbindung steht (5.) ohne dass der Antragsempfänger unverzüglich antwortet.

(aa) Antragsempfänger ist Kaufmann

14 Nur der Empfänger des Antrags (nicht auch dessen Absender) muss Kaufmann sein. Diese Voraussetzung ist hier durch A erfüllt (§ 6 Abs. 2 HGB, § 3 Abs. 1 AktG).

---

[2] *BGH* NJW 1995, 1281, 1282.

[3] *BGH* NJW 1996, 919, 920.

[4] Koller/Kindler/Roth/Morck/*Roth* § 362 Rn. 1.

(bb) Gewerbebetrieb bringt die Besorgung von Geschäften für andere mit sich

Der Begriff der Geschäftsbesorgung i.S.d. § 362 Abs. 1 HGB entspricht nicht dem Begriff der Geschäftsbesorgung der §§ 662, 675 BGB. Als Geschäftsbesorgung i.S.d. § 362 Abs. 1 HGB ist jede selbstständige, rechtsgeschäftliche oder tatsächliche Tätigkeit für einen anderen und in dessen Interesse zu verstehen. Der Kaufmann muss also einem anderen eine Tätigkeit abnehmen, die an sich dem anderen zukommt.[5] Beispiele hierfür sind die Tätigkeiten der Banken im Bereich der Kontoführung, der Spediteure, der Handelsmakler und der Kommissionäre. Einfache Verkaufs- oder Kaufangebote fallen nicht unter § 362 Abs. 1 HGB. Das bloße Angebot von Handys durch A ist zwar ein Gewerbebetrieb, bringt aber nicht die Besorgung von Geschäften für andere mit sich. Es fehlt daher bereits an diesem Tatbestandsmerkmal. Allerdings gilt § 362 Abs. 1 Satz 1 Hs. 2 HGB auch dann, wenn einem Kaufmann ein Antrag über die Besorgung von Geschäften von jemandem zugeht, dem gegenüber er sich zur Besorgung solcher Geschäfte erboten hat (§ 362 Abs. 1 Satz 2 HGB). 15

(cc) Erbieten

Für ein Erbieten i.S.d. § 362 Abs. 1 Satz 2 HGB genügt nicht ein öffentliches Erbieten etwa in Zeitungsannoncen oder in der Rundfunkwerbung. Vielmehr ist ein individuelles Erbieten erforderlich, das aber in allgemeiner Form wie Zusendung einer individuell adressierten Werbedrucksache erfolgen kann. A erbietet sich hier jedoch nicht zur Geschäftsbesorgung gegenüber E. 16

(dd) Zwischenergebnis

In dem Schweigen von A liegt keine Annahme des Antrags von E i.S.d. § 362 Abs. 1 Satz 1 Hs. 2 HGB. Die Annahme des Antrags von E durch A könnte sich aber nach den Grundsätzen des Schweigens auf kaufmännisches Bestätigungsschreiben ergeben. 17

(b) Schweigen auf kaufmännisches Bestätigungsschreiben

(aa) Empfänger

Möglicher Empfänger eines Bestätigungsschreibens ist, wer Kaufmann ist oder wie ein Kaufmann in größerem Umfang selbstständig am Rechtsverkehr teilnimmt. Danach genügt es, wenn der Empfänger Unternehmer i.S.d. § 14 BGB ist. Dies ist bei A, die sogar Formkaufmann nach § 6 Abs. 2 HGB, § 3 Abs. 1 AktG ist, der Fall. 18

(bb) Absender

Nach der Rechtsprechung[6] und Teilen des Schrifttums[7] muss auch der Absender Kaufmann i.S.d. §§ 1 ff. HGB sein oder wie ein Kaufmann in größerem Umfang selbstständig am Rechtsverkehr teilnehmen. Denn ein Kaufmann müsse bei Verhandlungen mit außerhalb des kaufmännischen Verkehrs stehenden Privatleuten nicht mit der Geltung des Handelsbrauchs vom Schweigen auf kaufmännisches Bestätigungsschreiben rechnen. Nach anderer Auffassung kann möglicher Absender 19

[5] BGHZ 46, 43, 47.

[6] BGHZ 40, 42, 44; *BGH* NJW 1975, 1358, 1359: auch die Vertretung eines Privatmanns durch einen Rechtsanwalt führe nicht ohne weiteres zur Anwendbarkeit der Grundsätze über das Schweigen auf ein kaufmännisches Bestätigungsschreiben.

[7] Palandt/*Ellenberger* § 148 Rn. 10; *K. Schmidt* § 19 III 2 b.

eines Bestätigungsschreibens indes nach dem Rechtsgedanken des § 345 HGB und in Analogie zu §§ 75h, 91a, 362 HGB jedermann sein, unabhängig davon, ob er Kaufmann ist oder ähnlich wie ein Kaufmann am Rechtsverkehr teilnimmt.[8] Die Streitfrage kann hier dahinstehen, da E sogar Formkaufmann nach § 6 Abs. 2 HGB, § 13 Abs. 3 GmbHG ist.

(cc) Geschäftlicher Kontakt

20 Es muss zu einem geschäftlichen Kontakt der Parteien gekommen sein. Dieser kann in abschlussreifen Vertragsverhandlungen oder einem Vertragsschluss (auch ohne vorhergehende Verhandlungen) bestehen. Ein Vertrag in diesem Sinne kann mündlich, aber auch schriftlich zu Stande gekommen sein, da auch bei schriftlicher Vereinbarung, insbesondere umfangreichem Schriftverkehr, Unklarheit über den genauen Vertragsinhalt bestehen kann.[9] Hier schließen A und E mündlich einen Vertrag, sodass ein geschäftlicher Kontakt besteht.

(dd) Schriftliche Bezugnahme auf (vermeintlich) getroffene Vereinbarung

21 Es muss eine schriftliche Bezugnahme auf eine (vermeintlich) getroffene Vereinbarung gegeben sein, die zumindest den wesentlichen Inhalt dieser Vereinbarung nach dem Willen des Absenders – für den Empfänger erkennbar – endgültig und vollständig wiedergeben soll.[10] Da für das kaufmännische Bestätigungsschreiben außer dem Erfordernis der Schriftlichkeit keine besonderen Formerfordernisse bestehen, kann es auch per Telefax oder – wie hier – per E-Mail erfolgen. Allerdings darf es sich nicht um eine echte Auftragsbestätigung handeln, wobei eine bloße Falschbezeichnung unschädlich sein kann. Bei der echten Auftragsbestätigung fehlt es nämlich an einer Bezugnahme auf eine (vermeintlich) getroffene Vereinbarung, da sie einen Vertrag erst zustande bringen soll. Eine echte Auftragsbestätigung liegt in der E-Mail von E jedoch nicht (siehe Rn. 9). Diese E-Mail nimmt auch Bezug auf den tags zuvor geschlossenen Vertrag. Ob der Kaufmann vom Zugang des Antrags Kenntnis erlangt, ist unerheblich, sofern die Kenntnisnahme auf Grund der spezifischen Risiken seines Unternehmens unterbleibt.[11] So liegt der Fall hier. Denn die Nichtweitergabe von E-Mails durch den für eingehende E-Mails zuständigen Mitarbeiter gehört zu den spezifischen Risiken von A.

(ee) Enger Zusammenhang mit geschäftlichem Kontakt

22 Der Absender muss das Bestätigungsschreiben in unmittelbarem zeitlichem Zusammenhang mit dem geschäftlichen Kontakt (Vertragsverhandlungen oder Vertragsschluss) absenden. Außerdem muss das Bestätigungsschreiben dem Empfänger alsbald zugehen (§ 130 Abs. 1 Satz 1 BGB). Die einzuhaltende Frist richtet sich nach den Umständen des Einzelfalls. Fünf Tage können noch unbedenklich sein;[12] drei Wochen reichen nicht mehr, da der Empfänger dann nicht mehr mit einem Bestätigungsschreiben rechnen muss. In dem hier zu beurteilenden Fall ist ein enger Zusammenhang mit dem geschäftlichen Kontakt gegeben, da die E-Mail von E schon einen Tag nach Vertragsschluss bei A eingeht.

---

[8] Baumbach/Hopt/*Hopt* § 346 Rn. 19; *Canaris* § 23 Rn. 45.

[9] *Canaris* § 23 Rn. 21; a. A. Großkomm/*Koller* § 346 Rn. 68.

[10] *BGH* NJW 1965, 965; 1972, 820.

[11] Großkomm/*Canaris* § 362 Rn. 18; Baumbach/Hopt/*Hopt* § 362 Rn. 5; *K. Schmidt* § 19 II 2d ff.; a. A. Heymann/*Horn* § 362 Rn. 11: Verschulden maßgeblich.

[12] *BGH* WM 1975, 324, 325.

(ff) Schutzwürdigkeit des Absenders

Der Absender des Schreibens ist nur geschützt, wenn er auf den Rechtsschein der Zustimmung vertrauen darf. Er muss also schutzwürdig sein. Daran fehlt es, wenn er im Bestätigungsschreiben vom vorher Vereinbarten bewusst abweicht oder sich so weit entfernt, dass er vernünftigerweise nicht mit dem Einverständnis des Empfängers rechnen kann.[13] So, wenn das Bestätigungsschreiben erhebliche Widersprüche gegenüber dem ursprünglichen Vertragsinhalt wie ein doppelt so hohes Entgelt oder unzumutbare oder nicht branchenübliche Bedingungen enthält. Ergänzungen in Nebenpunkten, Konkretisierungen oder die Einbeziehung üblicher und vom dispositiven Recht nicht erheblich abweichender AGB beseitigen die Schutzwürdigkeit des Absenders hingegen grundsätzlich nicht. So liegt es hier bei der Einbeziehung von AGB, die einen Haftungsausschluss für leichte Fahrlässigkeit enthalten. 23

Der Absender eines kaufmännischen Bestätigungsschreibens ist auch dann nicht schutzwürdig, wenn er seinerseits ein (kreuzendes) abweichendes Bestätigungsschreiben seines Geschäftspartners erhält oder das Bestätigungsschreiben auf einen Vertrag oder Bedingungen Bezug nimmt, dessen Abschluss oder Vereinbarung der Empfänger ausdrücklich verweigert hat. Denn dann darf der Absender nicht mit einem Einverständnis des Empfängers rechnen. Solche Ausnahmefälle liegen hier indes nicht vor. 24

(gg) Kein unverzüglicher Widerspruch durch A (§ 121 Abs. 1 Satz 1 BGB)

Der Empfänger des kaufmännischen Bestätigungsschreibens darf nicht unverzüglich (§ 121 Abs. 1 Satz 1 BGB) widersprechen. Der Widerspruch in diesem Sinne ist eine Willenserklärung. An die Unverzüglichkeit sind strenge Anforderungen zu stellen, da im Handelsverkehr rasch Klarheit über das Zustandekommen und den Inhalt von Verträgen bestehen soll. Auf die Ermittlung dieser Frist kommt es in dem hier zu beurteilenden Fall aber gar nicht an, da A dem kaufmännischen Bestätigungsschreiben von E überhaupt nicht widerspricht. Dass der Vorstand von der E-Mail der E überhaupt keine Kenntnis erlangt, ist unerheblich (siehe Rn. 21 a.E.). 25

(hh) Rechtsfolgen

Ein kaufmännisches Bestätigungsschreiben stellt an sich nur eine Beweisurkunde dar. Sie bleibt grundsätzlich ohne besondere Rechtsfolgen, hat also grundsätzlich nur deklaratorische Bedeutung. Weicht jedoch der Inhalt des Bestätigungsschreibens von den vorher getroffenen mündlichen Vereinbarungen ab, kann dem Bestätigungsschreiben konstitutive Bedeutung zukommen. Dem Schweigenden kann nämlich der objektive Erklärungswert seines Verhaltens zuzurechnen sein. Die widerspruchslose Hinnahme des Bestätigungsschreibens hat die Wirkung, dass der Inhalt des Schreibens Vertragsinhalt ist. Das Schreiben hat daher vertragsbegründende oder – wie hier – vertragsändernde Wirkung. Ein Bestätigungsschreiben kann insbesondere auch AGB zum Vertragsinhalt machen, sofern der Empfänger – wie hier A (§§ 6 Abs. 2, 3 Abs. 1 AktG) Kaufmann ist (bei Nichtkaufleuten scheitert die Einbeziehung an § 305 Abs. 2 BGB). Das widerspruchslos hingenommene Bestätigungsschreiben trägt die widerlegliche Vermutung der Vollständigkeit in sich. Dies entspricht dem Zweck des kaufmännischen Bestätigungsschreibens, eine ver- 26

[13] *BGH* NJW 1994, 1288; BGHZ 40, 42, 44; 61, 282, 286; 93, 338, 343; 101, 357, 365; MünchKommHGB/*K. Schmidt* § 346 Rn. 162f.

lässliche, nachweisbare Grundlage zu schaffen. Aus diesem Grund können sich auch beide Parteien auf die Wirkung des Bestätigungsschreibens berufen, sodass kein Wahlrecht besteht.

(3) Zwischenergebnis

27 Nach den Grundsätzen vom Schweigen auf kaufmännisches Bestätigungsschreiben nimmt A den Antrag von E auf Vertragsänderung an.

(4) Nichtigkeit des Rechtsgeschäfts wegen Anfechtung (§ 142 Abs. 1 BGB)

28 In der Erklärung des Vorstands von A, wonach die AGB von E nicht gegen A gelten könnten, weil er diese AGB nie zu sehen bekommen habe, könnte die Erklärung der Anfechtung (§ 143 Abs. 1 und 2 BGB) der Zustimmung zur Vertragsänderung liegen. Eine wirksame Anfechtung führt dazu, dass das Rechtsgeschäft – hier die Vertragsänderung – von Anfang an nichtig ist (§ 142 Abs. 1 BGB). Der Empfänger eines kaufmännischen Bestätigungsschreibens kann sich aber nicht darauf berufen, er habe sich über die rechtliche Bedeutung seines Schweigens geirrt oder er habe keine Kenntnis vom Zugang des Schreibens erhalten.[14] Denn diese Risiken muss ein Unternehmer aus Gründen des Verkehrsschutzes tragen. Andernfalls würde die Zustimmungsfiktion bedeutungslos. Die Anfechtung nach § 119 Abs. 1 BGB ist auch dann ausgeschlossen, wenn der Empfänger innerhalb der Grenzen der Grundsätze über das Schweigen auf ein kaufmännisches Bestätigungsschreiben bleibende Abweichungen als solche nicht erkennt, weil es sich dabei lediglich um einen unbeachtlichen Motivirrtum handelt.[15] Andernfalls würde der Zweck des kaufmännischen Bestätigungsschreibens, den Vertragsinhalt festzulegen, verfehlt. Aus diesem Grunde muss auch eine Anfechtung auf Grund eines Irrtums ausgeschlossen sein, der seine Grundlage in den Vertragsverhandlungen hat und dem der Inhalt des Bestätigungsschreibens entgegensteht.[16] Anders verhält es sich, wenn sich der Empfänger über den Inhalt des Bestätigungsschreibens irrt (z. B. falsches Verständnis oder Verlesen) und deshalb nicht widerspricht. Hier kann er sein Schweigen analog § 119 Abs. 1 BGB anfechten, weil der Empfänger eines kaufmännischen Bestätigungsschreibens nicht schlechter stehen darf, als wenn er sein Einverständnis ausdrücklich erklärt hätte. Ob der Irrtum auf einer Sorgfaltswidrigkeit des Empfängers beruht, ist unerheblich.[17] Eine Anfechtung nach § 119 Abs. 2 und § 123 BGB ist immer möglich. Anhaltspunkte für einen Anfechtungsgrund nach § 119 Abs. 1 BGB analog, § 119 Abs. 2 BGB oder § 123 BGB liegen hier aber nicht vor.

2. Wirksamkeit des Haftungsausschlusses

29 Die Klausel in den AGB, wonach die Haftung von E für leichte Fahrlässigkeit ausgeschlossen ist, ist an § 307 Abs. 1 und 2 BGB zu messen (§§ 308, 309 BGB sind nach § 310 Abs. 1 Satz 1 BGB hier nicht anwendbar). Danach erscheint ein Ausschluss der Haftung für leichte Fahrlässigkeit zulässig.[18] Denn es besteht ein berech-

[14] Baumbach/Hopt/*Hopt* § 346 Rn. 33; Koller/Kindler/Roth/Morck/*Roth* § 346 Rn. 34; *Canaris* § 23 Rn. 34.

[15] *BGH* NJW 1969, 1711, 1712; 1972, 45; *K. Schmidt* § 19 III 6b.

[16] Großkomm/*Koller* § 346 Rn. 121.

[17] Baumbach/Hopt/*Hopt* § 346 Rn. 33; *Canaris* § 23 Rn. 38; a.A. *BGH* NJW 1972, 45; MünchKommHGB/*K. Schmidt* § 346 Rn. 167; Koller/Kindler/Roth/Morck/*Roth* § 346 Rn. 34.

[18] *BGH* NJW 1998, 1640, 1642; Palandt/*Grüneberg* § 309 Rn. 57.

tigtes Interesse von E an einem Haftungsausschluss angesichts des unabsehbaren Haftungsrisikos bei Stromausfällen. Für die Zulässigkeit des Haftungsausschlusses von E spricht auch ein Umkehrschluss aus § 309 Nr. 7 Buchst. b BGB.

VIII. Ergebnis

A steht gegen E kein Schadensersatzanspruch auf Zahlung von 3 Mio. EUR nach **30**
§§ 280 Abs. 1 und 2, 286 BGB zu.

Fall 10. Mobilfunk als Geschäft

Sachverhalt

Udo Unruh (U) bietet Telekommunikationsdienstleistungen an. Er kommt mit Hubert Heinze (H) mündlich überein, dass H den Abschluss von Mobilfunkverträgen für das von U betriebene Netz im Landkreis Potsdam-Mittelmark vermitteln und die hierfür erforderlichen Beratungsleistungen erbringen soll. Verträge mit geworbenen Personen will U persönlich schließen. H soll die verabredete Tätigkeit eigenverantwortlich und selbstständig von zu Hause aus durchführen. Arbeitszeit und Arbeitsumfang sind H freigestellt. Für die Aktivierung eines „Free-and-Easy“-Mobilfunkanschlusses mit einer Laufzeit von zwei Jahren soll H eine Prämie in Höhe von 100 EUR je Teilnehmerverhältnis erhalten. Die Laufzeit der Vereinbarung zwischen U und H ist auf 1.1. bis 31.12.2000 festgelegt. Vom 1.1. bis zum 31.12.2010 vermittelt H zu Gunsten von U 1 899 „Free-and-Easy“-Mobilfunkanschlüsse im Landkreis Potsdam-Mittelmark mit einer Laufzeit von zwei Jahren. U zahlt daraufhin 150 000 EUR an H, die H annimmt. Auch in der Folgezeit ist H tätig und vermittelt im Zeitraum vom 1. 1. bis zum 3. 8. 2011 zu Gunsten von U im Landkreis Potsdam-Mittelmark sogar 1 968 „Free-and-Easy“-Mobilfunkanschlüsse mit einer Laufzeit von zwei Jahren und im Landkreis Dahme-Spreewald 456 „Free-and-Easy“-Mobilfunkanschlüsse mit einer Laufzeit von zwei Jahren. Bis zum 3.8.2011 vermittelt H darüber hinaus 300 der von U seit dem 1.2.2011 angebotenen „Flying-High“-Mobilfunkanschlüsse im Landkreis Potsdam-Mittelmark, wobei für die Vermittlung eines solchen Mobilfunkanschlusses eine Provision in Höhe von 90 EUR ortsüblich ist. H führt sämtliche der vermittelten Geschäfte aus. Die Kunden erfüllen ordnungsgemäß. Während der gesamten Zeit erteilt U, der mit dem geschäftlichen Erfolg des H sehr zufrieden ist, keine Vorgaben gegenüber H im Hinblick auf Arbeitszeit und Arbeitsumfang. Am 3.8.2011 kommt es jedoch auf Grund einer Nichtigkeit zum Streit zwischen U und H, während dessen sich U und H einig sind, künftig nicht mehr zusammenzuarbeiten.

1. Kann H von U Zahlung von Prämien ggf. in welcher Höhe für die vermittelten Mobilfunkanschlüsse im Zeitraum vom 1.1. bis zum 31.12.2010 verlangen?
2. Kann H von U Zahlung von Prämien ggf. in welcher Höhe für die vermittelten Mobilfunkanschlüsse im Zeitraum vom 1.1. bis zum 3.8.2011 verlangen?
3. Kann H von U am 4.12.2012 Zahlung eines Geldbetrages ggf. in welcher Höhe verlangen, weil die von H vermittelten Kunden fast vollständig zu Stammkunden des U geworden sind?

Skizze

1.1.–31.12.2010	1.1.–3.8.2011
1 899 „Free-and-Easy Potsdam“-Mittelmark	1 968 „Free-and-Easy“ Potsdam-Mittelmark 456 „Free-and-Easy” Dahme-Spreewald 300 „Flying High“ Potsdam-Mittelmark

Gliederung

Lösung

Vorüberlegungen: Die Angaben im Sachverhalt legen nahe, dass H Handelsvertreter ist. Daher sind die Anspruchsgrundlagen in erster Linie in den §§ 84 ff. HGB zu suchen (vgl. dazu *Lettl* § 7 Rn. 5–75). Handelsvertreter ist nach § 84 Abs. 1 Satz 1 HGB, wer als selbstständiger Gewerbetreibender ständig damit betraut ist, für einen anderen Unternehmer (Unternehmer) Geschäfte zu vermitteln oder in dessen Namen abzuschließen. Da auch der Handelsvertreter Unternehmer ist, definiert § 84 Abs. 1 Satz 1 HGB die Person des Auftraggebers des Handelsvertreters durch den Klammerzusatz als Unternehmer. Der Handelsvertretervertrag ist auf eine Geschäftsbesorgung i. S. d. § 675 Abs. 1 BGB mit Dienstvertragscharakter (Pflicht zum Tätigwerden) nach §§ 611 ff. BGB gerichtet.[1] Er stellt auf Grund seiner zeitlichen Ausrichtung („ständige Betrauung") ein Dauerschuldverhältnis dar. Darf ein Handelsvertreter vertraglich nicht für weitere Unternehmer tätig sein, handelt es sich um einen Einfirmenvertreter (§ 92a HGB). Er ist wegen seiner wirtschaftlichen Abhängigkeit besonders schutzwürdig und aus diesem Grunde vielfach in den Anwendungsbereich arbeitsrechtlicher Vorschriften einbezogen (z. B. § 5 Abs. 1 Satz 2 ArbGG; § 2 Abs. 1 Satz 2 BUrlG). Dies spielt für die hier aufgeworfenen Fallfragen jedoch keine Rolle. Darüber hinaus unterscheidet das Gesetz zwischen haupt- und nebenberuflichen Handelsvertretern (§ 92b HGB). Auch diese Regelung ist für die aufgeworfenen Fallfragen ohne Bedeutung.

Frage 1: Anspruch des H gegen U auf Zahlung von Provision für den Zeitraum vom 1. 1. bis zum 31.12.2010 nach § 87 Abs. 1 Satz 1 HGB

1 Nach § 87 Abs. 1 Satz 1 HGB hat ein Handelsvertreter Anspruch auf Provision für alle während des Vertragsverhältnisses abgeschlossenen Geschäfte, die auf seine Tätigkeit zurückzuführen sind oder mit Dritten abgeschlossen werden, die er als Kunden für Geschäfte der gleichen Art geworben hat. Der Anspruch des Handelsvertreters auf Provision setzt danach voraus, dass (1.) ein Handelsvertretervertrag wirksam zu Stande gekommen ist, (2.) zwischen dem Unternehmer und einem Dritten während des Handelsvertretervertrages (für Geschäfte nach Abschluss des Handelsvertretervertrages vgl. § 87 Abs. 3 HGB) ein Geschäft geschlossen worden ist. (3.a) Das Geschäft muss außerdem auf die Tätigkeit des Handelsvertreters zurückzuführen sein (§ 87 Abs. 1 Satz 1 Alt. 1 HGB; Kausalität) oder (3.b) der Handelsvertreter muss einen Kunden für Geschäfte der gleichen Art geworben haben (§ 87 Abs. 1 Satz 1 Alt. 2 HGB) oder (3.c) es müssen die Voraussetzungen des § 87 Abs. 2 Satz 1 HGB (Ausnahme: § 87 Abs. 2 Satz 2 HGB) gegeben sein. Ferner muss (4.a) der Unternehmer das Geschäft ausgeführt (§ 87a Abs. 1 Satz 1 HGB) und der Dritte geleistet haben (§ 87a Abs. 2 HGB) oder (4.b) der Unternehmer das Geschäft auf Grund von ihm zu vertretender Umstände nicht ausgeführt haben (§ 87a Abs. 3 HGB).

Hinweis: Eine wichtige Unterscheidung besteht darin, dass sich die Vereinbarung zwischen U und H ausdrücklich auf den Zeitraum vom 1.1. bis zum 31.12.2010 bezieht. Ansprüche aus dieser Vereinbarung für Geschäftsabschlüsse in dem darauf folgenden Zeitraum kommen nur in Betracht, sofern die Vereinbarung auch für diesen Zeitraum gilt. Eine weitere Unterscheidung ergibt sich daraus, dass H „Flying-High"-Mobilfunkanschlüsse vermittelt, die überhaupt nicht Gegenstand der ursprünglichen Vereinbarung zwischen U und H sind.

I. Abschluss eines Handelsvertretervertrages i. S. d. § 84 Abs. 1 HGB

2 Für das Zustandekommen eines Handelsvertretervertrages gelten grundsätzlich die allgemeinen Regelungen des BGB. Zwischen U und H ist ein Vertrag durch zwei

[1] BGHZ 59, 87, 93.

übereinstimmende, aufeinander bezogene Willenserklärungen, nämlich Antrag (§ 145 BGB) und Annahme (§§ 146f. BGB) zustande gekommen. Dieser Vertrag könnte inhaltlich einen Handelsvertretervertrag nach § 84 Abs. 1 HGB darstellen. Der Begriff des Handelsvertreters i. S. d. § 84 Abs. 1 Satz 1 HGB ist durch folgende Merkmale gekennzeichnet: Ein (1.) selbstständiger Gewerbetreibender muss (2.) mit der Vermittlung oder dem Abschluss von Geschäften (mit Dritten) (3.) für einen anderen Unternehmer (Unternehmer) (4.) ständig betraut sein.

1. Selbstständiger Gewerbetreibender

a) Gewerbetreibender

Ein Handelsvertreter ist Kaufmann, wenn er die hierfür erforderlichen Voraussetzungen erfüllt, also etwa ein Handelsgewerbe i. S. d. § 1 HGB betreibt. Aber auch dann, wenn die Voraussetzungen für die Begründung der Kaufmannseigenschaft nicht gegeben sind, kommen die §§ 85ff. HGB zur Anwendung (§ 84 Abs. 4 HGB). Diese Regelungen gelten daher auch für Kleingewerbetreibende. Handelsvertreter kann sowohl eine natürliche Person als auch eine juristische Person als auch eine Handelsgesellschaft sein. Entscheidend für die Handelsvertretereigenschaft von H ist daher allein das Betreiben eines Gewerbes. Der Begriff des Gewerbes in § 84 Abs. 1 Satz 1 HGB entspricht dem Gewerbebegriff des § 1 HGB. Gewerbe i. S. d. § 1 HGB ist eine selbstständige, entgeltliche, auf eine Vielzahl von Geschäften gerichtete, nach außen in Erscheinung tretende Tätigkeit auf wirtschaftlichem Gebiet.[2] Die Voraussetzungen erfüllt an sich die Tätigkeit des H, für U Mobilfunk-Verträge mit Dritten zu vermitteln, um hierfür eine Prämie zu erlangen. Das Merkmal der Selbstständigkeit bedarf indes gesonderter Prüfung, da es nicht nur zum Begriff des Gewerbes, sondern auch zum Begriff des Handelsvertreters gehört. 3

b) Selbstständigkeit

Der Begriff der Selbstständigkeit ist in § 84 Abs. 1 Satz 2 HGB legaldefiniert. Danach ist selbstständig, wer „im Wesentlichen frei seine Tätigkeit gestalten und seine Arbeitszeit bestimmen kann“. Die Art der Tätigkeit ist unerheblich. Ob die von § 84 Abs. 1 Satz 2 HGB geforderte Freiheit im Hinblick auf Dauer und Zeitpunkt der Tätigkeit, also persönliche (nicht: wirtschaftliche) Selbstständigkeit tatsächlich besteht, ist nach dem Gesamtbild des Vertrages und seiner Durchführung, also den Umständen des Einzelfalls zu beurteilen. Besteht keine Selbstständigkeit, gilt der Geschäftsmittler als Angestellter (§ 84 Abs. 2 HGB), auf den das Arbeitsrecht anwendbar ist. Diese Fiktion bezweckt eine eindeutige Zuordnung und Abgrenzung vom Arbeitsrecht. 4

Die Umstände des Einzelfalls sprechen hier dafür, dass H selbstständig ist. Er soll die Tätigkeit von zu Hause aus durchführen. H ist daher nicht – etwa durch ein Arbeitszimmer – in die Unternehmensorganisation von U eingegliedert. Hinzu kommt, dass der Vertrag zwischen U und H keine Vorgaben zu Arbeitszeit und Arbeitsumfang des H macht. Auch tatsächlich ist H insoweit nicht durch U festgelegt. H ist daher selbstständig i. S. d. § 84 Abs. 1 Satz 2 HGB. 5

[2] Vgl. auch BT-Drs. 13/8444 S. 24; MünchKommHGB/*K. Schmidt* § 1 Rn. 26; *Canaris* § 2 Rn. 16.

2. Vermittlung oder Abschluss von Geschäften für einen anderen Unternehmer

a) Anderer Unternehmer (Unternehmer)

6 Der andere Unternehmer (Unternehmer) muss ebenso wenig wie der Handelsvertreter Kaufmann sein. Daher genügt die Tätigkeit für einen Nichtkaufmann,[3] der jedoch Unternehmer i. S. d. § 14 BGB (z. B. Freiberufler) sein muss. Der andere Unternehmer kann ebenso wie der Handelsvertreter sowohl eine natürliche Person als auch eine juristische Person als auch eine Handelsgesellschaft sein. Da U Telekommunikationsdienstleistungen anbietet, ist er selbstständig gewerblich tätig und infolgedessen Unternehmer i. S. d. § 14 Abs. 1 BGB.

b) Vermittlung und Abschluss von Geschäften

7 Die Tätigkeit des Handelsvertreters ist auf das Zustandekommen von Rechtsgeschäften zwischen dem Unternehmer und Dritten durch die Einwirkung auf Dritte gerichtet.[4] Dies geht über den bloßen Nachweis einer Gelegenheit zum Geschäftsabschluss (vgl. demgegenüber § 652 Abs. 1 Satz 1 Alt. 1 BGB) und bloße Werbung hinaus. Der Handelsvertreter vermittelt ein Geschäft, wenn dieses unmittelbar zwischen dem Unternehmer und dem Dritten zu Stande kommt (Vermittlungsvertreter). Der Handelsvertreter schließt ein Geschäft ab, wenn dieses zwischen dem Unternehmer und dem Dritten auf Grund der Vertretung des Unternehmers durch den Handelsvertreter i. S. d. § 164 Abs. 1 BGB zu Stande kommt (Abschlussvertreter). Das vom Handelsvertreter für den Unternehmer vermittelte oder abgeschlossene Geschäft kann den Absatz oder den Bezug von Waren oder Dienstleistungen betreffen. Je nachdem ist der Handelsvertreter Absatz- oder Bezugsmittler. Die Art des Geschäfts ist unerheblich.

8 Da H hier lediglich unmittelbar zwischen U und Dritten geschlossene Mobilfunkverträge vermittelt, ohne eigene Willenserklärungen abzugeben, ist er Vermittlungsvertreter.

3. In ständiger Betrauung

9 Betrauung ist i. S. v. Beauftragung zu verstehen, aus der sich die Pflicht zum Tätigwerden ergibt. Fehlt es daran, kann ein Handelsmaklervertrag bestehen. Ständige Betrauung ist gegeben, wenn die Tätigkeit eine unbestimmte Vielzahl von Geschäftsabschlüssen für den Unternehmer herbeiführen soll, sodass beide Parteien eine Bindung auf Dauer planen.[5] Aus dieser längerfristigen Bindung ergibt sich die besondere Schutzbedürftigkeit des Handelsvertreters. Eine ständige Betrauung von H durch U ist hier gegeben, da H laut Vertrag vom 1.1. bis zum 31.12.2010, also auf Dauer, für U im Hinblick auf eine Vielzahl von Geschäftsabschlüssen tätig sein soll.

4. Zwischenergebnis

10 Zwischen U und H ist jedenfalls für den Zeitraum vom 1.1. bis zum 31.12.2010 ein Handelsvertretervertrag i. S. d. § 84 Abs. 1 HGB zu Stande gekommen.

---

[3] BGHZ 43, 108, 110.
[4] *BGH* NJW 1983, 42.
[5] *BGH* NJW 1992, 2818, 2819; *Canaris* § 15 Rn. 13.

II. Wirksamkeit des Handelsvertretervertrages

Auch für die Wirksamkeit eines Handelsvertretervertrages gelten grundsätzlich die allgemeinen Regelungen des BGB. Ein Handelsvertretervertrag kann danach auch formfrei zu Stande kommen. § 85 HGB steht dem nicht entgegen. Auf Grund der Schutzbedürftigkeit des Handelsvertreters infolge ständiger Betrauung ist eine Abweichung von einigen Regelungen des HGB zum Nachteil des Handelsvertreters ausgeschlossen (§§ 86a Abs. 3, 87a Abs. 5, 87c Abs. 5, 88a Abs. 1, 89 Abs. 2, 89b Abs. 4, 90a Abs. 4, 92a HGB). Vorformulierte Handelsvertreterverträge unterliegen unter den weiteren Voraussetzungen des § 305 Abs. 1 BGB der Kontrolle nach § 307 BGB. Soweit der Handelsvertretervertrag eine Regelung über die Beschränkung der Tätigkeit des Handelsvertreters nach Vertragsbeendigung enthält (Wettbewerbsabrede), bedarf diese der Schriftform (§ 90a Abs. 1 Satz 1 HGB). Da der Vertrag zwischen U und H keine Wettbewerbsabrede enthält, steht seiner Wirksamkeit die bloße Mündlichkeit des Vertragsschlusses nicht entgegen. Andere Unwirksamkeitsgründe sind nicht ersichtlich, sodass der Handelsvertretervertrag zwischen U und H wirksam ist. **11**

III. Während des Vertragsverhältnisses abgeschlossenes Geschäft

U schließt auf Grund der Vermittlungstätigkeit des H mit Dritten während des Vertragsverhältnisses 1 899 „Free-and-Easy"-Mobilfunkverträge. **12**

IV. Kausalität zwischen Tätigkeit des Handelsvertreters und Geschäft

Die Tätigkeit des Handelsvertreters muss für den Abschluss des Geschäfts ursächlich sein. Nach § 87 Abs. 1 Satz 1 Alt. 1 HGB muss der Handelsvertreter den Kunden zum Geschäftsabschluss z.B. durch Hervorrufen eines Kaufentschlusses bestimmt haben. Beim Abschlussvertreter ist ohne Zweifel Kausalität gegeben, beim Vermittlungsvertreter bedarf sie des Nachweises. Mitursächlichkeit genügt. Die erforderliche Kausalität zwischen der Tätigkeit des Handelsvertreters und dem Zustandekommen des Geschäfts liegt daher auch dann vor, wenn die Tätigkeit des Handelsvertreters – hier des H – das Zustandekommen gerade ein bestimmtes Geschäft durch Förderung der Absatztätigkeit mitbewirkt hat.[6] Hier ist der Abschluss von 1 899 Mobilfunk-Verträgen zwischen U und Dritten auf die Tätigkeit des H zurückzuführen. Daher ist die Tätigkeit des H kausal für diese Geschäfte. **13**

V. Ausführung des Geschäfts durch den Unternehmer i.S.d. § 87a Abs. 1 Satz 1 HGB

Unternehmer U führt die von H vermittelten 1899 Geschäfte aus i.S.d. § 87a Abs. 1 Satz 1 HGB. **14**

VI. Leistung der Dritten i.S.d. § 87a Abs. 2 HGB

Die Dritten leisten i.S.d. § 87a Abs. 2 HGB, indem sie die mit U geschlossenen Verträge ordnungsgemäß erfüllen. **15**

[6] *BGH* WM 2006, 1358, 1361; MünchKommHGB/*v. Hoyningen-Huene* § 87 Rn. 31.

VII. Umfang der Provision

16 Ist die Höhe der Provision nicht bestimmt, ist der übliche Satz als vereinbart anzusehen (§ 87 Abs. 2 HGB). Hier ist zwischen U und H indes eine Prämie je vermittelten Mobilfunkvertrages in Höhe von 100 EUR vereinbart. H steht daher gegen U ein Anspruch auf Zahlung von 189900 EUR zu.

VIII. Kein Erlöschen des Provisionsanspruchs

1. Erfüllung i.S.d. § 362 Abs. 1 BGB

17 Der Anspruch des H gegen U auf Zahlung von 189900 EUR ist durch die Zahlung von 150000 EUR erloschen, weil U insoweit die Leistung bewirkt hat i.S.d. § 362 Abs. 1 BGB. Danach steht U gegen H nur noch ein Anspruch auf Zahlung von 39900 EUR zu.

2. Verzicht

18 Möglicherweise verzichtet H gegenüber U durch die Annahme der Zahlung des U und seine Untätigkeit im Hinblick auf diese Abrechnung auf weitere Provisionsansprüche. Ein Einverständnis mit den Provisionsabrechnungen und damit das Anerkenntnis, keine weiteren Ansprüche zu haben, ergibt sich jedoch im Allgemeinen nicht aus bloßer Untätigkeit des Handelsvertreters. Für eine Einigung über die Abrechnung zwischen Unternehmer und Handelsvertreter bedarf es vielmehr regelmäßig einer eindeutigen Willenserklärung des Handelsvertreters.[7] Denn an einen konkludent erklärten Verzicht sind grundsätzlich strenge Anforderungen zu stellen.[8] Deshalb ist allein in dem Umstand, dass H die Abrechnung und Zahlung von U widerspruchslos hinnimmt, weder ein stillschweigend erklärtes Einverständnis mit den Abrechnungen noch ein Verzicht auf weitere Provisionen für durchgeführte Geschäfte zu sehen.

IX. Ergebnis

19 H steht gegen U ein Anspruch nach § 87 Abs. 1 Satz 1 HGB auf Zahlung von 39900 EUR zu.

Frage 2: Anspruch des H gegen U auf Zahlung von Provision für den Zeitraum vom 1. 1. bis zum 3.8.2011 nach § 87 Abs. 1 Satz 1 HGB

I. „Free-and-Easy"-Mobilfunkanschlüsse im Landkreis Potsdam-Mittelmark

20 An sich wäre das zwischen U und H bestehende Vertragsverhältnis mit Ablauf des 31.12.2010 beendet, da es bis zu diesem Zeitpunkt befristet ist. Es kommt als Grundlage für einen Anspruch des H gegen U auf Provisionszahlung nur dann in Betracht, wenn es nach § 89 Abs. 3 Satz 1 HGB als auf unbestimmte Zeit verlängert gilt. Dies setzt voraus, dass beide Teile es nach Ablauf der vereinbarten Laufzeit

[7] *BGH* NJW 1996, 588.

[8] *BGH* WM 1994, 13; 1995, 1677, 1678.

fortsetzen. Eine einseitige Fortsetzung, der der andere Teil nicht unverzüglich widersprochen hat, genügt nicht.[9] Einer erneuten Einigung der Parteien über sämtliche Bedingungen ihrer Zusammenarbeit bedarf es nicht.[10] Der Provisionsanspruch besteht bereits dann, wenn der Handelsvertreter nach Ablauf der Vertragszeit weiterhin für den Unternehmer tätig ist und dieser die von dem Handelsvertreter vermittelten Geschäfte ausführt. So liegt es hier. Daher gilt der Handelsvertretervertrag zwischen U und H über den 31.12.2010 hinaus als auf unbestimmte Zeit verlängert. Daher stehen H gegen U – nachdem auch die übrigen Voraussetzungen für einen solchen Anspruch gegeben sind – weiterhin Ansprüche auf Provision nach § 87 Abs. 1 Satz 1 HGB zu. Sie sind bei 1968 vermittelten „Free-and-Easy"-Mobilfunkanschlüssen auf Zahlung von 196800 EUR (= 1968 × 100 EUR) gerichtet.

II. „Free-and-Easy"-Mobilfunkanschlüsse im Landkreis Dahme-Spreewald

H vermittelt an U vom 1.1. bis zum 3.8.2011 456 „Free-and-Easy"-Mobilfunkanschlüsse mit einer Laufzeit von zwei Jahren im Landkreis Dahme-Spreewald. **21** H, dessen Vertragsgebiet auf den Landkreis Potsdam-Mittelmark beschränkt und der deshalb Bezirksvertreter i. S. d. § 87 Abs. 2 HGB ist, vermittelt danach Verträge außerhalb des ihm zugewiesenen Bezirks. Ein vertraglicher Provisionsanspruch besteht für solche Geschäfte grundsätzlich nicht. Möglicherweise haben U und H aber die Vermittlung von Mobilfunkanschlüssen im Landkreis Dahme-Spreewald in den zwischen den Parteien bereits bestehenden Handelsvertretervertrag einbezogen. Die Tätigkeit eines Bezirksvertreters aber, die – wie hier – mit Zustimmung des Unternehmers (U schließt die von H vermittelten Geschäfte und führt diese aus) außerhalb seines Bezirks erfolgt, begründet regelmäßig auch für die dabei abgeschlossenen Geschäfte den vollen vertraglichen Provisionsanspruch nach § 87 Abs. 1 HGB.[11] Dies entspricht der Interessenlage. So will der Unternehmer vom Handelsvertreter möglichst viele Angebote vermittelt bekommen. Eine Verpflichtung des Unternehmers ergibt sich dadurch (bei Einschaltung eines Vermittlungsvertreters) nicht, weil er frei darüber entscheiden kann, ob und zu welchem Preis er – unter Berücksichtigung einer dadurch begründeten Provisionspflicht – das Angebot annimmt. U führt hier auch tatsächlich sämtliche von H vermittelten Geschäfte aus. Das Interesse des H ist darauf gerichtet, auch für solche – „bezirksfremden" – Geschäfte die vertraglich vereinbarte Vergütung zu erhalten. Eine ergänzende Vertragsauslegung auf der Grundlage des objektiven Empfängerhorizonts ergibt, dass die Vermittlung von Mobilfunkanschlüssen im Landkreis Dahme-Spreewald in den zwischen den Parteien bereits bestehenden Handelsvertretervertrag einbezogen ist. Deshalb steht H gegen U – nachdem auch die übrigen Voraussetzungen für einen solchen Anspruch gegeben sind – ein Provisionsanspruch für die im Landkreis Dahme-Spreewald vermittelten 456 „Free-and-Easy"-Mobilfunkanschlüsse mit einer Laufzeit von zwei Jahren ein Provisionsanspruch nach § 87 Abs. 1 Satz 1 HGB auf Zahlung von 45600 EUR (456 × 100 EUR) zu.

[9] BT-Drs. 11/3077 S. 9.
[10] *BGH* WM 2005, 1041, 1045.
[11] *BGH* WM 1971, 563 f.; 2006, 1358, 1361.

III. „Flying-High"-Mobilfunkanschlüsse im Landkreis Potsdam-Mittelmark

22 Zwar besteht auch nach dem 31.12.2010 ein Handelsvertretervertrag zwischen U und H (siehe Rn. 20). Doch enthält dieser keine Regelung zum Provisionsanspruch des H gegen U wegen der Vermittlung von „Flying-High"-Mobilfunkanschlüssen im Landkreis Potsdam-Mittelmark. Es fehlt also eine ausdrückliche Provisionsvereinbarung. Wegen ergänzender Vertragsauslegung auf Grund der bereits dargestellten Interessenlage, insbesondere wegen der Ausführung des Geschäfts durch U hat H aber einen Provisionsanspruch (§ 87 Abs. 1 HGB). Für den Fall, dass – wie hier – die Höhe der Provision nicht bestimmt ist, ist der übliche Satz als vereinbart anzusehen (§ 87b Abs. 1 HGB). Nur wenn ein üblicher Provisionssatz i.S.d. § 87b Abs. 1 HGB nicht zu ermitteln ist, ist die dem Handelsvertreter vom Unternehmer geschuldete Provision nach § 315 BGB zu bestimmen.[12] Aus dem Sachverhalt ergibt sich aber, dass als Provision für die Vermittlung eines „Flying-High"-Mobilfunkanschlusses ein Betrag in Höhe von 90 EUR ortsüblich ist. Daher steht H gegen U für die im Landkreis Potsdam-Mittelmark vermittelten 300 „Flying-High"-Mobilfunkanschlüsse ein Provisionsanspruch in Höhe von 27000 EUR (300 × 90 EUR) zu.

Frage 3: Anspruch des H gegen U auf Ausgleich nach § 89b Abs. 1 Satz 1, Abs. 2 HGB

23 Der Handelsvertreter kann von dem Unternehmer nach Vertragsbeendigung unter den Voraussetzungen des § 89b HGB einen angemessenen Ausgleich verlangen. Darin liegt eine Vergütung für die Tätigkeit des Handelsvertreters, die durch die Provisionen nicht voll abgegolten ist.[13] Dies ist umso mehr gerechtfertigt, als der Unternehmer auch nach Vertragsbeendigung Vorteile aus dem vom Handelsvertreter aufgebauten Kundenstamm ziehen kann, der Handelsvertreter an diesen Vorteilen wegen der Vertragsbeendigung jedoch nicht mehr teilhat. Da der Ausgleichsanspruch nach § 89b HGB auch der sozialen Absicherung des Handelsvertreters dient, hat § 89b HGB einen sozialpolitischen Einschlag,[14] der auch in seinem zwingenden Charakter (§ 89b Abs. 4 HGB) zum Ausdruck kommt. Der Ausgleichsanspruch nach § 89b Abs. 1 Satz 1 HGB setzt voraus, dass (1.) der Handelsvertretervertrag beendet ist, (2.) die in § 89b Abs. 1 Satz 1 Nrn. 1 und 2 HGB genannten Voraussetzungen kumulativ gegeben sind und (3.) keiner der in § 89b Abs. 3 Nrn. 1–3 HGB genannten Ausschlussgründe vorliegt.

I. Beendigung des Handelsvertretervertrages

24 U und H einigen sich auf eine Beendigung der Zusammenarbeit. Darin liegt ein Aufhebungsvertrag, der zur Beendigung des Handelsvertretervertrages zwischen U und H führt.

[12] *BGH* WM 2005, 1041, 1045.
[13] BGHZ 24, 214, 222; Baumbach/Hopt/*Hopt* § 89b Rn. 2.
[14] *BVerfG* NJW 1996, 381; Baumbach/Hopt/*Hopt* § 89b Rn. 3.

II. Kumulatives Vorliegen der Voraussetzungen des § 89b Abs. 1 Satz 1 Nrn. 1 und 2 HGB

1. § 89b Abs. 1 Satz 1 Nr. 1 HGB

§ 89b Abs. 1 Satz 1 Nr. 1 HGB setzt voraus, dass der Unternehmer aus der Geschäftsverbindung mit neuen Kunden, die der Handelsvertreter geworben hat, auch nach Beendigung des Vertragsverhältnisses erhebliche Vorteile hat. Denn der Ausgleich nach § 89b HGB stellt zumindest auch eine Vergütung für die Überlassung des vom Handelsvertreter geschaffenen Kundenstamms dar. **25**

Eine Geschäftsverbindung mit neuen Kunden besteht, wenn diese neuen Kunden in eine dauerhafte Beziehung zu dem Unternehmer treten. So, wenn sie zu Stammkunden werden; bloße Laufkunden genügen nicht.[15] Die Intensität der Bindung ist produkt- oder branchenbezogen zu bestimmen. Hier sind die von H an U vermittelten Kunden fast vollständig Stammkunden des U. Die Voraussetzung des § 89b Abs. 1 Satz 1 Nr. 1 HGB ist daher gegeben. **26**

2. § 89b Abs. 1 Satz 1 Nr. 2 HGB

§ 89b Abs. 1 Satz 1 Nr. 2 HGB setzt voraus, dass die Zahlung eines Ausgleichs unter Berücksichtigung aller Umstände der Billigkeit entspricht. Als zu berücksichtigende Umstände kommen insbesondere die Vertragsdauer, die wirtschaftliche und soziale Lage der Parteien sowie das Alter und die Erwerbsfähigkeit des Handelsvertreters in Betracht. Anspruchsmindernd kann sich insbesondere eine Vertragsverletzung des Handelsvertreters auswirken. Auch außergewöhnliche Aufwendungen des Unternehmers, die umsatzfördernd wirken, können den Anspruch des Handelsvertreters mindern.[16] Dasselbe gilt für eine Sogwirkung der Marke des Unternehmers.[17] Für solche anspruchsmindernden Umstände finden sich indes keine Anhaltspunkte im Sachverhalt. **27**

III. Kein Ausschlussgrund i.S.d. § 89b Abs. 3 HGB

1. § 89b Abs. 3 Nr. 1 HGB

Der Anspruch nach § 89b Abs. 1 HGB ist nach § 89b Abs. 3 Nr. 1 HGB ausgeschlossen, wenn der *Handelsvertreter* das Vertragsverhältnis gekündigt hat, es sei denn, dass ein Verhalten des Unternehmers hierzu begründeten Anlass gegeben hat oder dem Handelsvertreter eine Fortsetzung seiner Tätigkeit wegen seines Alters oder wegen Krankheit nicht zugemutet werden kann (vgl. auch Art. 18 Buchst. b der Handelsvertreter-Richtlinie 86/653/EWG). Hier kommt es aber nicht zu einer Kündigung durch H. Vielmehr heben U und H den Handelsvertretervertrag einvernehmlich auf. Der Kündigung des Vertragsverhältnisses steht eine Aufhebungsvereinbarung zwischen Handelsvertreter und Unternehmer aber nicht gleich. **28**

2. § 89b Abs. 3 Nr. 2 HGB

Der Anspruch nach § 89b Abs. 1 HGB ist nach § 89b Abs. 3 Nr. 2 HGB ausgeschlossen, wenn der *Unternehmer* das Vertragsverhältnis gekündigt hat und für die **29**

[15] *BGH* NJW 1974, 1242, 1243; 1985, 860, 861; BGHZ 42, 244, 247.
[16] BGHZ 56, 242, 245.
[17] *BGH* NJW-RR 2003, 1342ff.

Kündigung ein wichtiger Grund wegen schuldhaften Verhaltens des Handelsvertreters vorlag (vgl. auch Art. 18 Buchst. a der Handelsvertreter-Richtlinie 86/653/EWG). Auch eine Kündigung des U liegt hier nicht vor. Vielmehr einigen sich U und H über die Vertragsbeendigung.

3. § 89b Abs. 3 Nr. 3 HGB

30 Der Anspruch nach § 89b Abs. 1 HGB ist nach § 89b Abs. 3 Nr. 3 HGB ausgeschlossen, wenn auf Grund einer nach Beendigung des Vertragsverhältnisses getroffenen Vereinbarung zwischen dem Unternehmer und dem Handelsvertreter ein Dritter anstelle des Handelsvertreters in das Vertragsverhältnis eintritt (Vertragsübernahme). Unternehmer und Handelsvertreter können daher die Nachfolge und die dabei entstehende Vergütung des Handelsvertreters frei vereinbaren. Ob der Dritte Ausgleich gegenüber dem Handelsvertreter leistet, ist unerheblich. Eine Vereinbarung zwischen U und H über den Eintritt eines Dritten in das Vertragsverhältnis ist hier indes nicht gegeben.

IV. Höhe des Anspruchs

31 Der Handelsvertreter kann nach § 89b Abs. 1 Satz 1 HGB „angemessenen" Ausgleich verlangen. Dies bestimmt sich nach den in § 89b Abs. 1 Satz 1 Nrn. 1 und 2 HGB genannten Kriterien („soweit"). Als Obergrenze legt § 89b Abs. 2 HGB eine durchschnittliche Jahresprovision fest.

V. Kein Ablauf der Ausschlussfrist

32 Nach § 89b Abs. 4 Satz 2 HGB ist der Ausgleichsanspruch innerhalb eines Jahres nach Beendigung des Vertragsverhältnisses geltend zu machen. Eine solche Geltendmachung liegt insbesondere in der Einreichung der Klage auf Zahlung des Ausgleichsbetrags bei Gericht. Sie genügt zur Fristwahrung, wenn die Zustellung der Klage demnächst erfolgt (§ 167 ZPO). Andernfalls erlischt der Anspruch, sodass eine spätere Aufrechnung nicht möglich ist. § 215 BGB kommt nicht zur Anwendung. Einer besonderen Form bedarf es für die Geltendmachung des Anspruchs ebenso wenig wie einer Bezifferung des Anspruchs. Das Verlangen des Handelsvertreters nach Ausgleich muss als einseitige Erklärung jedoch eindeutig und unmissverständlich zum Ausdruck kommen. Der Handelsvertreter kann den Anspruch auch schon vor der tatsächlichen oder rechtlichen Beendigung des Handelsvertretervertrages geltend machen.[18] Die Versäumung der Ausschlussfrist kann unschädlich sein, wenn sich der Unternehmer nach Treu und Glauben nicht auf den Ablauf der Frist berufen darf. So insbesondere dann, wenn der Unternehmer selbst dazu beiträgt, dass der Handelsvertreter die im Interesse des Unternehmers liegende Frist für die Geltendmachung des Ausgleichsanspruchs nicht einhält.

33 Beendet ist das Vertragsverhältnis zwischen U und H hier am 3.8.2011 mit dem Abschluss der Aufhebungsvereinbarung. Die einjährige Ausschlussfrist des § 89b Abs. 4 Satz 1 HGB beginnt daher am 4.8.2011 (§ 187 Abs. 1 BGB) und endet am 3.8.2012 (§ 188 Abs. 2 Alt. 1 BGB). Sie ist am 4.12.2012 abgelaufen. Anhaltspunkte dafür, dass U eine Berufung auf den Ablauf der Ausschlussfrist nach Treu

[18] BGHZ 50, 86, 89; 53, 332, 338.

und Glauben zu versagen ist, liegen nicht vor. Daher ist der Anspruch des H auf Ausgleich nach § 89b Abs. 1 Satz 1, Abs. 2 HGB erloschen.

VI. Ergebnis

H steht gegen U kein Anspruch auf Ausgleich nach § 89b Abs. 1 Satz 1, Abs. 2 **34**
HGB zu.

Fall 11. Das Recht des Stärkeren

Nach BGHZ 164, 11 = NJW-RR 2005, 1496.

Sachverhalt

Die „Auto und Auto-Teile AG Andersen“ (A) vertreibt über ein Netz von Händlern Kfz und Kfz-Teile der Marke A in Deutschland. Sie verwendet für die Vertragsbeziehungen zu ihren Händlern formularmäßige Händlerverträge (HV). Diese Verträge, von denen A auch einen mit dem in die Vertriebsorganisation von A eingegliederten und den Weisungen von A unterliegenden Händler Bert Born (B) schließt, enthalten unter anderem folgende Klauseln:

„***§ 2. Vertragsware, Vorhaltung***

(1) Vertragsware sind alle von A ihren Vertragshändlern angebotenen Automobile und Ersatzteile für Automobile.

(2) Der Händler hat ständig einen dem Marktpotenzial in seinem Vertragsgebiet angemessenen Lagerbestand an Vertragsware vorzuhalten. A gibt dem Händler Pläne betreffend die Lagerbestände an Vertragsware vor; sie kann außerdem von dem Händler den Abschluss einer Vereinbarung über den Umfang der Bevorratung mit Vertragsware verlangen.

§ 3. Direktverkäufe durch A

(1) A wird im Vertragsgebiet weder Vertragsware an Endabnehmer verkaufen noch für die im Vertragsgebiet an Endabnehmer abgegebene Vertragsware Kundendienstleistungen erbringen. Ausgenommen von dieser Regelung sind Verkäufe an Großabnehmer, die über einen Zeitraum von zwölf Monaten mindestens 50 Automobile abnehmen.

(2) Soweit durch solche Direktverkäufe der Absatz des Händlers in seinem Vertragsgebiet im Einzelfall nachweislich beeinträchtigt wird, kann der Händler von A einen angemessenen Ausgleich verlangen. Gegebenenfalls wird dieser Ausgleich von A nach billigem Ermessen bestimmt.

§ 4. Händlereinkaufspreis, Preisausgleich

A fakturiert die Vertragsware zu den am Tage der Auslieferung an den Händler geltenden Händlereinkaufspreisen, zahlbar netto Kasse sofort nach Rechnungserhalt.

§ 5. Abwicklung nach Beendigung des Vertrages

(1) Auf Verlangen des Händlers wird A nach Beendigung dieses Vertrages den Lagerbestand des Händlers an Vertragsware zurückkaufen. Dies gilt jedoch nicht, wenn die Gründe für die Vertragsbeendigung – ausgenommen die bloße Wahrnehmung des vertraglichen Rechts zur ordentlichen Kündigung – von dem Händler zu vertreten sind. Im Übrigen kann der Händler von A nur den Rückkauf solcher Vertragsware verlangen,

a) welche der Händler unmittelbar von A bezogen hat und

b) deren Abnahme, Vorhaltung und Lagerung ungeachtet ihrer Gängigkeit im Interesse ordnungsgemäßer Vertragserfüllung geboten war oder von A ausdrücklich gefordert oder empfohlen wurde.

(2) Der Rückkaufspreis ist wie folgt festzulegen: …

(3) Unabhängig davon, ob A zum Rückkauf verpflichtet ist und der Händler den Rückkauf verlangt, ist der Händler in jedem Fall einer Vertragsbeendigung verpflichtet, A auf Verlangen seinen Lagerbestand an Vertragsware ganz oder teilweise zu verkaufen. Auch in diesem Fall bestimmt sich der Rückkaufspreis nach den in § 5 Abs. 2 festgelegten Preisen, es sei denn, der Händler weist A innerhalb von vier Wochen nach dem Eingang des schriftlichen Rückkaufverlangens eine günstigere Verkaufsmöglichkeit nach. Im letzteren Fall kann A den Rückkauf der betreffenden Lagerware nur zu einem der von dem Händler nachgewiesenen Verkaufsmöglichkeit entsprechenden Rückkaufspreis verlangen.
(4) Ist die Beendigung des Vertrages auf von A zu vertretende Vorgänge zurückzuführen, auf Grund deren dem Händler Schadensersatzansprüche gegen A zustehen, so werden diese Schadensersatzansprüche durch die vorstehenden Regelungen über den Rückkauf des Lagerbestands an Vertragsware weder ausgeschlossen noch eingeschränkt. Jedoch haftet A nur für den aus einer vorsätzlichen oder grob fahrlässigen Vertragsverletzung resultierenden Schaden, soweit es sich nicht um die Haftung für die Verletzung von Kardinalpflichten handelt."

B bittet Rechtsanwalt Stefan Schlau (S) um Rechtsrat, ob sich A im Streitfall auf diese Klauseln berufen darf. Welche Auskunft erteilt S?

Hinweis: Kartellrechtliche Fragen sind nicht zu prüfen.

Gliederung

Lösung

Vorüberlegungen: Es handelt sich um eine gerade im Hinblick auf eine berufsbezogene Ausbildung gut geeignete Fallgestaltung. Denn die Fallfrage ist auf eine Rechtsberatung über den Inhalt eines Vertrages gerichtet. Klausuren dieser Art sind mehr und mehr Prüfungsgegenstand. Sie machen es erforderlich, sich von der gewohnten Prüfung von Ansprüchen zu lösen. Keinesfalls ist vom Bearbeiter die Kenntnis maßgeblicher Rechtsprechung zu erwarten. Doch sollte es zu einer Auseinandersetzung mit dem Inhalt der jeweiligen Klausel unter Herausarbeitung der jeweiligen Interessenlage und einer ordentlichen Subsumtion im Hinblick auf die Inhaltskontrolle von AGB nach § 307 Abs. 1 BGB kommen. Hier geht es um einen Vertragshändler (vgl. dazu *Lettl* § 7 Rn. 97–115). Für den Vertragshändler fehlt eine gesetzliche Regelung. Er ist im eigenen Namen und auf eigene Rechnung tätig und trägt daher das volle Absatzrisiko. Er ist aber – im Gegensatz zum einfachen Händler – durch einen Rahmenvertrag auf Dauer an einen Hersteller gebunden und in dessen Vertriebsorganisation eingegliedert. Danach ergibt sich folgende Definition des Vertragshändlers:[1] Vertragshändler ist, wer als Unternehmer ständig damit betraut ist, die Produkte eines anderen Unternehmers (Herstellers) im eigenen Namen und für eigene Rechnung abzusetzen und deren Absatz in ähnlicher Weise wie ein Handelsvertreter oder Kommissionsagent zu fördern. Aus dieser Definition folgt bereits, dass zwischen dem Hersteller und dem Vertragshändler ein Rahmenvertrag besteht, auf Grund dessen es zu einer Vielzahl von Kaufverträgen zwischen diesen beiden Personen über die Vertragsprodukte kommt (Zweistufigkeit). Diese vom Hersteller gekauften Vertragsprodukte verkauft der Vertragshändler sodann im eigenen Namen und auf eigene Rechnung an Dritte. Die dadurch geschaffene Verdienstmöglichkeit ist die vom Hersteller an den Vertragshändler erbrachte Gegenleistung. Der Vertragshändlervertrag enthält zum einen Elemente eines Handelsvertretervertrages und damit auch eines Geschäftsbesorgungsvertrages mit Dienstleistungscharakter (§ 675 Abs. 1 BGB i. V. m. §§ 611 ff. BGB). Da der Vertragshändlervertrag zum anderen auf eine Vielzahl von noch abzuschließenden Kaufverträgen gerichtet ist, auf Grund derer Liefer- und Kaufpflichten i. S. d. § 433 BGB als vertragliche Hauptpflichten entstehen, wohnen ihm auch (vorvertragliche) kaufrechtliche Elemente inne.[2] Der Vertragshändlervertrag ist daher ein typengemischter Vertrag. Die Rechte und Pflichten des Herstellers und des Vertragshändlers hängen von der konkreten Ausgestaltung des Vertragshändlervertrages ab. Der Vertragshändlervertrag unterliegt, soweit er – wie regelmäßig – vom Hersteller für eine Vielzahl von Verträgen vorformuliert ist (§ 305 Abs. 1 BGB), der AGB-Kontrolle nach § 307 BGB. Hier liegt der Schwerpunkt des Falles. Entscheidend sind vor allem das Erkennen des Inhalts der jeweiligen Regelung, die sorgfältige Herausarbeitung der jeweiligen Interessenlage und ein Vergleich mit der jeweiligen prozessualen und materiellen Rechtslage kraft Gesetzes.

I. Verstoß von § 3 HV gegen § 307 Abs. 1 Sätze 1 und 2 BGB wegen Intransparenz der Ausgleichsregelung in § 3 Abs. 2 HV

1 A muss wegen des Verhältnismäßigkeitsgrundsatzes ihren Vertragshändlern, die – wie hier – weitgehend in die Vertriebsorganisation von A eingegliedert sind und die Weisungen und Entscheidungen von A zu befolgen haben, für die mit einem Di-

[1] Vgl. auch BGHZ 54, 338, 344; 74, 136, 140; etwas enger *K. Schmidt* § 28 II 2 a.
[2] *Canaris* § 17 Rn. 10.

rektbelieferungsvorbehalt (§ 3 Abs. 2 HV) verbundene Beeinträchtigung der wirtschaftlichen Entfaltungsfreiheit der Vertragshändler beim Absatz einen angemessenen Ausgleich gewähren.[3] Nur dann ist der Direktlieferungsvorbehalt wirksam. Als Beurteilungsmaßstab ist, da es sich hier laut Sachverhalt um allgemeine Geschäftsbedingungen von A i.S.v. § 305 Abs. 1 BGB handelt, § 307 Abs. 1 BGB heranzuziehen.

1. Inhalt des Transparenzgebots

2 Nach § 307 Abs. 1 Satz 2 BGB kann eine unangemessene Benachteiligung des Vertragspartners (Rechtsfolge nach § 307 Abs. 1 Satz 1 BGB: Unwirksamkeit von Bestimmungen in AGB) bereits allein daraus ergeben, dass der von A zu leistende Ausgleich zu Gunsten des B nicht klar und verständlich bestimmt ist. Die Regelung verpflichtet den Verwender von AGB, die Rechte und Pflichten seines Vertragspartners möglichst klar und durchschaubar darzustellen. Die tatbestandlichen Voraussetzungen und Rechtsfolgen für den Ausgleich des Vertragshändlers müssen so konkret festgelegt sein, dass der Anspruch des Vertragshändlers auf Ausgleich im Rahmen des für A Zumutbaren hinreichend bestimmt ist. Insbesondere dürfen für den Verwender keine Beurteilungsspielräume entstehen.[4]

2. Verstoß gegen das Transparenzgebot

3 Der Anspruch des Händlers B auf angemessenen Ausgleich nach § 3 Abs. 2 Satz 1 HV erfordert eine „nachweisliche Beeinträchtigung des Absatzes des Händlers durch einen Direktverkauf von A". Kann der Händler auf Grund der Beeinträchtigung des Absatzes einen Gewinn nicht erzielen, so ist dieser Gewinn auszugleichen. Diese Ausgleichspflicht des A deckt die zur Erzielung des Gewinns erforderlichen Aufwendungen des Vertragshändlers (z.B. Werbung, Personal) ab. Weitere wirtschaftliche Nachteile für den Händler auf Grund der Beeinträchtigung beim Absatz sind nach § 3 Abs. 2 HV ebenfalls in den Ausgleich einzubeziehen. Eine konkrete Nennung aller denkbaren Nachteile ist weder möglich noch zumutbar. Es ist daher zulässig, für den Anspruch des Vertragshändlers auf „angemessenen Ausgleich" wegen des Direktbelieferungsvorbehalts an die konkrete Beeinträchtigung des Absatzes des Vertragshändlers und ihre vermögensmäßigen Auswirkungen anzuknüpfen.

4 Die Ausgleichsregelung des § 3 Abs. 2 HV könnte aber wegen Satz 2 dieser Bestimmung gegen § 307 Abs. 1 Satz 2 BGB verstoßen. Nach § 3 Abs. 2 Satz 2 HV ist der Ausgleich „gegebenenfalls von A nach billigem Ermessen" zu bestimmen. Damit ist A ein einseitiges Leistungsbestimmungsrecht i.S.d. § 315 BGB zugewiesen. Zwar sind die Voraussetzungen, unter denen A das Leistungsbestimmungsrecht zustehen soll („gegebenenfalls"), unklar. Doch führt diese Unklarheit nicht dazu, dass die sich aus Satz 1 ergebenden objektiven Kriterien für den angemessenen Ausgleich auch unter Ermittlung nach billigem Ermessens intransparent würden (vgl. auch § 315 Abs. 3 BGB). Daher verstößt auch § 3 Abs. 2 Satz 2 HV nicht gegen § 307 Abs. 1 Satz 2 BGB.

---

[3] BGHZ 124, 351, 356f.; 164, 11, 15f.
[4] *BGH* NJW 2004, 1738.

II. Verstoß von § 3 Abs. 2 Satz 1 HV wegen Beweislast für Beeinträchtigung zu Lasten des Händlers

5 § 3 Abs. 2 Satz 1 HV könnte weiter deshalb unwirksam sein, weil die Klausel die Beweislast für die Beeinträchtigung des Absatzes dem Händler auferlegt („nachweislich").

1. § 309 Nr. 12 BGB

6 Zwar ist § 309 BGB auf AGB, die jemand gegenüber einem Unternehmer verwendet, nicht anwendbar (§ 310 Abs. 1 Satz 1 BGB). Ein Verstoß gegen § 309 BGB ist bei AGB gegenüber einem Unternehmen grundsätzlich ein Indiz für eine unangemessene Benachteiligung.[5] Nach § 309 Nr. 12 BGB ist eine Bestimmung nur unwirksam, durch die der Verwender die Beweislast zum Nachteil des anderen Vertragsteils ändert, also von der sonst geltenden Rechtslage abweicht.[6] Daran fehlt es hier aber. Denn die Beweislastverteilung in § 3 Abs. 2 Satz 1 HV entspricht der Grundregel, dass jede Partei die Voraussetzungen des ihr günstigen Rechtssatzes zu beweisen hat. Danach trifft den Anspruchsteller die Beweislast für die rechtsbegründenden Tatsachen.[7] Der Vertragshändler trägt die Beweislast für eine Absatzbeeinträchtigung und einen damit verbundenen Nachteil auch dann, wenn er einen Schadensersatzanspruch wegen Pflichtverletzung nach § 280 Abs. 1 BGB auf Grund eines vertragswidrigen Direktverkaufs von A geltend machen würde.

2. § 307 Abs. 1 Satz 1 BGB

7 B könnte entgegen den Geboten von Treu und Glauben unangemessen benachteiligt sein i.S.d. § 307 Abs. 1 Satz 1 BGB, wenn sich A einen Direktverkauf an Großkunden vorbehält, die über einen Zeitraum von zwölf Monaten mindestens 50 Automobile abnehmen, und dem Händler für eine dadurch verursachte Beeinträchtigung des Absatzes Ausgleich zusagt, jedoch die Beweislast dafür B auferlegt. Die Ausnahme vom Direktbelieferungsverbot kann nämlich durch sachliche Gründe gerechtfertigt sein (z.B. langfristige Bindung von Großkunden an die Marke und damit verbundene Werbewirkung). Auch belastet den Händler die ihm auferlegte Beweislast nicht unbillig.[8] Denn die Umstände des Geschäftsbetriebs des Vertragshändlers und die sich ihm danach – ohne die Möglichkeit eines Direktverkaufs durch A – bietenden Erwerbschancen kann im Prozess eher der Vertragshändler darlegen und beweisen. § 3 Abs. 2 HV verstößt daher nicht gegen § 307 Abs. 1 Satz 1 BGB.

III. Verstoß von § 4 HV gegen § 307 Abs. 1 Satz 1 BGB wegen einseitigen Leistungsbestimmungsrechts für A

8 § 4 HV gewährt A ein einseitiges Leistungsbestimmungsrecht. Dieses könnte B entgegen den Geboten von Treu und Glauben unangemessen benachteiligen (§ 307

[5] BGHZ 174, 1 Rn. 12; Palandt/*Grüneberg* § 307 Rn. 40 (str.).
[6] BGHZ 127, 275, 282; 164, 11, 18.
[7] *BGH* NJW 2005, 2395, 2396; BGHZ 116, 278, 288; 113, 222, 224f.; 164, 11, 18.
[8] BGHZ 164, 11, 18.

Abs. 1 Satz 1 BGB). Hierbei stellt sich zunächst die Frage, ob § 4 HV nicht nach § 307 Abs. 3 BGB einer Inhaltskontrolle entzogen ist.

1. Zulässigkeit der Inhaltskontrolle von § 4 HV nach § 307 Abs. 3 Satz 1 BGB

§ 4 HV darf nicht durch § 307 Abs. 3 Satz 1 BGB einer Inhaltskontrolle entzogen sein. Die Begründung und Ausgestaltung eines einseitigen Leistungsbestimmungsrechts ist aber – auch wenn sie den Preis betrifft – nach §§ 307ff. BGB überprüfbar. Denn eine solche Regelung weicht davon ab, dass grundsätzlich (§ 305 BGB) Leistung und Gegenleistung vertraglich festzulegen sind.[9] **9**

2. Verstoß gegen § 307 Abs. 1 Satz 1 BGB

Nach dem gesetzlichen Leitbild der §§ 145ff. BGB ist der Einkaufspreis des Vertragshändlers durch die einzelnen Kaufverträge zwischen B und A über die Vertragsware zu bestimmen. Nach § 150 Abs. 2 BGB kann B den Abschluss eines Kaufvertrages mit A ablehnen, wenn es in der Zeit zwischen Bestellung und Auftragsbestätigung zu einer Änderung des von A mitgeteilten Vertragshändlereinkaufspreises gekommen ist. Davon weicht § 4 HV ab. Denn diese Regelung begründet für A das Recht, den Preis auch nach der Bestellung des Vertragshändlers beliebig zu ändern. Daraus ergibt sich das Recht für A, den Vertragspreis einseitig festzusetzen und den Vertragshändler daran zu binden. Ein solches einseitiges Leistungsbestimmungsrecht für den Verwender von AGB setzt (1.) ein berechtigtes Interesse auf Grund schwerwiegender Gründe des Verwenders, (2.) eine hinreichende Konkretisierung des Leistungsbestimmungsrechts, und (3.) eine ausreichende Berücksichtigung der berechtigten Belange des anderen Teils, voraus. **10**

Diesen Anforderungen genügt § 4 HV nicht. So nennt die Klausel schon keine Gründe für eine einseitige Änderung des Vertragshändlereinkaufspreises nach der Bestellung durch den Vertragshändler. A hat vielmehr das Recht, die Spanne des Vertragshändlers einseitig nach Belieben zu verringern und dessen Verdienstchancen zu verringern. Der Vertragshändler muss sich aber auf den zur Zeit der Auftragsbestätigung mitgeteilten Vertragshändlereinkaufspreis verlassen können und gegebenenfalls bei Änderung dieses Preises zwischen Bestellung und Auftragsbestätigung den Vertrag nicht zu schließen. Deshalb verstößt § 4 HV gegen § 307 Abs. 1 Satz 1 BGB. **11**

IV. Verstoß von § 5 Abs. 1 HV gegen § 307 Abs. 1 Satz 1 BGB wegen unzulässiger Einschränkung des Rücknahmeanspruchs

1. Regelungsinhalt

§ 5 Abs. 1 Satz 1 HV begründet einen Anspruch des Vertragshändlers gegen den Hersteller auf Rückkauf des Lagerbestands an Vertragsware bei Vertragsbeendigung. Diesen Anspruch schränken die folgenden beiden Sätze unter verschiedenen Gesichtspunkten ein. § 5 Abs. 1 Satz 2 HV schließt den Anspruch aus für den Fall, dass der Vertragshändler die Gründe für die Vertragsbeendigung zu vertreten hat. § 5 Abs. 1 Satz 3 HV schränkt den Anspruch in allen anderen Fällen („im Übrigen") ein auf die in Buchst. a und b genauer beschriebene Vertragsware. **12**

[9] BGHZ 124, 351, 362.

2. Verstoß von § 5 Abs. 1 Satz 3 HV gegen § 307 Abs. 1 Satz 1 BGB

a) § 5 Abs. 1 Satz 3 HV

13 § 5 Abs. 1 Satz 3 HV könnte den Rücknahmeanspruch des Vertragshändlers in unzulässiger Weise einschränken, soweit eine außerordentliche Kündigung des Vertragshändlers, die der Hersteller zu vertreten hat, zur Beendigung des Vertragshändlervertrages führt. Klauseln, die nicht danach unterscheiden, ob die Vertragsbeendigung von dem Vertragshändler, von dem Hersteller oder von keiner der Parteien zu vertreten ist, dürfen den Vertragshändler auch im Falle seiner fristlosen Kündigung aus einem von dem Hersteller zu vertretenden Grund nicht unangemessen benachteiligen.[10] Der hier zu beurteilende Vertrag genügt dieser Anforderung indes. Denn bei einer von A zu vertretenden Beendigung des Vertragshändlervertrages sind für den Vertragshändler durch § 5 Abs. 4 Satz 1 HV ausdrücklich weiter gehende Schadensersatzansprüche vorgesehen (Inhalt z.B. Rücknahme der Vertragsware).

b) § 5 Abs. 1 Satz 3 Buchst. a HV

14 § 5 Abs. 1 Satz 3 Buchst. a HV schließt einen Rücknahmeanspruch des Händlers für solche Vertragsware aus, die er nicht unmittelbar von A bezogen hat. Damit könnte A gegen ihre nachvertragliche Treuepflicht, auf Grund derer auch ohne eine Vereinbarung im Vertragshändlervertrag ein Rücknahmeanspruch des Vertragshändlers besteht, verstoßen (§ 307 Abs. 1 Satz 1 BGB). Voraussetzung für diesen nachvertraglichen Rücknahmeanspruch ist, dass der Vertragshändler während des Vertragshändlervertrages ein Lager unterhalten muss.[11] Das ist hier der Fall (§ 2 Abs. 2 HV). Aus dem Vertragshändlervertrag ergibt sich nicht, dass der Vertragshändler diese Pflicht auch mit nicht unmittelbar bei A, sondern bei anderen Vertragshändlern bezogener Vertragsware (§ 2 Abs. 1 HV) erfüllen kann. Erfüllt der Händler aber seine Lagerhaltungspflicht mit Ware, die nicht unmittelbar von A bezogen ist, besteht kein berechtigtes Interesse von A daran, solche Ware von einem Rückkauf auszuschließen. Für Fremdware, die mit Vertragsware in Wettbewerb steht, besteht ein Rückkaufsanspruch nach § 5 Abs. 1 HV schon grundsätzlich nicht. Ob der Händler die Vertragsware bei Dritten möglicherweise teurer als bei einem Direktbezug von A eingekauft hat, ist unerheblich. Denn die Höhe des von A zu zahlenden Rückkaufspreises ist stets nach § 5 Abs. 1 Sätze 2 und 3 HV zu bestimmen. Nach § 5 Abs. 1 Satz 3 Buchst. b HV muss A nur solche Ware zurückkaufen, deren Abnahme, Vorhaltung und Lagerung im Interesse ordnungsgemäßer Vertragserfüllung geboten war. Damit ist der Gefahr entgegengewirkt, dass der Vertragshändler sein Lager durch Zukäufe nur deshalb füllt, um von der Rücknahme durch A zu profitieren. Eine Beschränkung des Rücknahmeanspruchs von B gegen A auf Ware, die B unmittelbar von A bezogen hat, erscheint danach nicht interessengerecht. § 5 Abs. 1 Satz 3 Buchst. a HV verstößt daher gegen die nachvertragliche Treuepflicht von A. Deshalb liegt ein Verstoß gegen § 307 Abs. 1 Satz 1 BGB vor.

---

[10] BGHZ 124, 351, 368.

[11] BGHZ 54, 338, 344ff.; 124, 351, 369f.; 128, 67, 70; 164, 11, 32.

c) § 5 Abs. 1 Satz 3 Buchst. b HV

Der Rücknahmeanspruch des Vertragshändlers erfasst nach § 5 Abs. 1 Satz 3 Buchst. b HV nur Waren, deren Abnahme, Vorhaltung und Lagerung durch den Eigenhändler im Interesse ordnungsmäßiger Vertragserfüllung geboten war oder von A ausdrücklich gefordert und empfohlen wurde.[12] Der Vertragshändler soll nur die Folgen seiner vertraglichen Verpflichtung gegenüber dem Hersteller durch den Rücknahmeanspruch ausgeglichen erhalten. Der Vertragshändler soll aber nicht auch das Risiko darüber hinausgehender eigener unternehmerischer Entscheidungen auf den Hersteller abwälzen können. Diese Regelung berücksichtigt die Interessen beider Vertragsparteien in angemessener Weise. Die Einschränkung des Rückkaufsanspruchs durch § 5 Abs. 1 Satz 3 Buchst. b HV müsste außerdem klar und verständlich zum Ausdruck kommen, damit kein Verstoß gegen das Transparenzgebot (§ 307 Abs. 1 Satz 2 BGB) vorliegt. Die Klausel stellt den Umfang der Rücknahmepflicht von A mit dem Umfang der Lagerhaltungspflicht des Vertragshändlers in Zusammenhang. Der Vertragshändler erhält Entlastung durch den Rücknahmeanspruch gegen den Hersteller nur insoweit, als er den Vertrag im Hinblick auf die Lagerhaltung ordnungsgemäß erfüllt hat. Für die nähere Bestimmung der „ordnungsgemäßen Vertragserfüllung" i.S.d. § 5 Abs. 1 Satz 3 Buchst. b HV kommt es entscheidend auf die sich aus § 2 Abs. 2 HV ergebende Verpflichtung zur Vorhaltung eines angemessenen Lagerbestands an Vertragsware an. § 2 Abs. 2 HV genügt § 307 Abs. 1 Satz 2 BGB. Damit ist das Erfordernis ordnungsgemäßer Vertragserfüllung i.S.d. § 5 Abs. 1 Satz 3 Buchst. b HV festgelegt. Aus dem Vertrag ergibt sich daher ausreichend deutlich, was hinsichtlich der Abnahme, Vorhaltung und Lagerung im Interesse einer ordnungsgemäßen Vertragserfüllung geboten ist. Es liegt daher kein Verstoß gegen § 307 Abs. 1 BGB vor. 15

V. Verstoß von § 5 Abs. 3 HV gegen § 307 Abs. 1 Satz 1 BGB durch Verpflichtung des Händlers zum Verkauf von Ware an A trotz zuvor erfolgten Verkaufs an Dritte

§ 5 Abs. 3 HV könnte den Vertragshändler unangemessen benachteiligen, weil er auch bereits verkaufte, aber noch nicht ausgelieferte Ware in seinem Lagerbestand auf Verlangen des Herstellers ganz oder teilweise an diesen verkaufen muss. Dadurch könnten sich Nachteile für den Vertragshändler ergeben: So könnte der Vertragshändler (1.) unkalkulierbaren Schadensersatzansprüchen seiner Kunden ausgesetzt und (2.) unangemessen in seiner Dispositionsfreiheit beeinträchtigt sein. Zunächst ist aber der Inhalt von § 5 Abs. 3 HV durch Auslegung zu ermitteln. 16

1. Auslegung von § 5 Abs. 3 HV

Der bloße Abschluss eines Kaufvertrages zwischen dem Vertragshändler und einem Kunden lässt die Zuordnung der verkauften Teile bis zur Auslieferung und Übereignung an den Kunden zum Lagerbestand (= Vorrat an Waren) des Vertragshändlers unberührt. Nach § 5 Abs. 3 HV muss der Vertragshändler daher auch bereits verkaufte, aber noch nicht ausgelieferte Ware in seinem Lagerbestand auf Verlangen des Herstellers ganz oder teilweise an diesen verkaufen. Mit § 5 Abs. 3 HV verfolgt A nämlich ihr Interesse, den Verkauf der von ihr hergestellten Waren auf das eigene 17

[12] BGHZ 54, 338, 346.

Vertriebssystem zu beschränken. Dieses Interesse kann auch oder sogar gerade dann bestehen, wenn der Vertragshändler Lagerware bereits an einen Dritten verkauft hat.

2. Verstoß gegen § 307 Abs. 1 Satz 1 BGB

18 In dem durch Auslegung ermittelten Inhalt von § 5 Abs. 3 HV könnte eine unangemessene Benachteiligung des Vertragshändlers nach § 307 Abs. 1 Satz 1 BGB liegen. Dem Vertragshändler bleibt zwar der aus einem Drittgeschäft zufließende Gewinn erhalten. Denn die Klausel berechtigt ihn dazu, von A einen höheren als den in § 5 Abs. 2 HV angegebenen Rückkaufspreis zu verlangen, wenn er A innerhalb von vier Wochen eine günstigere Verkaufsmöglichkeit nachweist. E muss aber den Vertrag entweder gegenüber A oder gegenüber seinem Kunden verletzen, wenn A ihr Rückkaufsrecht ausübt. Denn der Vertragshändler kann nicht beide Kaufverträge erfüllen. Wählt er Erfüllung gegenüber A, begründet dies Ansprüche des Kunden gegenüber dem Vertragshändler nach §§ 280 Abs. 1 und 3, 281 BGB. Erfüllt er den Übereignungsanspruch des Kunden, führt dies zu Schadensersatzansprüchen von A. Darin liegt ein schwerer Eingriff in die unternehmerische Freiheit des Vertragshändlers, der deshalb durch § 5 Abs. 3 HV entgegen den Geboten von Treu und Glauben unangemessen benachteiligt ist i. S. d. § 307 Abs. 1 Satz 1 BGB.

VI. Verstoß von § 5 Abs. 4 HV gegen § 307 Abs. 1 BGB wegen Bezugnahme auf „Kardinalpflichten"

19 § 5 Abs. 4 HV könnte den Anforderungen des Transparenzgebots (§ 307 Abs. 1 Satz 2 BGB) widersprechen. Dies könnte sich bereits aus grammatikalischen Schwächen der Klausel ergeben. Ein Verständnis dahin, „A hafte nur für Vorsatz und grobe Fahrlässigkeit, soweit keine Kardinalpflichten verletzt" seien (für die Verletzung von Kardinalpflichten also überhaupt nicht), kommt jedoch nicht in Betracht. Denn Satz 2 knüpft an Satz 1 an und schränkt diesen nur ein, soweit nicht Kardinalpflichten verletzt sind. Damit erfährt die Haftung für die Verletzung von Kardinalspflichten gerade keine Einschränkung.

20 § 5 Abs. 4 HV könnte jedoch die Voraussetzungen und gebotenen Einschränkungen für eine wirksame formularmäßige Freizeichnung von der Haftung für einfache Fahrlässigkeit nicht hinreichend klar wiedergeben und infolgedessen intransparent sein. Eine formularmäßige Freizeichnung von der Haftung für einfache Fahrlässigkeit darf nicht wesentlichen Rechtspositionen der anderen Vertragspartei entwerten. So liegt es etwa dann, wenn die Freizeichnung die Rechte der anderen Vertragspartei und Verpflichtungen des Verwenders einschränkt, die der Vertrag nach seinem Inhalt und Zweck gerade voraussetzt (§ 307 Abs. 2 Nr. 2 BGB).[13] § 5 Abs. 3 HV fasst diese Rechtspositionen des Vertragshändlers und Pflichten des Herstellers lediglich unter dem Begriff „Kardinalpflichten" zusammen. Dieser Begriff ist in der Gesetzessprache unbekannt. Er begegnet zwar in der Rechtsprechung des BGH. Ein durchschnittlicher Vertragshändler als juristischer Laie muss diese Rechtsprechung jedoch nicht kennen, sodass Intransparenz i. S. d. § 307 Abs. 1 Satz 2 BGB gegeben ist.

[13] *BGH* NJW 1993, 335; BGHZ 145, 203, 244; 149, 89, 95 f.

VII. Ergebnis

A kann sich nicht auf §§ 3 Abs. 2 Satz 2, 4, 5 Abs. 1 Satz 3 Buchst. a, Abs. 3 und 4 **21**
HV berufen, da diese Regelungen gegen § 307 BGB verstoßen.

Fall 12. GmbH in Not

Sachverhalt

Lieferant Anselm Anders (A) steht gegen die Gert Göber Bau GmbH (B), die einen Umsatz von 100 Mio. EUR pro Jahr erzielt, ein Anspruch auf Zahlung von 650000 EUR aus Warenlieferungen für Baumaterialien zu. Da sich B derzeit in einem Liquiditätsengpass befindet, bittet ihr alleiniger, in geschäftlichen Dingen sehr erfahrene Geschäftsführer Gert Göber (G) den A, der B die Zahlung für sechs Monate zu stunden. A ist damit einverstanden, wenn sich G für den Zahlungsanspruch selbstschuldnerisch verbürgt. G, der einzige Gesellschafter der B, erklärt sich mündlich damit einverstanden, um den Fortbestand des Familienunternehmens zu sichern. Wenige Wochen später fällt B in Insolvenz. A verlangt deshalb von G persönlich Zahlung von 650000 EUR. G verweigert dies und bringt wahrheitsgemäß vor, dass er zum Zeitpunkt der Bürgschaftsübernahme davon ausgegangen sei, B werde die Forderung des A aus ihrem Vermögen begleichen können.

Steht A gegen G ein Anspruch auf Zahlung in Höhe von 650000 EUR zu?

Skizze

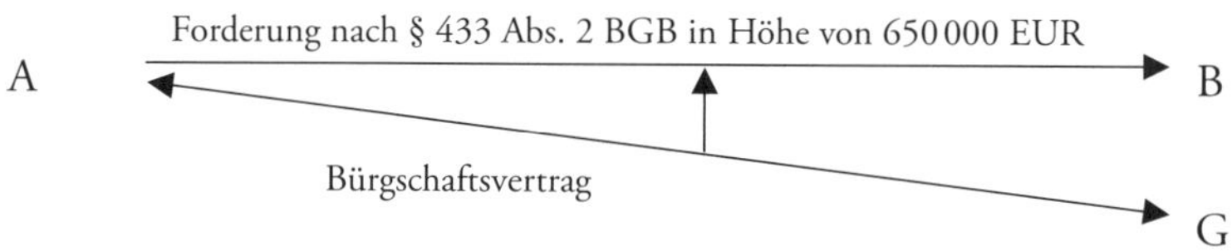

Gliederung

Lösung

Anspruch des A gegen G auf Zahlung von 650000 EUR aus Bürgschaftsvertrag (§ 765 Abs. 1 BGB)

Ein Anspruch von A gegen G auf Zahlung von 650000 EUR kommt allein auf Grund Bürgschaftsvertrages zwischen A und G in Betracht. Es müsste also (1.) eine Hauptverbindlichkeit von A gegen B in Höhe von 650000 EUR bestehen und (2.) G gegenüber A für diese Verbindlichkeit persönlich haften. A könnte gegen G ein Anspruch auf Zahlung von 650000 EUR aus Bürgschaftsvertrag (§ 765 Abs. 1 BGB) zustehen. Dies setzt zunächst voraus, dass eine Hauptverbindlichkeit gegeben ist, d.h. A gegenüber B ein Anspruch auf Zahlung von 650000 EUR zusteht. 1

I. Bestehen einer Hauptverbindlichkeit

A steht gegen B ein Anspruch auf Zahlung von 650000 EUR aus Warenlieferungen, also nach § 433 Abs. 2 BGB, zu. Daher besteht eine Hauptverbindlichkeit. G haftet für diese Hauptverbindlichkeit der B persönlich, wenn zwischen A und G wirksam ein Bürgschaftsvertrag zu Stande gekommen ist. 2

II. Zustandekommen eines Bürgschaftsvertrages

Ein Anspruch von A gegen G auf Zahlung von 650000 EUR aus Bürgschaftsvertrag (§ 765 Abs. 1 BGB) setzt weiter voraus, dass zwischen A und G wirksam ein Bürgschaftsvertrag zu Stande gekommen ist, in dem sich G verpflichtet, für die Verbindlichkeit der B gegenüber A in Höhe von 650000 EUR einzustehen. Das Zustandekommen eines Bürgschaftsvertrages setzt zwei aufeinander bezogene, übereinstimmende Willenserklärungen, nämlich Antrag (§ 145 BGB) und Annahme (§§ 146f. BGB) voraus. 3

1. Antrag i.S.d. § 145 BGB

4 A macht die Stundung seiner Forderung gegenüber B in Höhe von 650000 EUR vom Zustandekommen eines Bürgschaftsvertrages zwischen A und G abhängig. Darin liegt ein Antrag i.S.d. § 145 BGB auf Abschluss eines Bürgschaftsvertrags, in dem sich G verpflichtet, für die Verbindlichkeit der B gegenüber A in Höhe von 650000 EUR einzustehen. Denn diese Erklärung des A ist eine Willenserklärung mit dem genannten Inhalt. A gibt sie gegenüber G ab. Außerdem geht sie G zu (§ 130 Abs. 1 Satz 1 BGB). Ein Antrag i.S.d. § 145 BGB liegt daher vor.

2. Annahme i.S.d. §§ 146f. BGB

5 G erklärt sich mit dem Verlangen des A einverstanden. Darin liegt die Annahme des Antrags von A i.S.d. §§ 146f. BGB. Es handelt sich um eine Willenserklärung, die G gegenüber A abgibt und die A zugeht (§ 130 Abs. 1 Satz 1 BGB).

6 Die Erklärung von G, er verweigere die Zahlung, weil er zum Zeitpunkt der Bürgschaftsübernahme davon ausgegangen sei, B werde die Forderung des A aus ihrem Vermögen begleichen können, ist auf eine Anfechtung seiner Annahmeerklärung gerichtet. In Betracht kommt ein Irrtum über eine verkehrswesentliche Eigenschaft einer (juristischen) Person. Eigenschaften einer Person sind Merkmale, die ihr für eine gewisse Dauer anhaften oder sie charakterisieren.[1] Zwar ist die Vermögenslage einer Person und damit ihre Zahlungsfähigkeit eine verkehrswesentliche Eigenschaft i.S.d. § 119 Abs. 2 BGB. So kann ein Verkäufer, der eine Sache auf Kredit verkauft, den Kaufvertrag nach § 119 Abs. 2 BGB anfechten, wenn er sich über die Zahlungsfähigkeit des Käufers irrt. Die Person, um deren Vermögenslage es geht, muss nicht Erklärungsgegner sein. Es kann auch ein Irrtum über die Vermögenslage einer dritten Person zur Anfechtung berechtigen. Entscheidend ist allein, dass die Vermögenslage einer Person für Inhalt und Zweck des Rechtsgeschäfts von Bedeutung ist. So kann der Kreditgeber z.B. anfechten, wenn er sich über die Zahlungsfähigkeit des Bürgen irrt. Danach ist grundsätzlich auch die Anfechtung eines Bürgschaftsvertrages durch den Bürgen in Betracht zu ziehen. Doch ist dies ausgeschlossen, soweit das typische oder bewusst eingegangene Risiko eines Rechtsgeschäfts reicht.[2] Soll eine Partei nach dem Sinn und Zweck eines Vertrages ein bestimmtes Risiko tragen, ist nämlich ein Irrtum über das Bestehen dieses Risiko unbeachtlich. Denn dann ist die betreffende Eigenschaft für diesen Vertrag nicht „verkehrswesentlich". Bei der Bürgschaft ist die fehlende Zahlungsfähigkeit des Hauptschuldners aber gerade das typische Risiko des Bürgen. Er kann seine Willenserklärung daher nicht nach § 119 Abs. 2 BGB anfechten.

3. Zwischenergebnis

7 Zwischen A und G ist ein Bürgschaftsvertrag zustande gekommen, in dem sich G verpflichtet, gegenüber A für die Verbindlichkeit der B gegenüber A in Höhe von 650000 EUR selbstschuldnerisch einzustehen.

---

1 *BGH* NJW 1992, 1222.
2 *Köhler* § 7 Rn. 32.

III. Wirksamkeit des Bürgschaftsvertrages: hier Nichtigkeit der Bürgschaftserklärung nach § 766 Satz 1 BGB i.V.m. § 125 Satz 1 BGB

1. Grundsatz

Der zwischen A und G geschlossene Bürgschaftsvertrag könnte nichtig nach § 766 Satz 1 BGB i.V.m. § 125 Satz 1 BGB sein. Denn nach § 766 Satz 1 BGB bedarf es zur Gültigkeit des Bürgschaftsvertrages der schriftlichen Erteilung der Bürgschaftserklärung. G gibt hier aber nur mündlich die Bürgschaftserklärung ab. Daher ist die Bürgschaft des G nichtig nach § 766 Satz 1 BGB i.V.m. § 125 Satz 1 BGB, sofern nicht die Ausnahme des § 350 HGB greift.[3] **8**

2. Ausnahme nach § 350 HGB

a) Voraussetzungen

Nach § 350 HGB finden auf eine Bürgschaft, ein Schuldversprechen oder ein Schuldanerkenntnis die Formvorschriften der §§ 766 Sätze 1 und 2, 780 und 781 Sätze 1 und 2 BGB keine Anwendung, wenn das jeweilige Rechtsgeschäft auf der Seite des Bürgen oder Schuldners ein Handelsgeschäft ist. Danach ist eine Bürgschaft, ein Schuldversprechen oder ein Schuldanerkenntnis formfrei wirksam. Diese Erweiterungen der Formfreiheit tragen den Bedürfnissen des Handelsverkehrs nach Gestaltungsspielraum Rechnung. Hinzu kommt, dass ein Kaufmann wegen seiner regelmäßig vorhandenen Geschäftserfahrung keiner Warnung auf Grund eines Formerfordernisses im Hinblick auf eine von ihm auf privatautonomer Grundlage getroffene Entscheidung über die Abgabe einer Bürgschaft, eines Schuldversprechens oder eines Schuldanerkenntnisses bedarf. Nach § 350 HGB muss das Rechtsgeschäft für den Schuldner oder Bürgen ein Handelsgeschäft sein. Der Schuldner oder Bürge muss daher (1.) Kaufmann (auch Scheinkaufmann, sofern Eintragung nach §§ 2f. HGB möglich) sein, der (2.) eine Bürgschaft, ein Schuldversprechen oder ein Schuldanerkenntnis im Betriebe seines Handelsgewerbes (§§ 343f. HGB) abgibt. Es stellt sich daher zunächst die Frage, ob G Kaufmann ist. **9**

b) Kaufmannseigenschaft wegen Geschäftsführungstätigkeit

G ist Geschäftsführer von B. Fraglich ist daher, ob § 350 HGB für Erklärungen gilt, die ein Vorstandsmitglied einer AG oder ein GmbH-Geschäftsführer im eigenen Namen abgibt. Kaufmann ist, wer ein Handelsgewerbe „betreibt". Dieses Tatbestandsmerkmal ordnet ein Gewerbe einer bestimmten Person, dem Träger des Gewerbes, zu. Eine solche Person kann eine natürliche Person, aber auch eine juristische Person oder eine rechtsfähige Gesellschaft (vgl. § 14 Abs. 2 BGB) sein. Ein Gewerbe ist der Person zuzuordnen, in deren Namen das Gewerbe betrieben wird. Denn für und gegen diese Person wirken die anlässlich der gewerblichen Tätigkeit vorgenommenen Handlungen, insbesondere die geschlossenen Rechtsgeschäfte. Handelt eine Person in eigenem Namen, ist daher grundsätzlich ihr das Gewerbe zuzuordnen. Bei Stellvertretung wirkt das geschlossene Rechtsgeschäft für und gegen den Vertretenen, sodass er das Gewerbe betreibt (z.B. AG, GmbH). Wer als Vertreter in fremdem Namen handelt, ist daher auf Grund des Vertreterhandelns nicht Kaufmann i.S.d. § 1 HGB (und nicht Unternehmer i.S.d. § 14 Abs. 1 **10**

[3] Vgl. dazu *Lettl* § 10 Rn. 68–70.

BGB). Dies gilt etwa für den Vorstand einer AG und den Geschäftsführer einer GmbH.[4] Daran schließt sich die Frage an, ob § 350 HGB analog auf den Geschäftsführer einer GmbH – hier G – anzuwenden ist.

c) Analoge Anwendung von § 350 HGB auf Geschäftsführer

aa) Ansatz 1: Analoge Anwendung von § 350 HGB auf Geschäftsführer

11 Teile des Schrifttums[5] vertreten die Auffassung, dass Geschäftsführer unabhängig davon, ob und in welchem Umfang sie Anteile an der Gesellschaft halten, bei wertender Betrachtung wie Kaufleute keiner Warnung vor den Gefahren einer im Auftrag der kreditsuchenden Gesellschaft übernommenen Bürgschaft oder eines Schuldversprechens bzw. Schuldanerkenntnisses bedürfen.

bb) Ansatz 2: Keine analoge Anwendung von § 350 HGB auf Geschäftsführer

12 Eine analoge Anwendung von § 350 HGB in Fällen fehlender Kaufmannseigenschaft der Geschäftsleiter von Kapitalgesellschaften unabhängig von den Beteiligungsverhältnissen widerspricht der Vorstellung des Gesetzgebers und überschreitet die Grenzen zulässiger Rechtsfortbildung.[6] Außerdem bedarf es für die Gleichstellung zwischen Geschäftsführer einerseits und Kaufmann andererseits höherer Anforderungen.[7]

cc) Zwischenergebnis

13 Ansatz 2 überzeugt, da er mit dem Gesetz in Einklang steht. G ist daher nicht auf Grund seiner Tätigkeit als Geschäftsführer Kaufmann i. S. d. HGB. Er könnte aber wegen seiner Stellung als Gesellschafter Kaufmann sein.

d) Kaufmannseigenschaft wegen Stellung als Gesellschafter

14 G ist (einziger) Gesellschafter von B. Es stellt sich daher die Frage, ob der Gesellschafter einer AG oder GmbH, insbesondere sofern es sich nicht um eine Einmann-Gesellschaft handelt, bei der der einzige Gesellschafter zugleich das einzige Vertretungsorgan ist, Kaufmann ist. Die Gesellschafter einer oHG und die persönlich haftenden Gesellschafter einer KG sind Kaufleute.[8] Denn eine Personenhandelsgesellschaft ist trotz der Regelung des § 124 HGB kein Rechtssubjekt, sodass die persönlich haftenden Gesellschafter als vertretungsberechtigte Personen (§§ 125 Abs. 1, 161 Abs. 2 HGB) das Handelsgewerbe betreiben. Die Gesellschafter einer Kapitalgesellschaft (z. B. Aktionär oder Gesellschafter einer GmbH) sowie Kommanditisten sind dagegen keine Kaufleute.[9] Denn diese Gesellschafter haften grundsätzlich nicht persönlich für Gesellschaftsverbindlichkeiten und sind darüber hinaus nicht zur Vertretung der Gesellschaft berechtigt (§ 76 Abs. 1 AktG, § 35

[4] *BGH* WM 2006, 81, 82; 2006, 380, 390; BGHZ 104, 95, 98; 132, 119, 122.

[5] Z. B. MünchKommHGB/*K. Schmidt* § 350 Rn. 10; *ders.* ZIP 1986, 1510, 1515.

[6] *BGH* WM 2006, 81, 82 f.

[7] *BGH* WM 2006, 81, 83.

[8] BGHZ 45, 282, 284; Großkomm/*Oetker* § 1 Rn. 65; *Canaris* § 2 Rn. 20; die Gegenauffassung nimmt zwar an, dass wegen § 124 HGB das Gewerbe für die Gesellschaft betrieben werde, auf die Gesellschafter jedoch wegen der persönlichen und unbeschränkten Haftung nach § 128 HGB die für Kaufleute geltenden Vorschriften entsprechend angewendet werden müssten; vgl. *K. Schmidt* § 4 II 1 b.

[9] *BGH* WM 2006, 81, 82 f. (zum Alleingesellschafter-Geschäftsführer); BGHZ 45, 282, 285 (zum Kommanditisten); BGHZ 133, 71, 78 (zum Gesellschafter einer GmbH); BGHZ 121, 224, 228.

Abs. 1 GmbHG, § 170 HGB). Die Gesellschafter einer Kapitalgesellschaft sind selbst dann nicht Kaufleute, wenn sie als Allein- oder Mehrheitsgesellschafter zur Vertretung der Gesellschaft berechtigt sind. Denn auch in diesem Fall haften sie – zumindest grundsätzlich – nicht persönlich; die Beteiligung an einer Kapitalgesellschaft gehört zur reinen Vermögensverwaltung. Daran schließt sich die Frage an, ob § 350 HGB analog auf die Gesellschafter einer Kapitalgesellschaft – hier: G – anzuwenden ist.

e) Analoge Anwendung von § 350 HGB auf Gesellschafter

aa) Ansatz 1: Analoge Anwendung von § 350 HGB auf Gesellschafter

Teile des Schrifttums[10] vertreten die Auffassung, dass jedenfalls Allein- bzw. Mehrheitsgesellschafter mit Geschäftsführungsbefugnis bei wertender Betrachtung wie Kaufleute nicht der Warnung vor den Gefahren einer im Auftrag der kreditsuchenden Gesellschaft übernommenen oder eines Schuldversprechens bzw. Schuldanerkenntnisses bedürfen. **15**

bb) Ansatz 2: Keine analoge Anwendung von § 350 HGB auf Gesellschafter

Eine analoge Anwendung von § 350 HGB auf einen Einmann-Gesellschafter-Geschäftsführer widerspricht mangels Kaufmannseigenschaft der Geschäftsführer und Gesellschafter von Kapitalgesellschaften der Vorstellung des Gesetzgebers und überschreitet die Grenzen zulässiger Rechtsfortbildung.[11] Zwar hat ein geschäftsführender Allein- oder Mehrheitsgesellschafter regelmäßig erheblichen Einfluss auf die Entscheidungen der Gesellschaft. Ein wesentliches Merkmal eines Kaufmanns i.S.d. §§ 1 ff. HGB besteht aber in einer persönlichen und unbeschränkten Haftung für Verbindlichkeiten seines Unternehmens. Eine solche Haftung trifft den Geschäftsführer einer GmbH wegen des Grundsatzes der alleinigen Haftung der GmbH (§ 13 GmbHG) aber nicht für die Verbindlichkeiten der GmbH.[12] **16**

cc) Zwischenergebnis

Ansatz 2 überzeugt, da er mit dem Gesetz in Einklang steht. G ist daher nicht auf Grund seiner Stellung als Alleingesellschafter von B sowie seiner Tätigkeit als Geschäftsführer von B Kaufmann i.S.d. HGB. **17**

f) Keine analoge Anwendung von § 350 HGB auf Grund anderer Umstände

Auch andere, im Sachverhalt genannte Umstände wie ein Jahresumsatz der von G allein geleiteten B in Höhe von 100 Mio. EUR pro Jahr, die große geschäftliche Erfahrenheit des G und die Übernahme der Bürgschaft zur Sicherung der Existenz des Familienunternehmens können eine auf eine analoge Anwendung von § 350 HGB gerichtete Rechtsfortbildung nicht begründen.[13] Denn G handelt im Hinblick auf die Übernahme der Bürgschaft als Privatmann. Selbst ein Kaufmann unterliegt bei privatem Handeln aber nicht den strengen Regeln des Handelsrechts wie § 350 HGB. Außerdem unterwirft das Gesetz den regelmäßig geschäftserfahrenen Prokuristen nicht den strengen Regeln des Handelsrechts wie § 350 HGB. **18**

---

[10] Z.B. MünchKommHGB/*K. Schmidt* § 350 Rn. 10; MünchKommBGB/*Habersack* § 766 Rn. 3; *Canaris* § 24 Rn. 13.
[11] *BGH* WM 2006, 81, 83.
[12] *BGH* WM 2006, 81, 83.
[13] *BGH* WM 2006, 81, 83.

IV. Ergebnis

19 G ist nicht Kaufmann i.S.d. HGB. § 350 HGB ist auf ihn weder direkt noch analog anwendbar. Daher ist die mündliche Bürgschaftserklärung von G nichtig nach § 766 Satz 1 BGB i.V.m. § 125 Satz 1 BGB. Infolgedessen besteht kein wirksamer Bürgschaftsvertrag zwischen A und G. A hat daher keinen Anspruch gegen G auf Zahlung von 650000 EUR aus Bürgschaftsvertrag (§ 765 Abs. 1 BGB).

Fall 13. Forderung wechsle dich

Sachverhalt

Lieferant „Zubehörteile Albert AG“ (A) und Automobilhersteller „Beiersdorfer AG“ (B) vereinbaren auf Grund der Allgemeinen Geschäftsbedingungen von B für alle zwischen ihnen zu Stande kommenden Lieferverträge, dass A Forderungen gegen B nur mit Zustimmung von B auf Dritte übertragen darf. Sollten gesetzliche Bestimmungen entgegenstehen, so sollten diese zwischen A und B keine Geltung haben. A steht ein Anspruch gegen B auf Zahlung von 800000 EUR aus Warenlieferungen zu. Da A etwas knapp bei Kasse ist, verkauft sie diese Forderung an Casper Cüspert (C) und einigt sich mit ihm darauf, dass die Forderung nunmehr C zustehen soll. A unterrichtet B hiervon zunächst nicht. B erhält in der Folgezeit eine Schadensersatzforderung gegen A wegen Lieferverzugs in Höhe von 400000 EUR. Außerdem zahlt B an A 200000 EUR auf die Forderung aus Warenlieferungen in Höhe von 800000 EUR. Im Anschluss daran weist A gegenüber B auf die Übertragung der Forderung in Höhe von 800000 EUR auf C hin, behält aber die von B bezahlten 200000 EUR als willkommene Liquiditätsverbesserung. Um B etwas entgegenzukommen, erklärt A der B gegenüber, dass die Schuld von 800000 EUR um 100000 EUR reduziert sein soll. B ist damit einverstanden. Als C gegen B auf Zahlung in Höhe von 800000 EUR vorgeht, erklärt B, sie stelle die ihr gegen A zustehenden Forderung in Höhe von 400000 EUR entgegen. Außerdem seien die 200000 EUR zu berücksichtigen, die sie an A bezahlt habe. Darüber hinaus habe A eine Forderungsreduzierung in Höhe von 100000 EUR zugestanden. C erwidert darauf, dass ihn dies alles nichts angehe und verlangt von B weiter Zahlung in Höhe von 800000 EUR.

Zu Recht?

Skizze

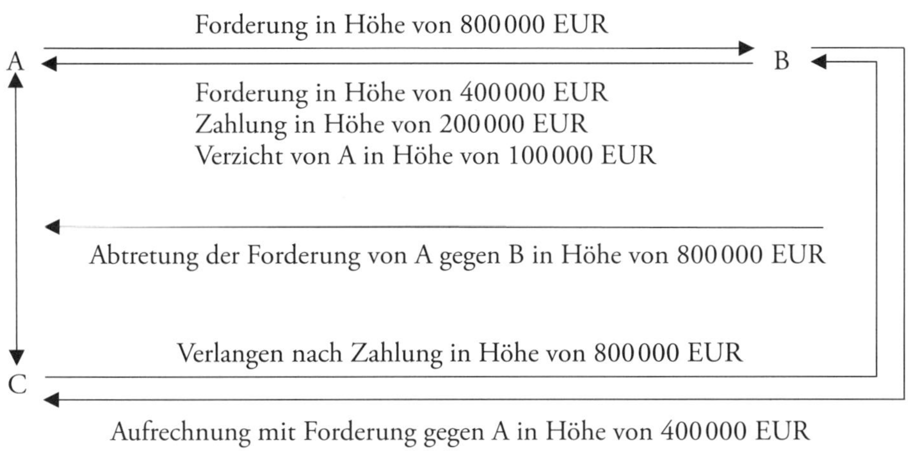

Gliederung

Rn.

Anspruch des C gegen B auf Zahlung in Höhe von 800000 EUR nach §§ 433 Abs. 2, 398 BGB

Lösung

Vorüberlegungen: Die Forderung von A gegen B aus Warenlieferung ergibt sich aus § 433 Abs. 2 BGB, die Forderung von B gegen A wegen Lieferverzugs aus §§ 280 Abs. 1 und 2, 286 BGB. Nach dem Sachverhalt bestehen beide Forderungen, sodass es hierzu keiner weiteren Prüfung bedarf. Entscheidend kommt es vielmehr auf die Wirksamkeit der Forderungsabtretung zwischen A und C trotz des Abtretungsausschlusses zwischen A und B an. Insoweit stellt sich die Frage nach der Wirksamkeit des Abtretungsausschlusses. Hierfür sind § 354a Satz 1 HGB weiterführende Anhaltspunkte zu entnehmen (vgl. dazu *Lettl* § 11 Rn. 7–11). Ist die Abtretung wirksam, so kann sich die Forderung des C gegen B auf Grund verschiedener, getrennt voneinander zu behandelnder Vorgänge verringert haben. In Betracht kommen hierfür Zahlung an den bisherigen Gläubiger A, Aufrechnung durch den Schuldner gegenüber dem neuen Gläubiger C und Erlass durch den bisherigen Gläubiger A. Die Wirksamkeit dieser Handlungen ist in erster Linie nach § 354a Satz 2 HGB zu beurteilen (vgl. dazu *Lettl* § 11 Rn. 12–15).

Anspruch des C gegen B auf Zahlung in Höhe von 800000 EUR nach §§ 433 Abs. 2, 398 BGB

I. Bestehen einer Forderung von A gegen B in Höhe von 800000 EUR

A (rechtsfähig nach § 1 Abs. 1 AktG) steht gegen B (rechtsfähig nach § 1 Abs. 1 AktG) eine Forderung in Höhe von 800000 EUR aus Warenlieferung, d.h. nach § 433 Abs. 2 BGB zu. Diese Forderung muss auf C übergegangen sein. 1

II. Übergang der Forderung auf C

1. Erfordernis der Forderungsabtretung

Nach § 398 Satz 1 BGB kann eine Forderung vom Gläubiger durch Vertrag mit einem anderen auf diesen übertragen werden. Mit dem Abschluss des Vertrages tritt der neue Gläubiger an die Stelle des bisherigen Gläubigers (§ 398 Satz 2 BGB). 2

2. Forderungsabtretung von A an C

A und C einigen sich über den Übergang der Forderung der A gegen B auf Zahlung von 800000 EUR. Ein Vertrag i.S.d. § 398 Satz 1 BGB liegt daher vor. 3

3. Wirksamkeit der Forderungsabtretung von A an C

Die Abtretung der Forderung von A an C muss wirksam sein. Dies ist hier deshalb fraglich, weil A und B auf Grund der AGB von B vereinbaren, dass A die Abtretung von Forderungen gegen B nur mit Zustimmung von B gestattet ist. Ein Verstoß gegen ein wirksames Abtretungsverbot oder eine wirksame Abtretungsbeschränkung 4 führt zur Unwirksamkeit der Abtretung gegenüber jedermann.[1] Danach hat ein Abtretungsverbot oder eine Abtretungsbeschränkung anders als sonstige rechtsgeschäftliche Verfügungsverbote (§ 137 BGB) dingliche Wirkung. Infolgedessen stehen die von dem Abtretungsverbot oder der Abtretungsbeschränkung erfassten Forderungen an sich nicht oder nur in eingeschränkter Weise für Finanzierungszwecke (z. B. mittels Zession an ein Factoring-Unternehmen) zur Verfügung.

a) Wirksamkeit der Abtretungsbeschränkung

aa) AGB von B Vertragsbestandteil

5 Bei der Abtretungsbeschränkung zu Lasten von A handelt es sich um eine Allgemeine Geschäftsbedingung der B i. S. d. § 305 Abs. 1 BGB (vgl. Sachverhalt). Diese AGB von B ist Bestandteil des Vertrages zwischen A und B. Der besonderen Einbeziehungsvoraussetzungen nach § 305 Abs. 2 BGB bedarf es nicht, da B die AGB gegenüber dem Unternehmen A (§ 14 Abs. 1 BGB i. V. m. § 3 Abs. 1 AktG) verwendet (§ 310 Abs. 1 Satz 1 BGB).

bb) Keine Unwirksamkeit nach § 307 Abs. 1 Satz 1 BGB

6 §§ 308, 309 BGB finden keine Anwendung, wenn AGB gegenüber einem Unternehmer verwendet werden (§ 310 Abs. 1 Satz 1 BGB). Die Wirksamkeit der Abtretungsbeschränkung des A durch die AGB von B ist daher nach § 307 Abs. 1 Satz 1 BGB zu beurteilen. Danach sind Bestimmungen in AGB unwirksam, wenn sie den Vertragspartner des Verwenders entgegen den Geboten von Treu und Glauben unangemessen benachteiligen. Ein Abtretungsverbot oder eine Abtretungsbeschränkung führt grundsätzlich – auch im nichtkaufmännischen Verkehr – nicht zu einer solchen Benachteiligung (vgl. auch § 399 Alt. 2 BGB).[2] Klauseln mit diesem Inhalt sind vielmehr nur dann nach § 307 Abs. 1 Satz 1 BGB unwirksam, wenn eine Interessenabwägung dies gebietet. So ist Unwirksamkeit nach § 307 Abs. 1 Satz 1 BGB anzunehmen, wenn (1.) kein schützenswertes Interesse des Verwenders an dem Abtretungsverbot oder der Abtretungsbeschränkung besteht oder (2.) ein solches Interesse des Verwenders zwar besteht, aber die berechtigten Interessen der anderen Vertragspartei an der freien Abtretbarkeit vertraglicher Ansprüche das entgegenstehende Interesse des Verwenders überwiegen.[3] Hierfür ergeben sich aus dem Sachverhalt keine Anhaltspunkte. Danach steht § 307 Abs. 1 Satz 1 BGB der Wirksamkeit der zwischen A und B vereinbarten Abtretungsbeschränkung zu Lasten von A nicht entgegen.

cc) Keine Unwirksamkeit nach § 354a Satz 1 HGB

7 § 354a Satz 1 HGB gewährleistet insbesondere im Interesse kleiner und mittlerer Unternehmen die Aufrechterhaltung der Berechtigung, Forderungen für Finanzierungszwecke zu verwenden. Denn § 354a Satz 1 HGB ordnet die Wirksamkeit einer trotz eines – individualvertraglich oder auf Grund von AGB vereinbarten – Abtretungsverbots erfolgten Abtretung an.[4] Dies geschieht zu dem Zweck, die Abtretbarkeit von Forderungen zum Zweck der Kreditsicherung zu erleich-

[1] BGHZ 77, 274, 275; 112, 387, 389 ff.

[2] *BGH* WM 2006, 2142 Tz. 14; BGHZ 108, 52, 54 f.; 108, 172, 174.

[3] *BGH* NJW 1997, 3434, 3436.

[4] MünchKommHGB/*K. Schmidt* § 354a Rn. 1 f.

tern.[5] § 354a Satz 1 HGB setzt voraus (1.) eine Geldforderung aus einem beiderseitigen Handelsgeschäft oder gegen eine juristische Person des öffentlichen Rechts/ein öffentlich-rechtliches Sondervermögen auf Schuldnerseite und (2.) eine Vereinbarung nach § 399 BGB zwischen Gläubiger und Schuldner, dass der Gläubiger diese Forderung nicht abtreten darf. Voraussetzung für die Anwendung des § 354a Satz 1 HGB ist aber zunächst, dass diese Regelung nicht wirksam abbedungen ist. Denn A und B vereinbaren, dass gesetzliche Bestimmungen der Abtretungsbeschränkung des A nicht entgegenstehen sollen.

(1) Keine wirksame Abbedingung von § 354a Satz 1 HGB nach § 354a Satz 3 HGB

Die Vereinbarung von A und B, dass gesetzliche Bestimmungen der Abtretungsbeschränkung zu Lasten von A nicht entgegenstehen sollen, könnte auf eine Abbedingung von § 354a Satz 1 HGB gerichtet sein. Eine solche Vereinbarung ist jedoch nach § 354a Satz 3 HGB unwirksam. **8**

(2) Geldforderung aus beiderseitigem Handelsgeschäft

(a) Geldforderung

Die Forderung von A gegen B in Höhe von 800000 EUR ist eine Geldforderung. **9**

(b) Beiderseitiges Handelsgeschäft

Die Geldforderung muss sich aus einem Geschäft ergeben, das sowohl für A als auch für B ein Handelsgeschäft ist.[6] Das HGB verwendet den Begriff des Handelsgeschäfts in einem doppelten Sinn, nämlich zum einen i.S.d. Unternehmens (z.B. §§ 22, 25 HGB), zum anderen i.S.d. einzelnen Geschäfts, das ein Kaufmann vornimmt (z.B. Kaufvertrag). Nur von Letzterem ist in den §§ 343ff. HGB die Rede. § 343 HGB definiert als Handelsgeschäfte *„alle Geschäfte eines Kaufmanns, die zum Betriebe seines Handelsgewerbes gehören"*. Ein Handelsgeschäft hat nach dieser Legaldefinition folgende Voraussetzungen: Es muss (1.) ein Geschäft vorliegen, an dem (2.) ein Kaufmann beteiligt ist und das (3.) zum Betrieb von dessen Handelsgewerbe gehört. Je nachdem, ob das Geschäft nur für einen der Beteiligten oder für beide Beteiligte ein Handelsgeschäft ist, spricht man von einseitigem oder beiderseitigem Handelsgeschäft. Nach § 345 HGB kommen die Vorschriften über Handelsgeschäfte für beide Teile grundsätzlich schon dann zur Anwendung, wenn das Geschäft lediglich für einen Teil ein Handelsgeschäft ist (z.B. §§ 352 Abs. 2 i.V.m. § 354 Abs. 2 HGB; §§ 355–357 HGB; §§ 358–361 HGB; §§ 366, 367, 373, 376, 383ff. HGB). Ein einseitiges Handelsgeschäft genügt für die Anwendung der Regelungen über Handelsgeschäfte nur dann nicht, wenn ausnahmsweise etwas anderes bestimmt ist. Eine solche Ausnahme ist in § 354a Satz 1 HGB vorgesehen. Denn diese Regelung setzt voraus, dass das Geschäft für beide Teile ein Handelsgeschäft ist. **10**

(aa) Handelsgeschäft für A

(aaa) Geschäft

Das weit auszulegende Tatbestandsmerkmal „Geschäft" verlangt willentliches Handeln im Geschäftsverkehr. Darunter sind zunächst rechtsgeschäftliche Handlungen zu verstehen. Der Kaufvertrag zwischen A und B ist daher ein Geschäft. **11**

---

[5] BT-Drs. 12/7912 S. 24f.; *BGH* WM 2005, 429, 431; MünchKommHGB/*K. Schmidt* § 354a Rn. 11.

[6] Vgl. zum Begriff des Handelsgeschäfts *Lettl* § 9 Rn. 1–25.

(bbb) Kaufmannseigenschaft

12 Nur ein Kaufmann kann ein Handelsgeschäft vornehmen. Die Kaufmannseigenschaft beurteilt sich nach §§ 1 ff. HGB. Sie muss zum Zeitpunkt der Vornahme des Geschäfts gegeben sein. A ist als AG zum Zeitpunkt des Abschlusses des Kaufvertrages mit B Formkaufmann (§ 6 Abs. 2 HGB, § 3 Abs. 1 AktG).

(ccc) Betriebszugehörigkeit

13 Zum Betrieb eines Handelsgewerbes gehört ein Geschäft insbesondere dann, wenn es in einem Funktionszusammenhang mit diesem Handelsgewerbe steht. Hierfür kommt es auf die objektive Sachlage an, Erkennbarkeit für Dritte ist unerheblich. Das Geschäft muss den Zweck oder Gegenstand des Handelsgewerbes betreffen. So, wenn es dem Interesse des Unternehmens, der Erhaltung seiner Substanz und der Erzielung von Gewinnen dient. Ein mittelbarer, entfernter Zusammenhang zwischen Geschäft und Handelsgewerbe genügt.[7] Zum Betrieb eines Handelsgewerbes gehören danach Grundgeschäfte, Hilfsgeschäfte und Nebengeschäfte. Davon zu unterscheiden sind die Privatgeschäfte des Kaufmanns. Grundgeschäfte beziehen sich auf den eigentlichen Gegenstand des kaufmännischen Unternehmens. Der Kaufvertrag zwischen A und B ist für A ein solches Grundgeschäft. Hinzu kommt, dass Handelsgesellschaften keine privaten Geschäfte schließen können. Ihre Geschäfte sind stets Handelsgeschäfte.[8] Die Abgrenzung von Privatgeschäft und Handelsgeschäft ist daher nur für natürliche Personen von Bedeutung (vgl. hierzu die Vermutung des § 344 HGB).

(ddd) Zwischenergebnis

14 Der Kaufvertrag zwischen A und B ist für A ein Handelsgeschäft.

(bb) Handelsgeschäft für B

(aaa) Geschäft

15 Der Kaufvertrag zwischen A und B ist ein Geschäft (siehe Rn. 11).

(bbb) Kaufmannseigenschaft

16 B ist Formkaufmann (§ 6 Abs. 2 HGB, § 3 Abs. 1 AktG).

(ccc) Betriebszugehörigkeit

17 Der Kaufvertrag zwischen A und B ist dem Betrieb des Handelsgewerbes von B zuzuordnen. Insoweit gelten die zu A angestellten Erwägungen entsprechend.

(ddd) Zwischenergebnis

18 Der Kaufvertrag zwischen A und B ist auch für B ein Handelsgeschäft. Daher liegt ein beiderseitiges Handelsgeschäft vor.

(3) Vereinbarung nach § 399 BGB

19 Die Abtretung der Geldforderung muss auf Grund einer Vereinbarung nach § 399 BGB ausgeschlossen sein. Dem stehen im Hinblick auf den Normzweck andere Abtretungsbeschränkungen gleich. So, wenn – wie hier – die Abtretbarkeit der Geldforderung von der Zustimmung des Schuldners abhängt.[9]

---

[7] *BGH* NJW 1960, 1852, 1853; WM 1976, 424, 425; BGHZ 63, 32, 35.

[8] *BGH* NJW 1960, 1852, 1853.

[9] *BGH* WM 2005, 429, 431; MünchKommHGB/*K. Schmidt* § 354a Rn. 11.

(4) Rechtsfolge

Nach § 354a Satz 1 HGB ist die trotz Abtretungsverbots erfolgte Abtretung sowohl im Verhältnis zwischen Zedent und Zessionar als auch im Verhältnis zwischen Zessionar und Schuldner wirksam. Der Zessionar ist daher Forderungsinhaber und zur Geltendmachung der Forderung aus eigenem Recht gegenüber dem Schuldner befugt. Gegenüber Gläubigern des Zedenten, die die Forderung pfänden, ist er zur Erhebung der Drittwiderspruchsklage nach § 771 ZPO berechtigt. Danach ist die Forderung des A gegen B in Höhe von 800000 EUR auf C übergegangen. Die Beschränkung von A, Forderungen gegen B nur mit deren Zustimmung abzutreten, steht danach der Wirksamkeit der Abtretung wegen § 354a HGB nicht entgegen. **20**

dd) Zwischenergebnis

Die Abtretung der Forderung von A gegen B in Höhe von 800000 EUR an C ist auch ohne die Zustimmung von B wirksam. **21**

III. Erlöschen der Forderung

1. Empfangszuständigkeit des Zedenten nach § 354a Satz 2 HGB

Der Schuldner kann trotz erfolgter Abtretung schuldbefreiend an den Zedenten als Nichtberechtigten leisten (§ 354 Satz 2 HGB). Dies liegt im Interesse des Schuldners, es nicht mit wechselnden Gläubigern zu tun zu haben und insbesondere Verrechnungen gegenüber dem bisherigen Gläubiger (Zedent, hier: A) vornehmen zu können.[10] Der Schuldner soll weiterhin die Rechte behalten, die er gegenüber dem bisherigen Gläubiger innehatte. Der bisherige Gläubiger ist insoweit weiterhin empfangszuständig. Es stellt sich aber die Frage, ob sich daraus etwas anderes ergibt, dass B an A bezahlt und B gegenüber C eine Forderung gegen A entgegenstellt, obwohl B weiß, dass die Forderung von A gegen B aus Warenlieferung in Höhe von 800000 EUR an C abgetreten ist. Dieser Umstand ist an sich nach §§ 406f. BGB bedeutsam. Doch ist im Wortlaut des § 354a HGB keine Entsprechung zu §§ 406f. BGB zu finden. Auch der Schutzzweck des § 354a Satz 2 HGB gebietet eine solche Entsprechung nicht, sondern verbietet sie vielmehr. Denn weil der Schuldner sich schon nicht durch ein Abtretungsverbot schützen kann, soll ihm § 354a Satz 2 HGB zumindest eine Erfüllungs- und Aufrechnungsberechtigung gewährleisten, die über die §§ 406f. HGB hinausgeht.[11] Der Schuldner darf daher gegenüber dem bisherigen Gläubiger auch dann erfüllen und aufrechnen, wenn er um die Abtretung der Forderung an einen Dritten weiß, ohne dass § 406 BGB dem entgegenstünde. Dasselbe gilt dann, wenn der Schuldner eine Forderung gegen den bisherigen Gläubiger erwirbt, deren Fälligkeit erst nach der Kenntniserlangung des Schuldners und nach Fälligkeit der abgetretenen Forderung eintritt.[12] **22**

2. Erlöschen der Forderung nach § 362 Abs. 1 BGB

B bezahlt 200000 EUR an A. Auf Grund der nach § 354a Satz 2 HGB fortbestehenden Empfangszuständigkeit von A – §§ 406f. BGB sind hier nicht anwendbar (siehe Rn. 22) – ist die Forderung des C gegen B in Höhe von 800000 EUR da- **23**

[10] BT-Drs. 12/7912 S. 25.

[11] *BGH* WM 2005, 429, 432.

[12] *BGH* WM 2005, 429, 432.

durch in Höhe von 200000 EUR nach § 362 Abs. 1 BGB erloschen. C steht danach gegen B nur noch ein Anspruch auf Zahlung von 600000 EUR zu.

3. Erlöschen der Forderung nach § 389 BGB

a) Aufrechnungserklärung i.S.d. § 388 BGB

24 Die Aufrechnungserklärung ist eine einseitige, empfangsbedürftige Willenserklärung. Sie gestaltet – sofern die übrigen Voraussetzungen für eine Aufrechnung gegeben sind – die Rechtslage. Hier stellt B dem Zahlungsverlangen des C in Höhe von 800000 EUR die Forderung, die B gegenüber A in Höhe von 400000 EUR zusteht, entgegen. Damit macht B für einen objektiven Erklärungsempfänger (§§ 133, 157 BGB) eindeutig den Willen deutlich, die Forderung in Höhe von 400000 EUR zur Verringerung des Anspruchs von C in Höhe von 800000 EUR einsetzen zu wollen. Eine Aufrechnungserklärung von B liegt daher vor.

b) Aufrechnungslage

aa) Wechselseitigkeit der Forderungen

25 Die Forderungen müssen zwischen denselben Personen bestehen: Der Schuldner der einen Forderung muss der Gläubiger der anderen Forderung sein (§ 387 BGB). Das ergibt sich aus der Formulierung „schulden zwei Personen *einander* Leistungen". B kann danach an sich nicht mit einer Forderung, die er gegen A hat, gegen eine Schuld gegenüber C aufrechnen. Doch ist hier § 354a Satz 2 HGB zu berücksichtigen. Der Leistung des Schuldners an den Zedenten steht es gleich, wenn der Schuldner mit einer Gegenforderung gegenüber dem Zedenten aufrechnet.[13] Diese Aufrechnung kann wegen des von § 354a HGB bezweckten Schuldnerschutzes sowohl gegenüber dem Zedenten als auch gegenüber dem Zessionar erfolgen.[14] Daher kann die Aufrechnung der B gegenüber A mit einer Forderung, die B gegen A zusteht, auch gegenüber C wirken. Die §§ 406f. BGB stehen dem nicht entgegen (siehe Rn. 22).

bb) Gleichartigkeit der Forderungen

26 Die beiden sich gegenüberstehenden Forderungen müssen ihrem Leistungsgegenstand nach gleichartig sein (§ 387 BGB). Typischerweise ist Gleichartigkeit deswegen gegeben, weil beide Parteien – wie hier – einander Geld schulden. Dagegen bedeutet Gleichartigkeit nicht gleiche Höhe, Konnexität („aus demselben Rechtsverhältnis") oder Identität des Leistungs- oder Ablieferungsortes (§ 391 Abs. 1 Satz 1 BGB).

cc) Wirksamkeit, Fälligkeit, Durchsetzbarkeit und Einklagbarkeit der eigenen Gegenforderung (Aktivforderung)

27 Die (Gegen-)Forderung, d.h. die Forderung, mit der der Schuldner aufrechnen will (hier: Forderung von B gegen A in Höhe von 400000 EUR), muss wirksam, fällig und durchsetzbar sein. Denn was man (noch) nicht fordern kann, kann man auch (noch) nicht zur Aufrechnung stellen. Diese Voraussetzung ist hier erfüllt. Denn

[13] *BGH* NJW-RR 2004, 50, 51f.; WM 2005, 429, 432; Großkomm/*Canaris* § 354a Rn. 12; MünchKommHGB/*K. Schmidt* § 354a Rn. 20; Baumbach/Hopt/*Hopt* § 354a Rn. 2.

[14] *BGH* WM 2005, 429, 432; *E. Wagner* WM 1996, Sonderbeil. 1, S. 1, 13.

laut Sachverhalt steht B gegen A ein Schadensersatzanspruch wegen Lieferverzugs in Höhe von 400 000 EUR zu.

dd) Bestehen und Erfüllbarkeit der Hauptforderung (Passivforderung)

Die Hauptforderung, gegen die aufgerechnet wird, muss bestehen. Andernfalls wäre der Aufrechnende gar nicht Schuldner. Auch muss sie wenigstens erfüllbar sein, d. h. der Schuldner berechtigt sein, sie jetzt zu erfüllen. Dagegen braucht sie nicht fällig zu sein. Es muss also nicht auch der Gläubiger berechtigt zu sein, ihre Erfüllung zu verlangen. Die Hauptforderung muss außerdem nicht einklagbar und einredefrei zu sein. Die an die Hauptforderung gestellten Voraussetzungen sind hier gegeben, da C gegen B auf Grund Abtretung ein Anspruch auf Zahlung in Höhe von zunächst 800 000 EUR zusteht. **28**

ee) Kein Ausschluss der Aufrechnung (Aufrechnungsverbote)

Aufrechnungsverbote können sich aus Vertrag (§ 311 Abs. 1 BGB) und Gesetz (§§ 393–395 BGB) ergeben. Für ein solches Verbot bestehen hier indes keine Anhaltspunkte. **29**

c) Zwischenergebnis

Die von B gegenüber C erklärte Aufrechnung in Höhe von 400 000 EUR ist wirksam. **30**

d) Wirkung der Aufrechnung (§ 389 BGB)

Durch die Aufrechnung erlöschen die beiden Forderungen, soweit sie sich decken, in dem Zeitpunkt, in dem sie sich zur Aufrechnung gegenüberstanden (§ 389 BGB). Danach bewirkt die Aufrechnung, dass die Forderungen, soweit sie sich decken, als zu dem Zeitpunkt erloschen gelten, zu dem erstmals hätte aufgerechnet werden können. Das Gesetz stellt also nicht auf die Aufrechnungserklärung, sondern auf die Aufrechnungslage ab. Die wirksame Aufrechnung von B gegenüber C in Höhe von 400 000 EUR führt dazu, dass die Forderung des C gegen B in dieser Höhe erlischt. **31**

4. Erlöschen der Forderung auf Grund Erlasses nach § 397 Abs. 1 BGB

§ 354 Satz 2 HGB berechtigt den bisherigen Gläubiger nicht, die abgetretene Forderung einzuziehen oder über sie zu verfügen (z. B. durch Abtretung oder Aufrechnung), da diese Regelung allein den Schutz des Schuldners bezweckt. Der bisherige Gläubiger darf die Forderung außerdem nicht erlassen oder stunden, weil darin keine „Leistung" i. S. v. § 354a Satz 2 HGB liegt.[15] Denn eine solche Leistung liegt nur vor, wenn es sich um Erfüllung oder ein Erfüllungssurrogat, also eine Erfüllungshandlung nach den § 362 BGB oder § 364 BGB handelt. § 354a Satz 2 HGB soll den Schuldner lediglich davor schützen, nach einer Leistung an den bisherigen Gläubiger noch einmal an den Zessionar leisten zu müssen. Für die Wirksamkeit des Erlasses zwischen A und B bedarf es daher der Voraussetzungen des § 407 **32**

---

15 BGHZ 178, 315 Rn. 13 ff. (für Vergleich); MünchKommHGB/*K. Schmidt* § 354a Rn. 22; Koller/Kindler/Roth/Morck/*Roth* § 354a Rn. 3; Baumbach/Hopt/*Hopt* § 354a Rn. 2; a. A. *Canaris* § 26 Rn. 15: ergänzende Rechtsfortbildung.

Abs. 1 BGB. Hier hatte B zum Zeitpunkt der Vornahme des Rechtsgeschäfts – Erlassvertrag zwischen A und B – Kenntnis von der Abtretung der Forderung von A an C. Der Erlassvertrag zwischen A und B wirkt daher nicht zu Lasten des C.

IV. Ergebnis

33 C steht gegen B auf Grund wirksamer Abtretung durch A zunächst ein Anspruch auf Zahlung in Höhe von 800000 EUR zu. Dieser Anspruch ist in Höhe von 200000 EUR durch Zahlung von B an A und in Höhe von 400000 EUR durch Aufrechnung von B gegenüber C mit einer Forderung, die B gegenüber A in dieser Höhe zusteht, erloschen. Der Erlassvertrag zwischen A und B wirkt jedoch nicht zu Lasten von C. C steht gegen B ein Anspruch in Höhe von 200000 EUR zu.

Fall 14. Tennisspiel mit Folgen

Sachverhalt

Kaufmann Anton Ammer (A) und Bert Biersack (B) stehen in ständiger Geschäftsverbindung, aus der sich für beide immer wieder Ansprüche ergeben. Zur Vereinfachung vereinbaren A und B, dass die wechselseitig entstehenden vertraglichen Zahlungsansprüche jeweils für die Zeiträume vom 1.4. bis zum 30.9. und vom 1.10. bis zum 31.3. des Folgejahres verrechnet werden. Die wechselseitigen Ansprüche sollen bis zur Verrechnung jeweils mit 5% p.a. ab Fälligkeit verzinst sein. Für den Zeitraum vom 1.4. bis zum 30.9.2011 ergibt sich nach Verrechnung der wechselseitigen Forderungen während der Verrechnungsperiode (einschließlich der dafür entstandenen Zinsen) ein Überschuss zu Gunsten von A in Höhe von 20000 EUR. A und B billigen dieses Ergebnis. Für den Zeitraum vom 1.10.2011 bis zum 31.3.2012 ergibt sich folgende Situation: A hat gegen B zwei Forderungen aus Warenlieferungen, nämlich in Höhe von 70000 EUR und 30000 EUR. Die Forderung in Höhe von 70000 EUR ist am 1.11.2011, die Forderung in Höhe von 30000 EUR am 15.1.2012 entstanden. B hat gegen A eine Forderung wegen Errichtung einer Halle in Höhe von 10000 EUR, die am 1.1.2012. entstanden ist. Da A und B am 31.1.2012 beim Tennisspiel in Streit geraten, erklärt A, dass weitere Verrechnungen wechselseitiger Forderungen aus der Geschäftsverbindung für ihn ab sofort nicht mehr in Betracht kommen. Nachdem beide Seiten zunächst einige Zeit nichts mehr von der Geschäftsverbindung wissen wollen und sich beide nicht mehr beachten, gerät A im Herbst des Jahres 2015 in Liquiditätsschwierigkeiten. Er erinnert sich daran, dass er von B noch Zahlungen verlangen kann. A verlangt daher von B die Erfüllung noch offener Posten. B lehnt dies entrüstet ab und verweist hierzu auf den Streit zwischen beiden. Außerdem sei das Ganze doch schon so lange her. A hält dem entgegen, dass er seinerseits etwaige Ansprüche des B, die schon lange Zeit zurücklägen, nicht mehr akzeptiere.

Steht A gegen B am 30.9.2015 ein durchsetzbarer Zahlungsanspruch – und ggf. in welcher Höhe – zu?

Skizze

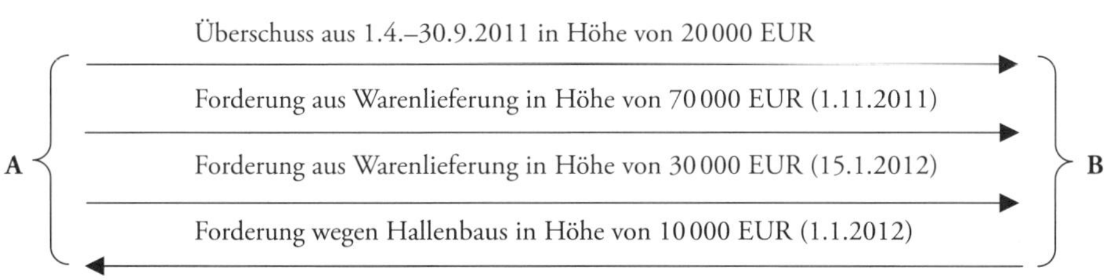

Gliederung

Lösung

Anspruch des A gegen B nach § 355 Abs. 3 HGB auf Zahlung des Überschusses

I. Bestehen eines Kontokorrentverhältnisses nach § 355 Abs. 1 HGB

1 § 355 Abs. 1 BGB setzt voraus, dass (1.) zumindest eine der Vertragsparteien Kaufmann ist, (2.) eine Geschäftsverbindung mit beiderseitigen Ansprüchen und

Leistungen nebst Zinsen besteht und (3.) alle oder einige dieser Forderungen auf Grund der Kontokorrentabrede kontokorrentzugehörig sind.

Hinweis: Die Ansprüche sind dem Grunde nach gegeben. Es kommt hier allein darauf an, ob und ggf. inwieweit die wechselseitigen Ansprüche zu verrechnen sind, sodass sich ein Überschuss zu Gunsten von A ergibt. Hierzu sind den Regelungen über das Kontokorrent (§§ 355–357 HGB) weiterführende Anhaltspunkte zu entnehmen (vgl. dazu *Lettl* § 11 Rn. 17–45). Außerdem steht die Frage der Verjährung im Raum.

1. Kaufmannseigenschaft zumindest einer der Vertragsparteien

§ 355 Abs. 1 HGB setzt voraus, dass zumindest eine der Vertragsparteien Kauf- 2
mann oder eine der in §§ 383 Abs. 2, 407 Abs. 3 Satz 2, 453 Abs. 3 Satz 2, 467 Abs. 3 Satz 2 HGB genannten Personen ist. Allerdings können auch zwei Nichtkaufleute ein Kontokorrent als bloßen, nicht in den Anwendungsbereich der §§ 355–357 HGB fallenden Vertragstypus vereinbaren. Hier ist jedenfalls A Kaufmann. Auf die – nach dem Sachverhalt offene – Kaufmannseigenschaft des B kommt es nicht an.

2. Geschäftsverbindung mit beiderseitigen Ansprüchen und Leistungen nebst Zinsen

Aus einer Geschäftsverbindung müssen beiderseitige Ansprüche und Leistungen 3
nebst Zinsen entstehen. Auch diese Voraussetzung ist zwischen A und B gegeben.

3. Kontokorrentzugehörigkeit beiderseitiger Forderungen

a) Kontokorrentfähigkeit

Die Kontokorrentzugehörigkeit einer Forderung setzt zunächst voraus, dass sie kon- 4
tokorrentfähig ist. Daran fehlt es, wenn die Verrechnung einer Forderung rechtlich nicht möglich ist. So ist die Verrechnung der rückständigen Einlage des Gesellschafters einer Kapitalgesellschaft rechtlich nicht möglich, da ihr das Aufrechnungsverbot der § 66 Abs. 1 Satz 2 AktG, § 19 Abs. 2 Satz 2 GmbHG entgegensteht. Die hier gegebenen Forderungen auf Kaufpreiszahlung auf Grund von Warenlieferungen i. S. d. § 433 Abs. 2 BGB sowie auf Werklohn wegen Errichtung einer Halle i. S. d. § 631 Abs. 2 BGB sind hingegen kontokorrentfähig.

b) Parteiwille

Dem Kontokorrent sind die Forderungen zugehörig, die nach der Kontokorren- 5
tabrede, d. h. dem Willen der Parteien, nicht selbstständig geltend zu machen, sondern in bestimmten Zeiträumen unter Anerkennung des Überschusses zu verrechnen sind. Ein Indiz für einen solchen – ggf. konkludent erklärten – Willen kann in der Zusendung von regelmäßigen Abschlüssen zum Zweck der Anerkennung liegen. Hier haben A und B sogar ausdrücklich vereinbart, dass die wechselseitig entstehenden Zahlungsansprüche jeweils für die Zeiträume vom 1.4. bis zum 30.9. und vom 1.10. bis zum 31.3. des Folgejahres zu verrechnen sind. Der Parteiwille ist daher darauf gerichtet, die wechselseitig entstandenen Zahlungsansprüche, zu denen sowohl ein Anspruch auf Kaufpreiszahlung i. S. d. § 433 Abs. 2 BGB als auch ein

Anspruch auf Werklohn i.S.d. § 631 Abs. 2 BGB gehört, in das Kontokorrent einzustellen.

c) Zeitpunkt

6 Die Verrechnung findet in „regelmäßigen Zeitabschnitten" (§ 355 Abs. 1 HGB), d.h. mangels abweichender Vereinbarung jährlich statt (§ 355 Abs. 2 HGB). Die Parteien können auch andere Abrechnungsperioden festsetzen. Bei Verrechnung nach einem bestimmten Zeitraum (Periode) liegt ein Periodenkontokorrent vor. So liegt es hier, da A und B als Verrechnungszeiträume den 1.4. bis 30.9. sowie den 1.10. bis 31.3. des jeweiligen Folgejahres festlegen.

4. Zwischenergebnis

7 Zwischen A und B besteht ein Kontokorrentverhältnis i.S.d. § 355 Abs. 1 HGB.

II. Wirksame Kündigung des Kontokorrentverhältnisses

1. Kündigungserklärung

8 A erklärt nach dem Streit beim Tennisspiel, dass weitere Verrechnungen wechselseitiger Forderungen aus der Geschäftsverbindung für ihn nicht mehr in Betracht kommen. Daraus ergibt sich für einen objektiven Erklärungsempfänger (§§ 133, 157 BGB) eindeutig der Wille des A, das Kontokorrentverhältnis sofort zu beenden. Daher liegt in der Erklärung des A eine Kündigung des Kontokorrentverhältnisses.

2. Kündigungsrecht

9 Nach § 355 Abs. 3 HGB kann eine Partei das Kontokorrent im Zweifel auch während der Dauer einer Rechnungsperiode jederzeit kündigen. Da A und B insoweit nichts Abweichendes vereinbart haben, kommt diese Auslegungsregel zu Anwendung. Danach ist A auch am 31.1.2012 zur Kündigung des Kontokorrent berechtigt.

3. Zwischenergebnis

10 Die Kündigung des Kontokorrent durch A am 31.1.2012 ist wirksam und beendet das Kontokorrent zwischen A und B.

III. Höhe des Überschusses

1. Zeitraum vom 1.4. bis zum 30.9.2011

a) Höhe des Saldo

11 Die Verrechnung auf Grund der Kontokorrentabrede ist ein selbstständiges, antizipiertes Verfügungsgeschäft, das nach § 389 BGB analog zum Erlöschen der Forderungen führt, soweit sie sich der Höhe nach decken. Dies geschieht automatisch,

ohne dass es eines Saldoanerkenntnisses der Parteien bedarf.[1] Insoweit bewirkt die Verrechnung die Tilgung der Forderungen. Es verbleibt lediglich der Partei ein Anspruch, zu deren Gunsten nach Verrechnung ein Überschuss besteht (Saldoanspruch). Diese verbleibende Restforderung ist die sog. kausale Saldoforderung. Bei Fortsetzung des Kontokorrents geht der Saldoanspruch wieder in die neue laufende Rechnung ein und ist kontokorrentzugehörig. Der Saldo ist dann „vorzutragen". Der erste Posten für die Bildung des Überschusses ist daher der Saldo aus dem Zeitraum vom 1.4. bis zum 30.9.2011. Er beträgt hier 20000 EUR zu Gunsten von A. Der Saldo ist während der nächsten Kontokorrentperiode zu verzinsen. Denn nach dem Saldoanerkenntnis ist nur noch der abstrakte Saldo nach der Parteivereinbarung, mangels einer solchen nach § 355 Abs. 1 HGB zu verzinsen. Dass der Saldo bereits Zinsbestandteile enthält, ist unerheblich (Ausnahme von § 248 Abs. 1 BGB). Darin liegt der spezifisch handelsrechtliche Charakter der Vorschrift, da unter Nichtkaufleuten Zinseszinsen nicht berechnet werden dürfen. Auch die Zinshöhe richtet sich in erster Linie nach der Parteivereinbarung. Fehlt es daran, ist § 352 HGB anwendbar. Hier ist die Verzinsung der wechselseitigen Forderungen in Höhe von 5% vereinbart. Da auch der Anspruch auf Saldoüberschuss eine solche Forderung darstellt, ist er nach der Parteivereinbarung mit 5% zu verzinsen.

b) Kein Leistungsverweigerungsrecht nach § 214 Abs. 1 BGB

aa) Einzelforderungen

(1) Fortbestand trotz Saldoanerkenntnisses

Da sich B mit dem Verweis auf die lange Zeitdauer zwischen dem Ende der Geschäftsverbindung und dem Zahlungsverlangen von A auf Verjährung und damit auf ein Leistungsverweigerungsrecht (§ 214 Abs. 1 BGB) beruft, stellt sich die Frage, inwieweit Ansprüche aus der Periode vom 1.4. bis zum 30.9.2011 noch durchsetzbar sind. Auch die Erklärung des A, Ansprüche des B auf Grund Zeitablaufs nicht mehr zu akzeptieren, stellt die Geltendmachung der Einrede der Verjährung dar. Für die Frage der Verjährung könnten zunächst die während dieses Zeitraums entstandenen Einzelforderungen zu betrachten sein, wenn diese trotz Anerkenntnisses des Saldos („A und B billigen dies") durch die Parteien fortbestünden. Diese Frage ist umstritten. Nach der Auffassung der Rechtsprechung[2] und Teilen des Schrifttums[3] stellt das Anerkenntnis eines bestimmten Saldos rechtlich eine Novation dar: An die Stelle der erlöschenden alten Forderungen und der kausalen Saldoforderung trete ein abstraktes Schuldanerkenntnis i.S.d. § 781 BGB. Zu dessen Abgabe seien die Parteien (einklagbar, § 894 ZPO) verpflichtet. Das formlos mögliche und u.U. stillschweigend abgegebene Schuldanerkenntnis sei in der Saldomitteilung der einen Seite und dem Saldoanerkenntnis der anderen Seite enthalten.[4] Andere[5] gehen demgegenüber davon aus, dass die auf Grund des Saldoanerkenntnisses i.S.d. § 781 BGB begründete Forderung ohne Einfluss auf die verrechneten 12

[1] BGHZ 107, 192, 197; *K. Schmidt* § 21 IV 1.

[2] *BGH* WM 1985, 936, 937; 2000, 2667, 2668; BGHZ 93, 307, 313.

[3] Vgl. nur Palandt/*Sprau* § 781 Rn. 9; *Pfeiffer* JA 2006, 105, 108.

[4] BGHZ 26, 142, 150; 58, 257, 260.

[5] Großkomm/*Canaris* § 355 Rn. 192; MünchKommHGB/*Langenbucher* § 355 Rn. 93f.; MünchKommBGB/*Habersack* § 781 Rn. 12; Baumbach/Hopt/*Hopt* § 355 Rn. 7; *K. Schmidt* § 21 V 1; *Wessels* WM 1997, 1509, 1512.

– fortbestehenden, wenn auch nicht einzeln durchsetzbaren – Forderungen bleibe. Das abstrakte Schuldanerkenntnis trete nach § 364 Abs. 2 BGB, d.h. erfüllungshalber, *neben* die kausale, durch Verrechnung begründete Saldoforderung. Denn § 364 Abs. 2 BGB führe regelmäßig nicht zum Untergang der bisherigen Forderung, sondern lediglich zu deren Ergänzung durch eine neue Forderung. Danach kann der Gläubiger den Schuldner nicht nur auf Grund des Saldoanerkenntnisses i.S.d. § 781 BGB, sondern „hilfsweise" auch aus der kausalen Saldoforderung in Anspruch nehmen. Die gesetzesnahe Begründung des Schrifttums überzeugt. Danach bestehen die Einzelforderungen trotz Saldoanerkenntnisses fort. Möglicherweise sind sie aber wegen Eintritts der Verjährung nicht durchsetzbar.

(2) Eintritt der Verjährung

(a) Analoge Anwendung von § 205 BGB

13 Für die Frage des Eintritts der Verjährung ist zunächst bedeutsam, ob die Kontokorrentzugehörigkeit einer Forderung von Bedeutung für die Verjährungsfrist ist. Nach § 205 BGB ist die Verjährung gehemmt, solange der Schuldner auf Grund einer Vereinbarung mit dem Gläubiger vorübergehend zur Verweigerung der Leistung berechtigt ist. Eine solche Vereinbarung liegt auf Grund eines Kontokorrentverhältnisses aber nicht vor. Deshalb kommt nur eine analoge Anwendung von § 205 BGB in Betracht. Hierfür spricht, dass die innerhalb des Abrechnungszeitraums in das Kontokorrent eingestellten Forderungen gebunden sind (Einrede). Die Parteien können sie nicht selbstständig geltend machen („Lähmung der Einzelforderung"). Verfügungen jeder Art (z.B. Abtretung, isolierte Aufrechnung, Pfändung oder Verpfändung) sind nicht möglich.[6] Erfolgt gleichwohl eine solche Verfügung über eine kontokorrentzugehörige Forderung wie eine Abtretung, so ist sie gegenstandslos.[7] Die Geltendmachung einer kontokorrentzugehörigen Einzelforderung etwa durch Leistungsklage ist ausgeschlossen. Eine gleichwohl erhobene Klage ist als unbegründet abzuweisen. Daraus ergibt sich eine Vergleichbarkeit der Interessenlage mit der von § 205 BGB erfassten Fallgestaltung. Solange eine Forderung in das Kontokorrent eingestellt ist, ist die Verjährung daher nach § 205 BGB analog gehemmt i.S.d. § 209 BGB analog.[8] Infolgedessen ist der Zeitraum, während dessen die Verjährung gehemmt ist, nicht in die Verjährungsfrist einzurechnen. Das heißt, dass die Verjährungsfrist um die Hemmungszeit zu verlängern ist.[9] Höchstgrenzen für deren Berücksichtigung gibt es nicht.[10] Der Tag, in dessen Verlauf der Hemmungsgrund entsteht oder wegfällt, gehört zur Hemmungszeit.[11] Ist diese Zeit abgelaufen, verjährt die Forderung nach den für sie geltenden Regelungen. Analoge Anwendung von § 205 BGB bedeutet, dass die Parteien eines Kontokorrentverhältnisses so zu stellen sind, als hätten sie ein vorübergehendes Recht zur Leistungsverweigerung vereinbart. Das heißt, dass die in das Kontokorrent eingestellten Forderungen nach Ablauf der für sie geltenden Verjährungsfrist (Beginn nach § 199 Abs. 1 BGB) zuzüglich des Zeitraums ihrer Kontokorrentzuge-hörigkeit nicht mehr

6 *BGH* NJW 1985, 1218, 1219; BGHZ 80, 172, 175.

7 BGHZ 73, 259, 263.

8 So auch MünchKommHGB/*Langenbucher* § 355 Rn. 58; Baumbach/Hopt/*Hopt* § 355 Rn. 12; Koller/Kindler/Roth/Morck/*Koller* § 355 Rn. 6; *Canaris* § 25 Rn. 8.

9 Palandt/*Ellenberger* § 209 Rn. 1.

10 *BGH* NJW 1990, 176, 178; BGHZ 37, 113.

11 *BGH* NJW 1998, 1058, 1059.

durchsetzbar sind (§ 209 BGB analog). Die analoge Anwendung von § 205 BGB bedeutet hingegen nicht, dass die maßgebliche Verjährungsfrist erst mit Ablauf der Verrechnungsperiode zu laufen beginnt. Denn ein Verjährungsbeginn der maßgeblichen Verjährungsfrist erst mit Ablauf der Verrechnungsperiode stellt keine Hemmung der Verjährung, sondern ein Hinausschieben der Verjährung dar.

(b) Fristberechnung

Die nach §§ 195, 199 BGB verjährenden Einzelforderungen aus der Verrechnungsperiode vom 1. 4. bis zum 30.9.2011 verjähren nach §§ 195, 199 BGB an sich am 31.12.2014 (Verjährungsbeginn nach § 199 Abs. 1 BGB: 31.12.2011; Verjährungsdauer drei Jahre). Hinzuzurechnen ist der Zeitraum, während dessen die Forderungen in das Kontokorrent eingestellt sind (hier maximal 1.4. bis 30.9.2011 = sechs Monate), da es insoweit zu einer Hemmung der Verjährung kommt. Die Forderungen aus der Verrechnungsperiode vom 1.4. bis zum 30.9.2011 verjähren daher spätestens mit Ablauf des 30.6.2015 (0 Uhr). Sie sind infolgedessen am 30.9.2015 verjährt. **14**

bb) Abstrakte Saldoforderung

Die sich auf Grund des Saldoanerkenntnisses ergebende abstrakte Saldoforderung stellt eine neue, einheitliche und rechtlich selbstständige Verbindlichkeit dar, die nach §§ 195, 199 Abs. 1 und 4 BGB verjährt. Die Saldoforderung aus dem Zeitraum vom 1.4. bis zum 30.9.2011 verjährt daher am 31.12.2014 (Verjährungsbeginn: 31.12.2011; Verjährungsdauer: drei Jahre) und ist infolgedessen am 30.9. 2015 nicht mehr durchsetzbar. **15**

c) Zwischenergebnis

Aus der Periode vom 1.4. bis zum 30.9.2011 sind sämtliche Ansprüche von A und B verjährt. Sie sind daher nicht durchsetzbar und infolgedessen bei der Bildung des Überschusses i. S. d. § 355 Abs. 3 HGB nicht zu berücksichtigen. **16**

2. Zeitraum vom 1.10.2011 bis zum 1.3.2012

Zur Art und Weise der Bildung des Überschusses nach § 355 Abs. 3 HGB bei Bestehen mehrerer Forderungen und fehlender Anerkennung des Saldos durch beide Parteien stehen sich der Ansatz der Rechtsprechung von der verhältnismäßigen Gesamtaufrechnung[12] und der Ansatz des überwiegenden Schrifttums von der Verrechnung nach §§ 396 Abs. 1 Satz 2, 366f. BGB analog[13] gegenüber. **17**

a) Ansatz 1: Verhältnismäßige Gesamtaufrechnung und Verjährung

Verhältnismäßige Gesamtaufrechnung besagt, dass die Forderung einer Partei jeweils anteilig *(pro rata)* mit Gegenforderungen der anderen Partei zu verrechnen ist. Der Saldo setzt sich danach „mosaikartig" aus den jeweils verbleibenden Restforderungen zusammen. Danach ist die Werklohnforderung des B in Höhe von 10000 EUR anteilig auf die beiden Forderungen des A auf Kaufpreiszahlung anzu- **18**

---

[12] BGHZ 49, 24, 30; abweichend *BGH* NJW 1999, 1709, 1710: Interessenabwägung.

[13] Großkomm/*Canaris* § 355 Rn. 117ff.; MünchKommHGB/*Langenbucher* § 355 Rn. 82ff.; *K. Schmidt* § 31 V 2.

rechnen, sodass nach Saldierung A gegen B ein Mosaik aus zwei Forderungen in Höhe von 63000 EUR und 27000 EUR zusteht.

19 Die Forderung des B in Höhe von 10000 EUR ist am 30.9.2015 nicht verjährt. Die Forderung des A in Höhe von zunächst 70000 EUR (nach Verrechnung 63000 EUR) ist am 30.9.2015 verjährt, nicht hingegen die Forderung des A in Höhe von 30000 EUR (nach Verrechnung 27000 EUR).

20 Am 30.9.2015 steht A gegen B nach der Lehre von der verhältnismäßigen Gesamtaufrechnung ein durchsetzbarer Anspruch auf Zahlung in Höhe von 27000 EUR (nebst 5% Zinsen seit dem 15.1. bis zum 31.1.2012) zu.

b) Ansatz 2: Verrechnung analog §§ 396 Abs. 1 Satz 2, 366f. BGB und Verjährung

21 Bei einer Verrechnung analog §§ 396 Abs. 1 Satz 2, 366f. BGB bestimmen diese Regelungen, in welcher Reihenfolge die Forderungen einer Partei mit der Gegenforderung der anderen Partei zu verrechnen sind. Bei einer Verrechnung analog §§ 396 Abs. 1 Satz 2, 366f. BGB kommt es zunächst zur Verrechnung nach der Tilgungsbestimmung (§ 366 Abs. 1 BGB), mangels einer solchen zu einer Verrechnung nach der Reihenfolge des § 366 Abs. 2 BGB.

22 Da hier eine Tilgungsbestimmung fehlt, ist die – am 30.9.2015 noch nicht verjährte – Werklohnforderung des B in Höhe von 10000 EUR in vollem Umfang auf die zuerst entstandene Kaufpreisforderung des A in Höhe von 70000 EUR zu verrechnen. Denn sie bietet wegen ihrer früheren Verjährung (§§ 195, 199 BGB) geringere Sicherheit i.S.d. § 366 Abs. 2 BGB. Nach Saldierung steht A gegen B also die zuerst entstandene Kaufpreisforderung in Höhe von 70000 EUR nach Verrechnung nur noch in Höhe von 60000 EUR und die später entstandene Kaufpreisforderung in Höhe von 30000 EUR weiterhin in vollem Umfang zu.

23 Am 30.9.2015 steht A gegen B nach der Lehre von der Verrechnung analog §§ 396 Abs. 1 Satz 2, 366f. BGB ein durchsetzbarer Anspruch auf Zahlung in Höhe von 30000 EUR (nebst 5% Zinsen seit dem 15.1. bis zum 31.1.2012) zu.

c) Stellungnahme

24 Angesichts der unterschiedlichen Ergebnisse ist der Meinungsstreit hier entscheidungsrelevant. Für die Lehre von der Verrechnung analog §§ 396 Abs. 1 Satz 2, 366f. BGB spricht, dass sie die Wertungen des BGB berücksichtigt und infolgedessen gesetzesnah ist. Ihr ist daher zu folgen.

d) Zwischenergebnis

25 A steht gegen B am 30.9.2015 aus dem Zeitraum vom 1.10.2011 bis zum 1.3.2012 ein durchsetzbarer Anspruch auf Zahlung in Höhe von 30000 EUR (nebst 5% Zinsen seit dem 15.1. bis zum 31.1.2012) zu.

IV. Ergebnis

26 A steht gegen B am 30.9.2015 ein durchsetzbarer Anspruch nach § 355 Abs. 3 HGB auf Zahlung in Höhe von 30000 EUR (nebst 5% Zinsen seit dem 15.1. bis zum 31.1.2012) zu.

Fall 15. Aus Liebe zum Motorrad

Sachverhalt

Anton Antonitsch (A) ist begeisterter Motorradfahrer. Für Fahrten anlässlich seiner beruflichen Tätigkeit, der Vermittlung von Finanzdienstleistungen aller Art, nutzt er sein allein für diese Zwecke angeschafftes Motorrad der Marke X. A ist in das Handelsregister mit „e. K." eingetragen, weil er sich davon Vorteile verspricht. Auf dem Hof der „Elder Bikes GmbH" (E), die insbesondere ältere Motorräder ankauft und vertreibt, entdeckt er das Angebot einer gebrauchten Jamison, Baujahr 1960, zu einem Preis von 9800 EUR. Daraufhin kauft er dieses Motorrad am 7.6.2012 kurzentschlossen allein für künftige beruflich veranlasste Fahrten. Denn er glaubt, damit auf seine Kunden Eindruck machen zu können. Der alleinige Geschäftsführer von E, Thomas Thorstenson (T), bestärkt A während des Verkaufsgesprächs in dieser Annahme und schlägt vor, dass A mit der Jamison am besten gleich zum nächsten Kunden losfahren solle. Auf die Frage des A nach Unfallschäden des Motorrads antwortet T, dass es keine Unfallschäden gegeben habe. Eine Untersuchung der Jamison durch E hat nicht stattgefunden, worauf T den A jedoch nicht hinweist.

A und T werden sich einig. A bezahlt daraufhin 9800 EUR. Da A die Jamison vor der ersten Fahrt aber lieber durch den mit ihm befreundeten Motorradhändler Berthold Bader (B) durchchecken lassen will, kommen T und A überein, dass E die Jamison nicht an A, sondern noch am 7.6.2012 gleich an B ausliefert. Von dort werde A das Motorrad dann abholen. E liefert fristgerecht am 7.6.2012 an B, der nicht Kaufmann ist. Es stellt sich jedoch gleich beim Anlassen des Motorrades heraus, dass dessen Motor auf Grund eines schweren Unfalls irreparabel beschädigt ist. Ein Ersatzmotor ist nicht mehr erhältlich. Die Inbetriebnahme der von A gekauften Jamison ist daher nicht möglich. Der im Zentrallager des B als kurzfristige Aushilfe eingestellte Xaver Xaidoo (X) ruft noch am gleichen Tag bei E an und teilt gegenüber dem Einkaufsleiter von E, Claus Cüspert (C), den Mangel mit. C erklärt gegenüber X, dass er ihn nicht kenne und die Mängelanzeige daher zurückweise. Der Lagerleiter des B, Lothar Lustig (L) weist auf Grund Arbeitsüberlastung erst am 30.6.2012 in einem Telefonat mit A namens des B auf den Motorschaden hin. A macht deshalb mit Telefax vom selben Tag gegenüber E auf den Mangel aufmerksam und verlangt Lieferung einer vergleichbaren Jamison, zumal A ein solches (gebrauchtes) Motorrad zuletzt bei E gesehen habe. Hilfsweise wolle er sein Geld zurück. E erklärt wahrheitsgemäß, dass er derzeit in der Tat ein vergleichbares Motorrad anbiete und er an sich zu einer Ersatzlieferung bereit gewesen sei. Doch verweigere er dies nunmehr, weil sich A früher hätte melden müssen. Nun sei es zu spät.

Wer hat Recht?

Skizze

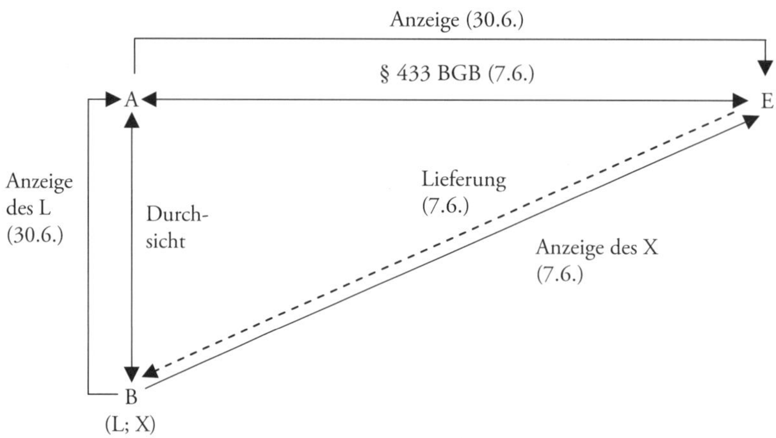

Gliederung

Lösung

Vorüberlegungen: Es geht es um die Frage, welche Rechte A gegen E zustehen. A verlangt von E Lieferung einer vergleichbaren Jamison. Infolgedessen geht es um die Geltendmachung eines vertraglichen Erfüllungsanspruchs. Als Anspruchsgrundlage kommt daher nicht § 812 Abs. 1 Satz 1 BGB (etwa wegen fehlenden Rechtsgrundes auf Grund Anfechtung des Kaufvertrages nach § 123 Abs. 1 Alt. 1 BGB) in Betracht. Als Anspruchsgrundlage scheidet außerdem § 433 Abs. 1 Satz 1 BGB aus. Deutet nämlich der Sachverhalt auf die Mangelhaftigkeit der Sache hin, ist der ursprüngliche Erfüllungsanspruch nach § 433 Abs. 1 Satz 1 BGB durch § 439 Abs. 1 BGB modifiziert. Insoweit ist hier freilich auch zu beachten, dass die gekaufte Jamison nicht mehr funktionstüchtig zu machen ist und lediglich eine vergleichbare Jamison zur Verfügung steht.

I. Anspruch des A gegen E auf Lieferung einer vergleichbaren Jamison nach §§ 439 Abs. 1 Alt. 2, 437 Nr. 1, 434 Abs. 1 Satz 2 BGB

1. Wirksamer Kaufvertrag

Zwischen E (§ 13 Abs. 1 GmbHG) – vertreten durch ihren Geschäftsführer T (§ 35 **1** Abs. 1 GmbHG) und A ist wirksam ein Kaufvertrag über eine Harley Jamison, Baujahr 1960, zum Preis von 9800 EUR zu Stande gekommen. Der Anspruch von A gegen E auf Lieferung nach § 433 Abs. 1 Satz 1 BGB ist daher entstanden.

2. Mangel der Kaufsache nach § 434 Abs. 1 BGB

Ein Sachmangel wegen Fehlens einer vereinbarten Beschaffenheit i.S.d. § 434 **2** Abs. 1 Satz 1 BGB ist nicht gegeben. Denn A und E (vertreten durch den Verkäufer T) vereinbaren keine bestimmte Beschaffenheit des Motorrads im Kaufvertrag. Es liegt aber ein Sachmangel i.S.d. § 434 Abs. 1 Satz 2 Nr. 1 BGB, jedenfalls aber nach § 434 Abs. 1 Satz 2 Nr. 2 BGB, vor. Die von A gekaufte Jamison eignet sich nämlich nicht für die nach dem Vertrag vorausgesetzte Verwendung. A und E (vertreten durch den Verkäufer T) sind darüber einig sind, dass A die gekaufte Jamison für Fahrten zu Kunden nutzt. Dies ist aber auf Grund des Motorschadens nicht möglich. Der ursprüngliche Erfüllungsanspruch ist daher erloschen.

3. Mangel der Kaufsache zum Zeitpunkt des Gefahrübergangs nach §§ 446 f. BGB

3 Der Sachmangel besteht bereits zum Zeitpunkt des Gefahrübergangs nach § 446 Satz 1 BGB.

4. Kein Ausschluss der Mängelrechte nach § 442 Abs. 1 BGB

4 Mängelrechte des A sind nicht nach § 442 Abs. 1 BGB ausgeschlossen.

5. Rechtsfolge

5 Auf Grund der Mangelhaftigkeit des Motorrads besteht an sich ein Nacherfüllungsanspruch des A nach § 439 Abs. 1 BGB, der nach Wahl des Käufers auf Nachbesserung (§ 439 Abs. 1 Alt. 1 BGB) oder Nachlieferung (§ 439 Abs. 1 Alt. 2 BGB) gerichtet sein kann. Möglicherweise sind diese Ansprüche aber wegen Unmöglichkeit nach § 275 Abs. 1 BGB erloschen.

6. Kein Erlöschen des Anspruchs wegen Unmöglichkeit nach § 275 Abs. 1 BGB

a) Nachbesserung nach § 439 Abs. 1 Alt. 1 BGB

6 Ein Anspruch auf Nacherfüllung in Gestalt der Nachbesserung nach § 439 Abs. 1 Alt. 1 BGB kommt hier nicht in Betracht, da die Reparatur des Motorschadens ausgeschlossen und ein Ersatzmotor nicht erhältlich ist. Eine Nacherfüllung durch Beseitigung des Mangels ist auch deshalb ausgeschlossen, weil sich die Einstufung des Motorrads als Unfallfahrzeug nicht durch Nachbesserung korrigieren lässt.[1] E ist deshalb von der Verpflichtung zur Nachbesserung infolge Unmöglichkeit frei (§ 275 Abs. 1 BGB). Hinzu kommt, dass A keine Nachbesserung, sondern Nachlieferung von E verlangt.

b) Nachlieferung nach § 439 Abs. 1 Alt. 2 BGB

7 Es ist ein Nacherfüllungsanspruch in Gestalt der Nachlieferung nach § 439 Abs. 1 Alt. 2 BGB in Erwägung zu ziehen. Dieser ist auf die Lieferung eines mangelfreien Motorrads gerichtet. Da es sich bei dem Kauf der gebrauchten Jamison um einen Stückkauf handelt, stellt sich die Frage, ob bei einem solchen Kauf eine Nachlieferung nach § 439 Abs. 1 Alt. 2 BGB wegen Unmöglichkeit i. S. d. § 275 Abs. 1 BGB ausscheidet und der Verkäufer infolgedessen keine Nachlieferung schuldet. Diese Frage ist umstritten.

aa) Ansatz 1: Keine Nachlieferung beim Stückkauf

8 Nach einer Auffassung im Schrifttum ist eine Ersatzlieferung beim Stückkauf in jedem Fall unmöglich.[2] Denn die Leistungspflicht des Verkäufers beim Stückkauf

[1] *BGH* NJW 2006, 2839 Rn. 17; vgl. auch BT-Drs. 14/6040 S. 209.

[2] *Ackermann* JZ 2002, 378, 379; *Faust* ZGS 2004, 252, 253 f.; *P. Huber* NJW 2002, 1004, 1006; *U. Huber*, FS Schlechtriem, 2003, S. 521, 523 Fn. 9; *Tiedtke/Schmitt* JuS 2005, 583, 586.

beziehe sich nur auf die verkaufte Sache, sodass jede andere Sache von vornherein untauglich sei, den vertraglich geschuldeten Zustand herbeizuführen.

bb) Ansatz 2: Keine einschränkende Auslegung von § 439 Abs. 1 BGB

Nach anderer Auffassung[3] gibt der Wortlaut des § 439 Abs. 1 BGB für dessen einschränkende Auslegung in der Weise, dass der Käufer einer Stücksache eine Ersatzlieferung in keinem Fall verlangen kann, keine Anhaltspunkte. Die generelle Ablehnung der Möglichkeit einer Ersatzlieferung beim Stückkauf würde dazu führen, dass der Vorrang des Anspruchs auf Nacherfüllung beim Stückkauf von vornherein nicht bestehe. Das widerspräche dem Willen des Gesetzgebers. In der Entwurfsbegründung sei nämlich hierzu ausgeführt, der Käufer wolle vor allem eine mangelfreie Sache erhalten. Dieses Interesse könne „in den meisten Fällen – auch beim Stückkauf – durch Nachbesserung oder Lieferung einer anderen gleichartigen Sache befriedigt werden".[4] **9**

Doch sei eine Ersatzlieferung beim Stückkauf nicht in jedem Fall möglich; dies gelte insbesondere für den Kauf gebrauchter Sachen. Denn der Gesetzgeber sei der Meinung, dass beim Kauf einer bestimmten gebrauchten Sache eine Nachlieferung „zumeist von vornherein ausscheide".[5] Ob eine Nachlieferung beim Stückkauf möglich sei, sei durch Auslegung des Willens der Vertragsparteien bei Vertragsschluss zu bestimmen (§§ 133, 157 BGB). Die Nachlieferung beim Stückkauf komme nach der Vorstellung der Parteien dann in Betracht, wenn die Kaufsache im Falle ihrer Mangelhaftigkeit durch eine gleichartige und gleichwertige ersetzbar sei. **10**

cc) Stellungnahme

Für die zuletzt genannte Auffassung sprechen der Wortlaut, die Entstehungsgeschichte sowie der Sinn und Zweck des § 439 Abs. 1 BGB. Ihr ist daher zu folgen und zu fragen, ob die Kaufsache nach der Vorstellung der Parteien ersetzbar ist. **11**

dd) Ersetzbarkeit der Kaufsache nach dem Parteiwillen von A und E

A trifft seine Kaufentscheidung nicht nur auf Grund objektiver Umstände, sondern auch auf Grund des bei der Besichtigung gewonnenen persönlichen Eindrucks von dem Motorrad. Dies spricht zunächst für eine Auslegung des Kaufvertrages zwischen A und E in der Weise, dass die Kaufsache nach dem Willen der Beteiligten nicht ersetzbar ist. Auch große Unterschiede der Abnutzung gebrauchter Sachen – auch gleichen Typs – sprechen regelmäßig dagegen, dass beim Kauf einer gebrauchten Sache auch die Lieferung einer anderen Sache dem Parteiwillen entspricht. **12**

Diese Sichtweise ist beim Kauf gebrauchter Sachen meist sachgerecht. Insbesondere besteht die Gefahr von Streitigkeiten über die Frage, ob die Ersatzlieferung tatsächlich gleichwertig ist. **13**

In dem hier zu beurteilenden Fall liegt es jedoch anders, weil sowohl A als auch E mit einer Lieferung des vergleichbaren Motorrads einverstanden sind. Es besteht also kein Streit über die Gleichwertigkeit der Ersatzsache. E verweigert die Nachlie- **14**

[3] *BGH* NJW 2006, 2839 Rn. 19ff.; MünchKommBGB/*Westermann* § 439 Rn. 11f.; Palandt/*Weidenkaff* § 439 Rn. 15; *Bitter/Meidt* ZIP 2001, 2114, 2119f.; *Canaris* JZ 2003, 831, 1156.

[4] Vgl. BT-Drs. 14/6040 S. 89, 220, 230.

[5] Vgl. BT-Drs. 14/6040 S. 232.

ferung allein wegen Zeitablaufs. Daher ist die Nachlieferung nach § 439 Abs. 1 Alt. 2 BGB hier nicht unmöglich i.S.d. § 275 Abs. 1 BGB (die andere Auffassung ist vertretbar; als Sachmängelrecht des A kommt dann ein Rücktritt nach § 326 Abs. 5 BGB in Betracht, zumal A hilfsweise sein Geld zurückverlangt). Es stellt sich aber die Frage, ob A den Anspruch auf Nachlieferung auf Grund der Genehmigungsfiktion des § 377 Abs. 2 HGB verloren hat.

7. Kein Ausschluss der Mängelrechte nach § 377 Abs. 2 HGB

15 Der Nacherfüllungsanspruch des A ist ausgeschlossen, wenn A den Mangel nicht rechtzeitig i.S.d. § 377 Abs. 1 und 3 HGB rügt und die Genehmigungsfiktion des § 377 Abs. 2 HGB eingreift. Nach § 377 Abs. 2 HGB gilt die Ware als genehmigt, wenn (1.) der Kauf für beide Teile ein Handelsgeschäft ist, (2.) der Käufer, sofern sich bei Untersuchung der Kaufsache ein Mangel zeigt, dem Verkäufer hiervon nicht unverzüglich Anzeige macht (3.) der Verkäufer den Mangel nicht arglistig verschweigt (§ 377 Abs. 5 HGB) und (4.) die Rüge nicht zwecklos ist (§ 242 BGB). Liegen diese Voraussetzungen vor, sind wegen der Genehmigungsfiktion des § 377 Abs. 2 HGB Mängelrechte des Käufers ausgeschlossen.[6]

Hinweis: Auch wenn A Sachmängelrechte zustehen, könnten diese nach § 377 Abs. 1 und 2 HGB ausgeschlossen sein. Aus dem Normzweck des § 377 HGB ergibt sich, dass diese Regelung mängelbedingte Ansprüche oder Rechte des Käufers ausschließt (vgl. schon Fall 1 und *Lettl* § 12 Rn. 49–89 mit Fallbeispiel). Insoweit ist „etwas anderes bestimmt" i.S.d. § 437 BGB.

a) Kauf

16 Zwischen E – vertreten durch Verkäufer T, dessen Vertretungsmacht sich zumindest nach § 56 HGB ergibt – und A ist wirksam ein Kaufvertrag i.S.d. § 433 BGB zustande gekommen. Ein solcher Kaufvertrag ist ein Kauf i.S.d. § 377 Abs. 1 HGB.

b) Beiderseitiges Handelsgeschäft

aa) Handelsgeschäft für E

17 Handelsgeschäfte sind alle Geschäfte eines Kaufmanns, die zum Betrieb seines Handelsgewerbes gehören (§ 343 HGB). E ist jedenfalls Formkaufmann (§ 6 Abs. 2 HGB, § 13 Abs. 3 GmbHG). Der Verkauf von Motorrädern gehört außerdem zum (Handels-)Gewerbe der E. Der Vermutung nach § 344 HGB bedarf es daher nicht.

bb) Handelsgeschäft für A

18 A ist jedenfalls Kannkaufmann i.S.d. § 2 HGB, da er sich freiwillig (A verspricht sich Vorteile von der Eintragung) mit der Bezeichnung e.K. (vgl. § 19 Abs. 1 Nr. 1 HGB) in das Handelsregister eingetragen ließ. Der Kauf der Jamison gehört zum Betrieb des (Handels-)Gewerbes von A, da er dieses Motorrad allein für beruflich veranlasste Fahrten verwenden will. Auf die Vermutung nach § 344 HGB kommt es daher nicht an.

cc) Zwischenergebnis

19 Ein beidseitiger Handelskauf liegt vor.

[6] Vgl. dazu auch schon **Fall 1** Rn. 14; zu Normzweck, Systematik, Voraussetzungen und Rechtsfolgen vgl. *Lettl* § 12 Rn. 49–89 mit Fallbeispiel.

c) Ablieferung

Das Motorrad muss von E an A abgeliefert sein. Ablieferung (vgl. auch § 438 Abs. 2 BGB) ist ein tatsächlicher Vorgang und setzt die Erlangung des unmittelbaren Besitzes durch den Käufer voraus. Dies bedeutet, dass der Käufer anstelle des Verkäufers die tatsächliche Verfügungsgewalt über die Ware erhält und der Käufer tatsächlich in die Lage versetzt ist, die Ware zu untersuchen.[7] Regelmäßig fällt die Ablieferung mit der Übergabe zusammen. Ablieferung i. S. d. § 377 Abs. 1 HGB liegt nur vor, wenn sie am rechten Ort, zur rechten Zeit und im Wesentlichen vollständig erfolgt.[8] Hier hat E nicht an A selbst, sondern an B geliefert. Das Motorrad ist daher nicht in die Verfügungsgewalt von A gelangt. Es liegt gleichwohl die Ablieferung an A vor, wenn ein Streckengeschäft gegeben ist. Das Streckengeschäft ist dadurch gekennzeichnet, dass der Verkäufer die Ware nicht dem Käufer, sondern vereinbarungsgemäß einem Dritten übergeben soll und dieser die Ware anstelle des Käufers untersuchen kann. Bei einem solchen Geschäft liegt die Ablieferung an den Erstkäufer mit der Auslieferung an den Dritten vor. So liegt es hier, da E – vertreten durch T – und A vereinbaren, dass die Lieferung des Motorrads nicht an A selbst, sondern an B erfolgen soll. 20

d) Mangelhaftigkeit der Ware

Der Begriff des Mangels erfasst jedenfalls den Begriff des Sachmangels im Sinne sämtlicher Alternativen des § 434 BGB. Das Motorrad ist hier mangelhaft nach § 434 Abs. 1 Satz 2 Nr. 1 BGB, jedenfalls aber nach § 434 Abs. 1 Satz 2 Nr. 2 BGB (siehe Rn. 2). Auf die umstrittene Frage, ob der Begriff des Mangels i. S. d. § 377 Abs. 1 HGB auf den Begriff des Sachmangels in § 434 BGB beschränkt ist oder auch Rechtsmängel i. S. d. § 435 BGB erfasst,[9] kommt es hier deshalb nicht an. 21

e) Keine unverzügliche Rüge

A muss die Mangelhaftigkeit des Motorrads gegenüber E unverzüglich nach gehöriger Untersuchung und Feststellung des Mangels i. S. d. § 377 Abs. 1 HGB anzeigen, um die Mängelrechte zu erhalten. Im Hinblick auf die Verletzung der Anzeigeobliegenheit ist zu unterscheiden, ob der Mangel erkennbar ist oder nicht. Denn nur erkennbare Mängel sind unverzüglich anzuzeigen. Für den Beginn der Unverzüglichkeit kommt es weiter darauf an, ob der Mangel anfänglich erkennbar ist (§ 377 Abs. 1 HGB) oder sich erst später zeigt (§ 377 Abs. 3 HGB). Zeigt sich bei der Untersuchung ein Mangel, muss der Käufer dem Verkäufer unverzüglich (§ 121 Abs. 1 Satz 1 BGB) Anzeige machen. Die – auch formlos mögliche – Anzeige ist keine Willenserklärung, sondern eine geschäftsähnliche Handlung des Käufers zur Erhaltung seiner Ansprüche und Rechte wegen eines Mangels.[10] Daher sind die meisten Regelungen über Willenserklärungen (§§ 104 ff. BGB; §§ 164 ff. BGB, wegen Einseitigkeit auch §§ 174, 180 BGB) entsprechend anzuwenden. Insbesondere muss die Anzeige analog § 130 Abs. 1 Satz 1 BGB zugehen, ohne dass dem § 377 Abs. 4 22

[7] *BGH* NJW 1961, 730; BGHZ 60, 5, 6; 93, 338, 346; *K. Schmidt* § 29 III 2c.

[8] *BGH* NJW 1961, 730, 731; 1993, 2436, 2438; NJW-RR 1990, 1462, 1465; a. A. *Canaris* § 29 Rn. 66.

[9] So MünchKommHGB/*Grunewald* § 377 Rn. 47.

[10] Baumbach/Hopt/*Hopt* § 377 Rn. 32; Koller/Kindler/Roth/Morck/*Roth* § 377 Rn. 11.

HGB entgegenstünde (vgl. dazu auch schon Fall 1). Inhaltlich muss die Anzeige hinreichend bestimmt sein.[11] Sie muss also jeden vorgefundenen Mangel so substantiiert beschreiben, dass der Verkäufer sich davon ein Bild machen und ggf. für Abhilfe sorgen kann. Nur auf diese Weise ist der Normzweck des § 377 HGB zu erreichen und der Verkäufer vor einem Nachschieben nicht konkretisierter Reklamationen geschützt. Eine bloße Zurückweisung der Ware oder eine allgemeine Beanstandung (z.B. Bezeichnung der Ware als „Mist" oder „vertragswidrig") genügt daher nicht. Als Mängelanzeige des A kommen hier verschiedene Handlungen in Betracht.

aa) Rügepflicht des Käufers bei vereinbarungsgemäßer Ablieferung an Dritte

23 Auch beim Streckengeschäft, bei dem der (Erst-)Verkäufer die Ware vereinbarungsgemäß an einen Dritten liefert, ist es Sache des kaufmännischen (Erst-)Käufers, bekannte, bei ordnungsgemäßer Untersuchung erkennbare oder sich später zeigende Mängel unverzüglich anzuzeigen. Der (Erst-)Käufer muss daher für eine unverzügliche Mängelanzeige sorgen, auch wenn dieser Dritte Nichtkaufmann ist.[12] Eine teleologische Reduktion des § 377 HGB ist nicht geboten.[13] Denn die Vertragsbeziehung zwischen dem (Erst-)Verkäufer und dem (Erst-)Käufer unterscheidet sich in keiner Weise von einem gewöhnlichen Handelskauf. Der (Erst-)Käufer kann auch auf Abbedingung von § 377 HGB gegenüber dem (Erst-)Verkäufer drängen. Da dies hier nicht geschehen ist, ist A zur Mängelrüge nach § 377 Abs. 1 HGB verpflichtet.

bb) Wirksame und rechtzeitige Rüge durch X?

24 X informiert E noch am Tag der Lieferung darüber, dass das Motorrad mangelhaft ist. Die – inhaltlich hinreichend bestimmte – Anzeige erfolgt daher unverzüglich (i.S.d. § 121 Abs. 1 Satz 1 BGB) und somit rechtzeitig. Fraglich ist allerdings, ob X rügebefugt ist. Bei einem Streckengeschäft steht grundsätzlich auch dem Dritten – hier B – die Rügebefugnis zu. Für B handelt X. Dieses Handeln wäre wirksam, wenn X den B wirksam vertreten hätte (§ 164 Abs. 1 BGB). Grundsätzlich dienen §§ 164ff. BGB zwar der Zurechnung von Willenserklärungen des Vertreters an den Vertretenen. Willenserklärungen sind auf den Eintritt von Rechtsfolgen gerichtet. Die Mängelanzeige nach § 377 HGB soll hingegen Mängelrechte des Käufers erhalten und stellt eine geschäftsähnliche Handlung dar. Auf sie sind aber die Stellvertretungsregeln der §§ 164ff. BGB anwendbar. Das Mängelanzeigen von X gegenüber E wirkt daher zu Gunsten des B, wenn X in dessen Namen handelt und Vertretungsmacht hat.

(1) Auftreten in fremdem Namen

25 X handelt im Namen des B und daher in fremdem Namen.

(2) Vertretungsmacht

26 X ist nur als kurzfristige Aushilfe angestellt. Er besitzt keine Vertretungsmacht und handelt daher als Vertreter ohne Vertretungsmacht (§ 180 Satz 1 BGB). Eine Heilung könnte nach §§ 180 Satz 2, 177 BGB dadurch erfolgen, dass B die Anzeige

[11] *BGH* WM 1998, 936, 938; *Canaris* § 29 Rn. 67.

[12] BGHZ 110, 130, 139; Großkomm/*Brüggemann* § 377 Rn. 38.

[13] BGHZ 110, 130, 141f.; a.A. Koller/Kindler/Roth/Morck/*Roth* § 377 Rn. 3; *Canaris* § 29 Rn. 4; *J. Hager* AcP 190 (1990), 324, 349.

genehmigt. Voraussetzung dafür ist aber, dass E das Handeln des X nicht beanstandet oder sogar mit dessen Handeln einverstanden ist. Daran fehlt es hier aber, da E die Mängelanzeige des X zurückweist. Außerdem hätte die Genehmigung des B wie die Anzeige unverzüglich erfolgen müssen. Aus dem Sachverhalt ist nicht ersichtlich, dass B eine fristgerechte Genehmigung vornimmt.

(3) Zwischenergebnis

Die Rüge des X ist nicht rechtswirksam. 27

cc) Wirksame und rechtzeitige Rüge durch A mit Schreiben vom 30.6.2012?

In dem Schreiben vom 30.6.2012 zeigt A – hinreichend bestimmt – die mangelhafte Lieferung gegenüber E an. Fraglich ist aber, ob die Anzeige unverzüglich erfolgt. Unverzüglich bedeutet ohne schuldhaftes Zögern (§ 121 Abs. 1 Satz 1 HGB). Hierfür gelten strenge Anforderungen. Bei Mängeln, die – wie hier – ohne weiteres bei gehöriger Untersuchung zu erkennen sind, ist die Anzeige unverzüglich nach der Untersuchung, hier also noch am Tag der Ablieferung oder am darauf folgenden Tag, vorzunehmen. Da E das Motorrad am 7.6.2012 liefert, ist das Schreiben des A vom 30.6.2012 an sich verspätet. Doch ist auch zu berücksichtigen, dass es sich um ein Streckengeschäft handelt. 28

Beim Streckengeschäft kann es zu einer Verlängerung der Anzeigefrist des (Erst-) Käufers gegenüber dem (Erst-)Verkäufer kommen, wenn der (Erst-)Käufer die Untersuchung dem Dritten überlässt und der (Erst-)Verkäufer erst zu einem späteren Zeitpunkt mit dem Beginn der Anzeigefrist rechnen muss. Denn es genügt dann die unverzügliche Mängelanzeige des Dritten gegenüber dem (Erst-)Käufer und die daran anschließende unverzügliche Rüge des (Erst-)Käufers gegenüber dem (Erst-) Verkäufer.[14] Hierfür sind zwei Möglichkeiten denkbar, die beide in gleicher Weise berechtigt sind, zumal sie zu demselben Ergebnis führen. 29

(1) Hinausschieben des Fristbeginns

Die erste Möglichkeit besteht darin, den Beginn der Anzeigefrist des (Erst-)Käufers hinauszuschieben. So, wenn man darauf abstellt, dass die *Frist,* innerhalb derer der (Erst-)Käufer gegenüber dem (Erst-)Verkäufer zu rügen hat, erst ab dem Zeitpunkt *beginnt,* zu dem der Dritte gegenüber dem (Erst-)Käufer ohne weiteres oder bei gehöriger Untersuchung erkennbare Mängel unverzüglich angezeigt haben müsste. 30

(2) Verlängerung der Fristdauer

Die zweite Möglichkeit besteht darin, die Frist für die Anzeige des (Erst-)Käufers gegenüber dem (Erst-)Verkäufer zwar mit der Ablieferung bei dem Dritten beginnen zu lassen, doch die *Fristdauer* zu verlängern. Eine Verlängerung der Anzeigefrist ergibt sich dadurch insoweit, als zunächst der Dritte gegenüber dem (Erst-)Käufer unverzüglich Mängel anzeigen muss und der (Erst-)Käufer danach gegenüber dem (Erst-)Verkäufer unverzüglich Mängel anzeigen muss. Daher kann hier die zu wahrende Frist durch die Addition der Frist für die Mängelanzeige des Dritten gegenüber dem (Erst-)Käufer und der daran anschließenden Frist für die Mängelanzeige 31

[14] Vgl. *BGH* BB 1954, 954; Baumbach/Hopt/*Hopt* § 377 Rn. 37; *K. Schmidt* § 29 III 6a.

des (Erst-)Käufers gegenüber dem (Erst-)Verkäufer zu bestimmen sein. Es kann also insbesondere genügen, dass der Dritte gegenüber dem (Erst)Käufer unverzüglich Mängel anzeigt und der (Erst-)Käufer diese Anzeige unverzüglich an den (Erst-) Verkäufer weiterleitet.

32 Der (Erst-)Verkäufer muss insbesondere dann mit einer späteren Anzeige des (Erst-) Käufers rechnen, wenn sich dies ausdrücklich oder aus den Umständen des Vertrages ergibt. So liegt es hier, da A – für E erkennbar – das Motorrad nicht selbst, sondern durch B untersuchen lassen will.

33 Für die Ermittlung der von A einzuhaltenden Anzeigefrist ist zu berücksichtigen, dass sich eine Fristverlängerung insoweit ergeben kann, als B erst gegenüber dem A unverzüglich rügen muss und A im Anschluss daran fristwahrend unverzüglich gegenüber E rügen muss. E, der sich mit der Direktlieferung der Ware an B einverstanden erklärt, kann nämlich nicht damit rechnen, dass A das Motorrad selbst untersucht, weil A bei der Ablieferung dann anwesend sein müsste. E muss sich vielmehr darauf einstellen, dass B zunächst bei A Mängelanzeige erstattet, bevor A gegenüber E den Mangel anzeigt. Erfolgen beide Anzeigen unverzüglich, erfolgt die Anzeige des A gegenüber dem B trotz der dadurch möglicherweise eingetretenen Verzögerung rechtzeitig (siehe Rn. 29–31). E liefert das Motorrad am 7.6.2012 bei B ab. Der vertretungsberechtigte Lagerarbeiter L (§ 54 Abs. 1 Alt. 3 HGB) rügt im Namen des B erst am 30.6.2012 den Mangel gegenüber A. Formerfordernisse stehen dieser Rüge nicht entgegen. Denn da eine Mängelrüge i.S.d. § 377 HGB formfrei möglich ist, kann sie auch mündlich erfolgen. A unterrichtet E zwar noch am selben Tag mit dem Schreiben vom 30.6.2012 von der mangelhaften Lieferung. Eine derartige Verzögerung (vom 7.6. auf den 30.6.) ist aber auch bei einem Streckengeschäft nicht unverzüglich, sodass die Mängelrüge verspätet erfolgt ist.

34 Bei einer vermeidbaren Verzögerung der Mängelanzeige muss sich der (Erst-)Käufer den aus § 377 Abs. 2 HGB folgenden Rechtsnachteil vom (Erst-)Verkäufer entgegenhalten lassen.[15] Der (Erst-)Käufer trägt daher das volle Risiko, dass der Dritte nicht unverzüglich untersucht und ggf. unverzüglich Mängel anzeigt. Dies gilt auch dann, wenn der Dritte Nichtkaufmann ist, dem gegenüber dem (Erst-)Käufer keine Untersuchungs- und Anzeigepflicht i.S.d. § 377 HGB obliegt. Die überwiegende Auffassung sieht hier – sofern man für die Versäumung der Anzeigefrist Verschulden voraussetzt – entweder ein Eigenverschulden des (Erst-)Käufers, weil der (Erst-) Käufer nicht für eine rechtzeitige Anzeige des Dritten gesorgt habe oder beurteilt den Dritten hinsichtlich der Untersuchungs- und Anzeigepflicht des (Erst-) Käufers als Erfüllungsgehilfen des (Erst-)Käufers.[16] Ein etwaiges Verschulden des Dritten sei dem (Erst-)Käufer nach § 278 BGB zuzurechnen. Denn es sei kein Grund ersichtlich, warum der (Erst-)Verkäufer nicht durch § 377 HGB geschützt sein soll, nur weil der kaufmännische (Erst-)Käufer zur Erfüllung seiner Anzeigepflicht einen Nichtkaufmann einsetzt. Beurteilt man das Tatbestandsmerkmal unverzüglich allein objektiv, kommt es allein auf die objektive Verzögerung der Rüge an, wobei eine verspätete Rüge des Dritten der Risikosphäre des (Erst-)Käufers zuzurechnen ist.

[15] BGHZ 110, 130, 139.
[16] *BGH* BB 1954, 954; Baumbach/Hopt/*Hopt* § 377 Rn. 37.

f) Kein arglistiges Verschweigen des Mangels durch den Verkäufer (§ 377 Abs. 5 HGB)

Der Verkäufer kann sich nicht auf eine Verletzung der Rügepflicht berufen, wenn **35** er den Mangel arglistig verschwiegen hat (§ 377 Abs. 5 HGB). Dem ist der Fall gleichzustellen, dass der Verkäufer eine bestimmte Beschaffenheit garantiert (§§ 443, 276 BGB), das Fehlen der Beschaffenheit verschweigt oder arglistig eine nicht vorhandene Beschaffenheit vorspiegelt.[17] Das Motorrad ist entgegen der Behauptung des T nicht funktionstüchtig, sodass ein Mangel vorliegt. E muss ferner arglistig handeln. Zwar handelt hier T, doch muss sich E dessen Wissen nach § 166 Abs. 1 BGB zurechnen lassen. Arglistig handelt, wer unrichtige Erklärungen trotz Kenntnis ihrer Unrichtigkeit abgibt; bedingter Vorsatz genügt.[18] Ein Verkäufer handelt bereits dann arglistig, wenn er Fragen, die für den Kaufentschluss der anderen Partei erkennbar von grundlegender Bedeutung sind, ohne tatsächliche Grundlagen ins Blaue hinein unrichtig beantwortet.[19] Hier hat T die Unfallfreiheit ohne hinreichende Erkenntnisgrundlage und daher „ins Blaue hinein" zugesichert. Zwar trifft den Verkäufer eines Motorrads ohne Vorliegen besonderer Anhaltspunkte für einen Unfallschaden nicht die Obliegenheit, das zum Verkauf angebotene Fahrzeug auf Unfallschäden zu untersuchen.[20] Jedoch muss der Verkäufer, der von einer eigenen Untersuchung des Fahrzeugs absieht und gleichwohl dessen Unfallfreiheit zusichert, auf das Fehlen einer eigenen Untersuchung hinweisen. Der Verkäufer darf mit seiner Behauptung über die Unfallfreiheit nicht den (unzutreffenden) Eindruck erwecken, er habe genaue Kenntnisse hierzu. T sichert aber die Unfallfreiheit des Fahrzeugs gegenüber A zu, ohne deutlich zu machen, dass er über die Unfallfreiheit keine eigenen Erkenntnisse hat. Danach liegen die Voraussetzungen des § 377 Abs. 5 HGB vor, sodass sich E nicht auf die Genehmigungsfiktion des § 377 Abs. 2 HGB berufen kann.

II. Ergebnis

A steht gegen E ein Anspruch auf Lieferung eines vergleichbaren Motorrads nach **36** §§ 439 Abs. 1 Alt. 2, 437 Nr. 1, 434 Abs. 1 Satz 2 BGB zu.

---

17 *BGH* NJW 1980, 782, 784.

18 So etwa *K. Schmidt* § 29 III 6 a.

19 *BGH* NJW 2006, 2839 Rn. 13; BGHZ 63, 382, 388.

20 *BGH* NJW 2006, 2839 Rn. 15; BGHZ 63, 382, 386 ff.

Fall 16. Antiquitätenhandel mit Hindernissen

Sachverhalt

Unternehmer Udo Ungemach (U) gibt dem Antiquitätenhändler Klaus Kröber (K) eine Standuhr in Kommission. K soll die Standuhr nach dem Willen des U zu einem Preis von mindestens 10 000 EUR im eigenen Namen des K für Rechnung des U verkaufen. Wenig später gelingt es K, die Standuhr für 12 000 EUR an Dieter Dorn (D) zu verkaufen, wobei D deshalb sogleich an K 2 000 EUR in bar bezahlt. K tritt die Forderung gegen D in Höhe von 10 000 EUR an seinen Gläubiger Gustav Gustavson (G) ab, um eigene Verbindlichkeiten gegenüber G zu erfüllen. Kurze Zeit später rechnet D gegenüber K sowohl mit einer ihm gegenüber K aus dem Kauf über die Standuhr entstandenen Forderung auf Schadensersatz in Höhe von 1 000 EUR als auch mit einer ihm aus einem früheren Geschäft mit K zustehenden Forderung aus Mietvertrag in Höhe von 9 000 EUR auf.

Was kann U von K verlangen? Was kann K von U verlangen?

K kauft im Auftrag von U von Veit Viedler (V) ein Gemälde mit Echtheitsgarantie zu einem Preis von 300 000 EUR. Dieses Gemälde erweist sich als Fälschung und ist lediglich 10 000 EUR wert. Von K hierzu zur Rede gestellt, erklärt V gegenüber K, dass er sich zu nichts weiter verpflichtet sehe. Gekauft sei eben nun mal gekauft. K möchte hingegen das Gemälde zurückgeben und verlangt Schadensersatz. U hätte das echte Gemälde für 350 000 EUR an Elfriede Emsig (E) verkaufen können.

Was kann K von V verlangen?

Skizze

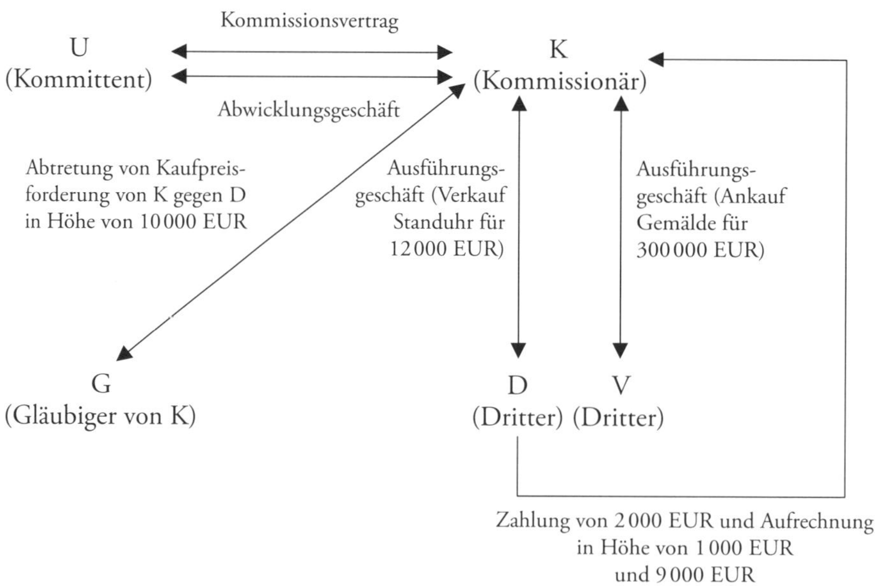

Gliederung

Lösung

Vorüberlegungen: Die aufgeworfenen Fragestellungen könnten in erster Linie nach den §§ 384ff. HGB zu beantworten sein. Denn es könnte sich bei dem Vertragsverhältnis zwischen U und K um einen Kommissionsvertrag i. S. d. § 383 Abs. 1 HGB handeln (vgl. dazu *Lettl* § 12 Rn. 95–132). Der Kommissionär ist nicht *ipso iure* Kaufmann, sondern nur dann, wenn die Voraussetzungen eines Tatbestands der §§ 1ff. HGB erfüllt sind. §§ 384ff. HGB gelten aber auch dann, wenn der Kommissionär nicht Kaufmann ist (§ 383 Abs. 2 Satz 1 HGB). Dasselbe gilt für die §§ 343ff. HGB mit Ausnahme der §§ 348–350 HGB (§ 383 Abs. 2 Satz 2 HGB). §§ 383ff. HGB gelten auch für einen Kaufmann, der ohne Kommissionär zu sein, Kommissionsgeschäfte zu schließen übernimmt (§ 406 Abs. 1 Satz 2 HGB; Gelegenheitskommission). Für die Frage, ob im Übrigen Dienstvertragsrecht oder Werkvertragsrecht für das Kommissionsgeschäft gilt, ist davon auszugehen, dass der Anspruch des Kommissionärs auf Provision zwar von einem Erfolg abhängt (§ 396 Abs. 1 Satz 1 HGB). Doch schuldet der Kommissionär meist lediglich eine sorgfältige Tätigkeit zur Herbeiführung eines solchen Erfolgs, sodass das Kommissionsgeschäft regelmäßig Dienstvertrag ist.[1] Da der Kommissionsvertrag ein gegenseitiger Vertrag über Geschäftsbesorgung i. S. d. § 675 Abs. 1 BGB ist, kommen ergänzend (subsidiär) §§ 663, 665–670, 672–674, 611ff. BGB zur Anwendung. Weil der Kommissionär zwar wie ein Eigenhändler in eigenem Namen, anders als ein Eigenhändler aber auf fremde Rechnung handelt, treffen die wirtschaftlichen Folgen der von dem Kommissionär abgeschlossenen Rechtsgeschäfte nicht ihn selbst, sondern den Kommittenten. Deshalb liegt ein Fall mittelbarer Stellvertretung vor. Der Kommissionär schließt das Ausführungsgeschäft in eigenem Namen ab. Daher ist allein der Kommissionär Vertragspartei und Träger von Rechten und Pflichten.

I. Ansprüche des U gegen K

1. Benachrichtigung nach § 384 Abs. 2 Hs. 1 HGB

1 Der Kommissionär muss dem Kommittenten die erforderlichen Nachrichten geben (§ 384 Abs. 2 Hs. 1 HGB), insbesondere also den Namen des Dritten, mit dem er das Ausführungsgeschäft geschlossen hat, mitteilen.[2]

2 Ein Anspruch des U gegen K auf Benachrichtigung nach § 384 Abs. 2 Hs. 1 HGB setzt voraus, dass K Kommissionär ist. Der Begriff des Kommissionärs ist in § 383 Abs. 1 HGB legaldefiniert. Danach setzt die Eigenschaft des Kommissionärs (1.) gewerbsmäßiges (nicht notwendig kaufmännisches, § 383 Abs. 2 HGB) Handeln, (2.) den Kauf oder Verkauf von Waren oder Wertpapieren – auch Werklieferungsvertrag (§ 406 Abs. 2 HGB) – (eigentliche Kommission) oder ein anderes Geschäft (§ 406 Abs. 1 Satz 1 HGB; uneigentliche Kommission wie Inkassokommission), (3.) in eigenem Namen (4.) für Rechnung eines anderen voraus. Das Kommissionsgeschäft ist danach durch ein Drei-Personen-Verhältnis gekennzeichnet. Zwischen dem Kommittenten und dem Kommissionär besteht das Kommissionsgeschäft (z. B. Auftrag zum Verkauf des Kommissionsguts, hier: Standuhr), zwischen dem Kommissionär und dem Dritten das Ausführungsgeschäft (z. B. Verkauf des Kommissionsguts).

3 Diese Voraussetzungen sind hier erfüllt. K handelt als Antiquitätenhändler gewerbsmäßig, da er eine selbstständige, entgeltliche, auf eine Vielzahl von Geschäften gerichtete, nach außen in Erscheinung tretende Tätigkeit auf wirtschaftlichem

[1] Großkomm/*Koller* § 383 Rn. 58f.; *Canaris* § 33 Rn. 5.

[2] Großkomm/*Koller* § 384 Rn. 30f.

Gebiet ausübt.[3] Ob es sich dabei um ein Handelsgewerbe i.S.d. § 1 HGB handelt, ist unerheblich. Denn auf die Kaufmannseigenschaft kommt es nicht an. K kauft und verkauft Antiquitäten, also Waren, sodass ein Fall sog. eigentlicher Kommission gegeben ist. K soll die Standuhr des K außerdem im eigenen Namen des K für Rechnung des U verkaufen.

U kann von K die erforderlichen Nachrichten wie die Mitteilung des Verkaufs der Standuhr und des Namens des Käufers nach § 384 Abs. 2 Hs. 1 HGB verlangen. 4

2. Rechenschaft nach § 384 Abs. 2 Hs. 2 Alt. 1 HGB

Der Kommissionär hat gegenüber dem Kommittenten über das Geschäft Rechenschaft abzulegen (§ 384 Abs. 2 Hs. 2 Alt. 1 HGB). U kann deshalb von K verlangen, dass K Belege wie eine Rechnung über den Verkauf der Standuhr vorlegt. 5

3. Herausgabe des aus der Geschäftsbesorgung Erlangten nach § 384 Abs. 2 Hs. 2 Alt. 2 HGB

a) Gegenstand des Erlangten

Der Kommissionär hat dem Kommittenten das aus der Geschäftsbesorgung Erlangte herauszugeben (§ 384 Abs. 2 Hs. 2 Alt. 2 HGB). Daher müsste K die für den Verkauf der Standuhr vereinnahmten 12000 EUR an U herausgeben und übereignen. Dass U für den Verkauf der Standuhr einen Mindestverkaufspreis von 10000 EUR festsetzt, steht dem nicht entgegen. Denn schließt der Kommissionär zu für den Kommittenten günstigeren Bedingungen ab, als sie ihm der Kommittent setzt, kommt dies – soweit nichts anderes vereinbart ist – dem Kommittenten zu Gute (§ 387 HGB). Hier bezahlt D an K 2000 EUR in bar, sodass K Eigentum und Besitz an dem von D bezahlten Geld erlangt. U kann Herausgabe dieser 2000 EUR verlangen. 6

Weiter erlangt K eine Forderung in Höhe von 10000 EUR gegen D, nachdem die ursprüngliche Forderung in Höhe von 12000 EUR durch Barzahlung von 2000 EUR in dieser Höhe erloschen ist nach § 362 Abs. 1 BGB. Die Forderung in Höhe von 10000 EUR gegen D müsste K an U „herausgeben“, d.h. abtreten. Eine solche Abtretung wäre jedoch unmöglich (§ 275 Abs. 1 BGB), wenn K die Forderung wirksam an G abgetreten hätte. 7

b) Keine Unmöglichkeit der Herausgabe wegen Abtretung

Die Forderungen aus dem Ausführungsgeschäft stehen, da der Kommissionär in eigenem Namen handelt, zunächst nur ihm zu. Daher bestimmt § 392 Abs. 1 HGB folgerichtig, dass der Kommittent diese Forderungen erst nach Abtretung geltend machen kann. Der Kommissionär könnte daher über die Forderung wirksam etwa durch Abtretung – auch an andere Personen als den Kommittenten, wobei dies regelmäßig eine Schadensersatzansprüche begründende Pflichtverletzung darstellte – verfügen. Auch könnten Gläubiger des Kommissionärs nach §§ 829, 835 ZPO auf Forderungen des Kommissionärs aus dem Ausführungsgeschäft zugreifen. 8

[3] Zum Begriff des Gewerbes vgl. *Lettl* § 2 Rn. 5–22.

9 Zum Schutze des Kommittenten ordnet § 392 Abs. 2 HGB an, dass Forderungen des Kommissionärs gegen Dritte aus Ausführungsgeschäften schon vor der Abtretung an den Kommittenten im Verhältnis zwischen Kommittent und Kommissionär oder dessen Gläubigern als Forderungen des Kommittenten gelten. Die Forderung gilt danach im Innenverhältnis sogleich als Forderung des Kommittenten. Verfügungen über diese Forderung zu Gunsten der Gläubiger des Kommissionärs braucht der Kommittent nicht gegen sich gelten zu lassen. Hier hat K aus dem Ausführungsgeschäft eine Kaufpreisforderung gegen D zunächst in Höhe von 12000 EUR. Abzüglich der Barzahlung von 2000 EUR besteht diese Forderung des K in Höhe von 10000 EUR gegenüber D. K tritt die Forderung an seinen Gläubiger G ab. Nach § 392 Abs. 2 HGB gelten jedoch Forderungen des Kommissionärs aus dem Ausführungsgeschäft im Verhältnis zwischen Kommittent und Kommissionär oder dessen Gläubigern als Forderungen des Kommittenten. Deshalb ist eine Aufrechnung des Kommissionärs mit einer Forderung aus dem Ausführungsgeschäft gegenüber einer Forderung des Dritten aus dem Ausführungsgeschäft unwirksam. Pfändete ein Gläubiger des Kommissionärs die Forderung des Kommissionärs gegenüber dem Dritten, könnte der Kommittent Drittwiderspruchsklage (§ 771 ZPO) erheben.[4] Die Forderung des Kommissionärs aus dem Ausführungsgeschäft mit dem Dritten soll also Gläubigern des Kommissionärs nicht zur Befriedigung zur Verfügung stehen. Auch die Abtretung der Forderung des Kommissionärs – hier: K – aus dem Ausführungsgeschäft mit dem Dritten an einen Gläubiger des Kommissionärs – hier: G – zu Erfüllungs- oder Sicherungszwecken ist gegenüber dem Kommittenten unwirksam (relative Unwirksamkeit).[5] Andernfalls würde der Gläubiger des Kommissionärs durch Rechtsgeschäft erhalten, was er durch Zwangsvollstreckung gerade nicht soll erlangen können.[6] Die Abtretung der Forderung von K an G führt deshalb im Verhältnis zwischen U und K nicht zur Unmöglichkeit der Herausgabe nach § 275 Abs. 1 BGB.

c) Keine Unmöglichkeit der Herausgabe wegen Aufrechnung

10 D rechnet gegenüber K mit einer ihm aus dem Kauf über die Standuhr zustehenden Forderung in Höhe von 1000 EUR und einem früheren Geschäft mit K zustehenden Forderung in Höhe von 9000 EUR auf. Ist diese Aufrechnung wirksam, kommt insoweit eine Abtretung der Forderung (K gegen D in Höhe von 10000 EUR) von K an U nicht in Betracht. Denn die Forderung ist dann erloschen nach § 389 BGB, sodass ihre Abtretung unmöglich ist i.S.d. § 275 Abs. 1 BGB. Insoweit ist zwischen konnexen Forderungen und inkonnexen Forderungen zu unterscheiden. Konnexität bedeutet, dass die Forderung des Dritten gegen den Kommissionär Gegenstand des rechtlichen Verhältnisses ist, auf dem auch die Forderung des Kommissionärs beruht (gegenüberstehende Forderungen von K und D entstammen beide dem Ausführungsgeschäft). Konnexe Forderungen sind etwa die Forderung des Kommissionärs auf Zahlung des Kaufpreises aus dem Ausführungsgeschäft und ein Schadensersatzanspruch des Dritten auf Grund der Verletzung einer Pflicht aus dem Ausführungsgeschäft durch den Kommissionär. Beide For-

[4] BGHZ 104, 123, 127.

[5] RGZ 148, 190, 191; *BGH* WM 1959, 1004, 1007; BGHZ 104, 123, 127; Baumbach/Hopt/*Hopt* § 392 Rn. 10.

[6] *Canaris* § 30 Rn. 75.

derungen beruhen auf demselben rechtlichen Verhältnis. Inkonnex sind Forderungen, die nicht auf demselben Rechtsverhältnis beruhen (Forderung des D ergibt sich nicht aus dem Ausführungsgeschäft, sondern aus einem anderen Rechtsgrund).

aa) Rechtslage bei Aufrechnung mit konnexer Forderung

Es stellt sich die Frage, ob § 392 Abs. 2 HGB auch für den Fall gilt, dass der Gegner des Ausführungsgeschäfts (hier: D) gegen die Forderung aus dem Ausführungsgeschäft mit einer anderen Forderung gegen den Kommissionär (z. B. § 280 Abs. 1 BGB) aufrechnet oder ein Zurückbehaltungsrecht geltend macht. Soweit es sich um eine konnexe Forderung handelt, steht § 392 Abs. 2 HGB der Wirksamkeit der Aufrechnung nicht entgegen.[7] Dies gilt auch dann, wenn der Dritte weiß, dass die andere Vertragspartei in Kommission handelt; § 390 BGB bezieht sich nämlich nur auf die Gegenforderung.[8] Zwar kommt nach dem Wortlaut eine Aufrechnung des Dritten mit einer Forderung gegen den Kommissionär nicht in Betracht. Denn die Forderung des Kommissionärs gegen den Dritten ist durch § 392 Abs. 2 HGB dem Kommittenten zugewiesen, sodass eine Aufrechnung der Gläubiger des Kommissionärs mit einer ihnen gegen den Kommissionär zustehenden Forderung mangels Gegenseitigkeit der Forderungen an sich ausgeschlossen ist. Doch ist der Wortlaut des § 392 Abs. 2 HGB für diesen Fall der Aufrechnung eines Dritten zu weit und infolgedessen teleologisch zu reduzieren. § 392 Abs. 2 HGB ist danach auf einen Gläubiger des Kommissionärs, der zugleich dessen Schuldner ist, nicht anzuwenden. § 392 Abs. 2 HGB gilt nämlich grundsätzlich nicht für das Außenverhältnis zwischen dem Kommissionär und Dritten. Dieses Außenverhältnis ist, wie stets bei Geschäften für fremde Rechnung, rechtlich von den Beziehungen zwischen Kommittent und Kommissionär zu trennen. Der Kommissionär schließt einen Vertrag nicht im Namen des Kommittenten, sondern im eigenen Namen. Das Innenverhältnis zwischen Kommittent und Kommissionär darf die Rechte Dritter nicht beeinträchtigen. Die zu Lasten der Gläubiger des Kommissionärs in § 392 Abs. 2 HGB getroffene Regelung enthält zwar eine Ausnahme von diesen Grundsätzen. Sie ist aber nicht auf die Fallkonstellation, dass der Dritte sowohl Gläubiger als auch Schuldner des Kommissionärs ist, auszudehnen. Anders kann es bei einer Aufrechnung des Dritten liegen, wenn er eine Aufrechnungslage herbeiführt, um sich zu Lasten des Kommittenten wegen seiner Forderung gegen den Kommissionär zu befriedigen. Auch kann es wegen Rechtsmissbrauchs gegen Treu und Glauben verstoßen (§ 242 BGB), wenn der Dritte den Kommissionär in den Glauben versetzt, er werde bar bezahlen und nicht aufrechnen. **11**

Steht wie hier D gegen K ein Anspruch in Höhe von 1000 EUR zu und rechnet D mit dieser Forderung gegen die Kaufpreisforderung des K aus dem Ausführungsgeschäft in Höhe von 12000 EUR auf, griffe diese Aufrechnung des D durch, sodass K gegen D (ohne Berücksichtigung der Barzahlung in Höhe von 2000 EUR) nur noch ein Zahlungsanspruch in Höhe von 11000 EUR zustünde. K könnte nur noch diese Forderung an U abtreten. Im Hinblick auf die 1000 EUR hat U gegen K einen Anspruch nach § 285 BGB i. V. m. § 275 BGB auf „Herausgabe" der Schuldbefreiung, die K durch die Aufrechnung erlangt hat. Außerdem kommen **12**

[7] *BGH* NJW 1969, 276, 277; Baumbach/Hopt/*Hopt* § 392 Rn. 12.

[8] *BGH* NJW 1969, 276, 277.

Ansprüche des U gegen K nach § 816 Abs. 2 BGB oder zumindest § 812 Abs. 1 Satz 1 Alt. 2 BGB in Betracht.

bb) Rechtslage bei Aufrechnung mit inkonnexer Forderung

13 Die Aufrechnung des D gegenüber K in Höhe von 9000 EUR betrifft eine inkonnexe Forderung. Ob § 392 Abs. 2 HGB auch für inkonnexe Forderungen gilt, ist umstritten.

(1) Ansatz 1: Keine Aufrechnung des Dritten mit inkonnexer Forderung wegen § 392 Abs. 2 HGB

14 Ein Teil des Schrifttums[9] nimmt an, dass der Dritte nicht zur Aufrechnung oder Geltendmachung eines Zurückbehaltungsrechts befugt ist, soweit es sich um eine inkonnexe Forderung handelt. Denn der Dritte habe bei einer nicht auf dem Ausführungsgeschäft beruhenden Forderung eine ähnliche Stellung wie ein Drittgläubiger. Danach griffe hier die Aufrechnung des D nicht durch, sodass K gegen D weiterhin ein Zahlungsanspruch in Höhe von 9000 EUR zustünde, den K an U abtreten könnte.

(2) Ansatz 2: Zulässigkeit der Aufrechnung des Dritten mit inkonnexer Forderung trotz § 392 Abs. 2 HGB

15 Eine andere Auffassung bejaht das Recht zur Aufrechnung oder Zurückbehaltung zutreffend generell, sofern sich der Dritte die Gegenforderung nicht arglistig verschafft hat. Danach ist die Aufrechnung oder die Geltendmachung eines Zurückbehaltungsrechts durch den Dritten uneingeschränkt zulässig.[10] Insoweit gelten zunächst dieselben Erwägungen, wie sie für die Aufrechnung durch den Dritten mit einer konnexen Forderungen anzustellen sind (siehe Rn. 11f.). Der Dritte ist nicht nur als Gläubiger, sondern auch als Vertragspartei betroffen. Diese Doppelrolle ist von § 392 Abs. 2 HGB nicht erfasst.[11] Hinzu kommt, dass eine Ausnahmevorschrift wie § 392 Abs. 2 HGB eng auszulegen ist. Außerdem sprechen die Wertungen der §§ 404, 406 BGB für dieses Ergebnis. Danach greift die Aufrechnung des D in vollem Umfang durch, sodass die Forderung des K gegen D in Höhe von 9000 EUR nach § 389 BGB erlischt. U hat gegen K lediglich einen Anspruch nach § 285 BGB i.V.m. § 275 BGB auf „Herausgabe" der Schuldbefreiung, die K durch die Aufrechnung erlangt. Außerdem kommen Ansprüche des U gegen K nach § 816 Abs. 2 BGB oder zumindest § 812 Abs. 1 Satz 1 Alt. 2 BGB in Betracht.

4. Haftung auf Erfüllung

16 Der Kommissionär haftet grundsätzlich nicht für die Erfüllung des Ausführungsgeschäfts. Eine solche Haftung besteht aber dann, wenn der Kommissionär einen besonderen Schuldgrund (z.B. Schuldübernahme) setzt, oder in den Fällen der §§ 384 Abs. 3, 393, 394 HGB. § 394 HGB betrifft den Fall der Delkrederehaftung des Kommissionärs, die ein bürgschaftsähnliches Rechtsverhältnis zwischen Kom-

9 *K. Schmidt* § 31 VI 4b.

10 *BGH* NJW 1969, 276, 277; Großkomm/*Koller* § 392 Rn. 20; Baumbach/Hopt/*Hopt* § 392 HGB Rn. 5; Koller/Kindler/Roth/Morck/*Roth* § 392 Rn. 6; *Canaris* § 30 Rn. 78.

11 *Canaris* § 30 Rn. 78.

missionär und Kommittent voraussetzt.[12] Als Gegenleistung erhält der Kommissionär hierfür die Delkredereprovision. Einen besonderen Schuldgrund setzt K hier indes nicht.

II. Ansprüche des K gegen U

1. Provision nach § 396 Abs. 1 HGB

Das wichtigste Recht des Kommissionärs ist der Provisionsanspruch, wenn „das Geschäft zur Ausführung gekommen ist" (§ 396 Abs. 1 HGB). Dieser Anspruch entsteht bereits mit Abschluss des Ausführungsgeschäfts, ist jedoch aufschiebend bedingt durch die im Wesentlichen vertragsgemäße Erfüllung dieses Geschäfts durch den Dritten. Auf eine unbedingt exakte Erfüllung kommt es nicht an. Das Gesetz wählt bewusst den unklareren Ausdruck der Ausführung, um dem Einzelfall Rechnung zu tragen. Ausgeführt ist das Geschäft daher schon dann, wenn sein wirtschaftlicher Erfolg im Wesentlichen hergestellt ist. Danach kann K erst dann Provision verlangen, wenn D im Wesentlichen den Kaufpreis bezahlt hat. Hier bezahlt D den Kaufpreis in Höhe von 2000 EUR in bar und rechnet im Übrigen mit Forderungen gegen K auf. Dies stellt eine ordnungsgemäße Vertragserfüllung durch D dar (siehe Rn. 7 und 15). K kann daher von U Provision verlangen. Die Höhe der Provision bemisst sich, falls – wie hier – nichts anderes vereinbart ist, nach den üblichen Sätzen (§ 354 Abs. 1 HGB). 17

2. Aufwendungsersatz nach §§ 670, 675 BGB, § 396 Abs. 2 HGB

Über die Provision hinaus kann der Kommissionär vom Kommittenten Erstattung seiner Aufwendungen verlangen. Dies folgt aus §§ 670, 675 BGB, die auf den Kommissionsvertrag ergänzend anwendbar sind (vgl. § 396 Abs. 2 HGB). Aufwendungen i.S.d. § 670 BGB sind freiwillige Vermögensopfer, die der Kommissionär zum Abschluss oder zur Durchführung des Ausführungsgeschäfts erbringt (z.B. Eingehen einer Verbindlichkeit) und die nicht mit der Provision abgegolten sind. Mit der Provision sind grundsätzlich der Einsatz der eigenen Arbeitskraft und allgemeine Geschäftskosten wie Personalkosten oder Kosten für Büroräume abgegolten. § 396 Abs. 2 HGB konkretisiert den Begriff der Aufwendungen dahin, dass auch die Benutzung der Lagerräume und der Beförderungsmittel erstattungspflichtige Aufwendungen darstellen. 18

III. Anspruch von K gegen V auf Schadensersatz statt der Leistung nach §§ 280 Abs. 1 und 3, 281 Abs. 1 i.V.m. §§ 437 Nr. 3, 434 Abs. 1 Satz 1 BGB

1. Kaufvertrag i.S.d. § 433 BGB

Der Kommissionär schließt das Ausführungsgeschäft in eigenem Namen ab. Daher ist allein der Kommissionär Vertragspartei und Träger von Rechten und Pflichten. Zwischen K und V ist wirksam ein Kaufvertrag i.S.d. § 433 BGB über das Gemälde zu Stande gekommen. 19

[12] *K. Schmidt* § 31 V 2b.

2. Mangelhaftigkeit der Kaufsache nach § 434 Abs. 1 Satz 1 BGB

20 Da das Gemälde trotz Echtheitsgarantie des V eine Fälschung ist, könnte ein Sachmangel i. S. d. § 434 Abs. 1 Satz 1 BGB vorliegen. Dies setzt voraus, dass dem Gemälde die vereinbarte Beschaffenheit fehlt. Zur Beschaffenheit eines Gemäldes gehört auch sein Alter sowie die Urheberschaft eines bestimmten Künstlers. Diese Beschaffenheit, die auf Grund der Echtheitsgarantie vereinbart ist, fehlt hier. Das Gemälde ist daher sachmangelhaft i. S. d. § 434 Abs. 1 Satz 1 BGB.

3. Mangelhaftigkeit der Kaufsache zum Zeitpunkt des Gefahrübergangs (§§ 446f. BGB)

21 Der Sachmangel liegt zum Zeitpunkt der Übergabe des Gemäldes i.S.d. § 446 Satz 1 BGB vor, sodass das Gemälde zum Zeitpunkt des Gefahrübergangs sachmangelhaft ist.

4. Keine Kenntnis des Käufers nach § 442 Abs. 1 BGB

22 Anhaltspunkte dafür, dass K den Sachmangel kennt oder kennen muss i.S.d. § 442 Abs. 1 BGB, finden sich nicht.

5. Besondere Voraussetzungen nach §§ 280 Abs. 1 und 3, 281 Abs. 1 BGB

a) Schuldverhältnis

23 Zwischen K und V besteht ein Kaufvertrag i.S.d. § 433 BGB und damit ein Schuldverhältnis.

b) Pflichtverletzung

24 V verletzt gegenüber K die Pflicht, das Gemälde mit der vereinbarten Beschaffenheit zu liefern (siehe Rn. 20). Darin liegt eine Pflichtverletzung von V.

c) Vertretenmüssen

25 V muss die Pflichtverletzung zu vertreten haben. Das Vertretenmüssen der Pflichtverletzung ist nach § 280 Abs. 1 Satz 2 BGB zu vermuten. Anhaltspunkte für eine Widerlegung dieser Vermutung liegen nicht vor.

d) Fristsetzung zur Nacherfüllung oder Entbehrlichkeit der Fristsetzung

26 Ein Schadensersatzanspruch statt der Leistung wegen eines Sachmangels besteht erst dann, wenn der Käufer den Verkäufer unter Setzung einer angemessenen Frist zur Nacherfüllung auffordert und diese Frist erfolglos verstreicht (§§ 280 Abs. 1 und 3, 281 Abs. 1 BGB). Eine Frist setzt K hier nicht gegenüber V. Doch ist die Fristsetzung entbehrlich, weil V mit der Ablehnung weiterer Verpflichtungen eine Nacherfüllung i. S. d. § 439 Abs. 1 BGB ernsthaft und endgültig verweigert (§ 281 Abs. 2 Alt. 1 BGB).

e) Schaden

aa) Schaden des K

Der Kommissionär schließt das Ausführungsgeschäft in eigenem Namen ab. Daher ist allein der Kommissionär Vertragspartei und Träger von Rechten und Pflichten. Kommt der Dritte seinen Leistungspflichten schuldhaft nicht oder nicht ordnungsgemäß nach (Unmöglichkeit, Verzug, sonstige Pflichtverletzung), könnte an sich nur der Kommissionär Ansprüche und Rechte geltend machen. Ein Schaden tritt jedoch bei ihm nicht ein, da er für fremde Rechnung handelt. Er selbst erleidet keinen Schaden, da er lediglich das Gemälde an den Kommittenten weiterzugeben hat (§ 677 BGB) und der Kommittent gegen ihn keine Schadensersatzansprüche geltend machen kann. Der Kommissionär behält seinen Aufwendungsersatzanspruch (§§ 670, 675 Abs. 1 BGB, § 396 Abs. 2 HGB) und verliert allenfalls seinen Provisionsanspruch. 27

bb) Schaden des U

U erleidet einen Schaden, da er dem K den an V bezahlten Kaufpreis in Höhe von 300000 EUR nach §§ 675 Abs. 1, 670 BGB zu ersetzen hat und dafür lediglich ein Gemälde mit einem Verkehrswert von 10000 EUR als Gegenleistung erhält. Außerdem hätte U das Gemälde an E zu einem Preis von 350000 EUR weiterverkaufen können, sodass ihm ein Gewinn in Höhe von 50000 EUR entgeht. Der einen Schaden erleidende Kommittent U hingegen steht mit V nicht in vertraglichen Beziehungen, sodass ihm von vornherein kein Schadensersatzanspruch nach §§ 280 Abs. 1 und 3, 281 Abs. 1 Satz 1 BGB i.V.m. § 437 Nr. 3 BGB gegen V zusteht. Auch ein Anspruch von U gegen V nach § 823 Abs. 1 BGB besteht nicht. 28

cc) Rechtsfolge bei Auseinanderfallen von Anspruch und Schaden

Da auf Grund des Kommissionsgeschäfts Anspruch und Schaden auseinanderfallen (Schadensverlagerung), der Schädiger daraus aber keinen Vorteil soll ziehen dürfen, darf der Kommissionär den Schaden des Kommittenten in eigenem Namen im Wege der Drittschadensliquidation (allerdings nicht gegen den Willen des Kommittenten) geltend machen. Der Schaden des Kommittenten ist daher zur Anspruchsgrundlage des Kommissionärs zu ziehen. Dies gilt auch dann, wenn der Dritte beim Vertragsschluss nicht wusste, dass der Kommissionär auf fremde Rechnung handelt. Der Kommissionär muss den Anspruch gegen den Dritten an den Kommittenten auf Grund vertraglicher Nebenpflicht entsprechend §§ 255, 285 BGB abtreten. 29

dd) Schadensumfang bei Drittschadensliquidation

Im Hinblick auf die Berechnung des Schadens stellt sich die Frage, ob der Kommissionär nur den Schaden geltend machen darf, der ihm selbst (bei Handeln auf eigene Rechnung) ohne Schadensverlagerung entstanden wäre, oder ob er den Schaden geltend machen darf, der dem Kommittenten entstanden ist. Lediglich in letzterem Fall ist auch der entgangene Gewinn des Kommittenten zu berücksichtigen. Kann daher U das Gemälde mit einem Gewinn von 50000 EUR weiterveräußern, könnte daher auch dieser Betrag ein ersatzfähiger, von K im Wege der Drittschadensliquidation geltend zu machender Schaden sein. 30

(1) Ansatz 1

31 Nach einer Auffassung[13] darf der Kommissionär den Schaden geltend machen, der dem Kommittenten entstanden ist, selbst wenn es sich um atypische Schäden handelt. Denn der Schädiger könne sich niemals sicher sein, dass der Schaden der anderen Vertragspartei bestimmte Grenzen nicht überschreite. Auf die Erkennbarkeit für den Schuldner komme es nicht an. Danach darf der Kommissionär das konkrete Interesse des Kommittenten, also auch dessen entgangenen Gewinn, gegenüber dem Schädiger geltend machen. Danach wäre der Schadensersatzanspruch des K gegen V hier auf Zahlung von 350000 EUR gerichtet (= 300000 EUR als Kaufpreis + 50000 EUR als entgangener Gewinn des U) Zug um Zug gegen Rückgabe des Gemäldes gerichtet (großer Schadensersatz). K könnte auch das Gemälde behalten und von V Zahlung in Höhe von 340000 EUR verlangen (kleiner Schadensersatz). Darauf ist das Rechtsschutzinteresses des K aber hier nicht gerichtet, da er das Gemälde zurückgeben möchte.

(2) Ansatz 2

32 Nach anderer Ansicht[14] ergibt sich hingegen aus der bloßen Tatsache der internen Schadensverlagerung nicht, dass der Schädiger den Schaden des Kommittenten ersetzen müsse. Die Tatsache der internen Schadensverlagerung liege nämlich allein in der Sphäre des Kommittenten und dürfe sich deshalb nicht zu Lasten des Schädigers auswirken. Danach sei der Schadensersatzanspruch des K gegen V hier lediglich auf Zahlung von 300000 EUR Zug um Zug gegen Rückgabe des Gemäldes gerichtet.

6. Stellungnahme und Ergebnis

33 Die Begründung von Ansatz 1 überzeugt, weil der Schädiger näher dran ist, den tatsächlich (beim Hintermann) entstandenen Schaden in vollem Umfang zu ersetzen. K kann daher von V Zahlung von 350000 EUR Zug um Zug gegen Rückgabe des Gemäldes nach §§ 280 Abs. 1 und 3, 281 Abs. 1 BGB i.V.m. §§ 437 Nr. 3 Alt. 1, 434 Abs. 1 Satz 1 BGB verlangen. (Ein solcher Anspruch ergibt sich auch aus § 346 Abs. 1 i.V.m. §§ 437 Nr. 2 Alt. 1, 434 Abs. 1 Satz 1 BGB, dessen Voraussetzungen nach § 323 BGB hier erfüllt sind.)

---

[13] So z.B. MünchKommBGB/*Oetker* § 249 Rn. 298; Baumbach/Hopt/*Hopt* § 383 Rn. 21; *Canaris* § 30 Rn. 85f.

[14] *Peters* AcP 180 (1980), 329, 351ff.; *Steding* JuS 1983, 29f.; *Strauch* JuS 1982, 823, 825.

Fall 17. Apfelsaft mit Kokosfett

Nach BGHZ 169, 187.

Sachverhalt

Die in München ansässige „Albert Ado Getränke GmbH" (A) beauftragt die „Boris Baier Transport GmbH" (B), am 1.5.2012 zum Preis von 3000 EUR 25500 kg Apfelsaftkonzentrat mit einem Lkw von München zu ihrem Produktionsbetrieb in Potsdam zu befördern. B benutzt für den Transport einen Lastzug mit Tankauflieger. Dieser Auflieger verfügt über drei Kammern, von denen B die beiden äußeren mit dem zu transportierenden Apfelsaftkonzentrat von A befüllt. Auf Grund einer Nachlässigkeit des Fahrers von B kommt es dazu, dass 500 kg Apfelsaftkonzentrat beim Entladen am 2.5.2012 auslaufen und im Abfluss versickern. B beginnt, das übrige Apfelsaftkonzentrat wie vertraglich vorgesehen in Tanks von A in Potsdam zu füllen. 17300 kg des Apfelsaftkonzentrats entlädt B vereinbarungsgemäß in einen bestimmten Tank von A, in dem sich bereits Zitronensäure befindet, mit der das Apfelsaftkonzentrat vermischt werden soll. Die übrigen 7700 kg entlädt B vereinbarungsgemäß in einen leeren Tank von A. Die 17300 kg verarbeitet A sogleich zu Apfelschorle.

Noch am 2.5.2012 stellt A nach Beendigung des Entladevorgangs durch B fest, dass die von B in Potsdam abgelieferten 25000 kg Apfelsaftkonzentrat mit Kokosfett verunreinigt sind. Dies beruht darauf, dass vor dem Transport des Apfelsaftkonzentrats von A Kokosfett in dem Tankauflieger transportiert und bei der Reinigung auf Grund von geringfügigen Bedienungsfehlern des Personals von B nicht vollständig entfernt worden war. Die Weiterverarbeitung der verunreinigten 17300 kg Apfelsaftkonzentrat zu Apfelschorle führt dazu, dass die 17300 kg Apfelsaftkonzentrat völlig unbrauchbar sind. Vor der Entladung wäre eine Beseitigung der Verunreinigung des Apfelsaftkonzentrats mit Kokosfett für 0,28 EUR/kg möglich gewesen. Die 25500 kg Apfelsaftkonzentrat von A haben einen Verkehrswert 28560 EUR (1,12 EUR/kg). Die vor Entladung im Tank vorhandene Zitronensäure von A, für die A 2500 EUR aufwenden musste, ist infolge der Vermischung dieser Flüssigkeit mit dem verunreinigten Apfelsaftkonzentrat ebenfalls völlig unbrauchbar.

Steht A am 1.7.2013 ein Anspruch gegen B auf Ersatz – ggf. in welcher Höhe – zu, wenn sich B darauf beruft, nach so langer Zeit gehe sie das Ganze nichts mehr an?

Skizze

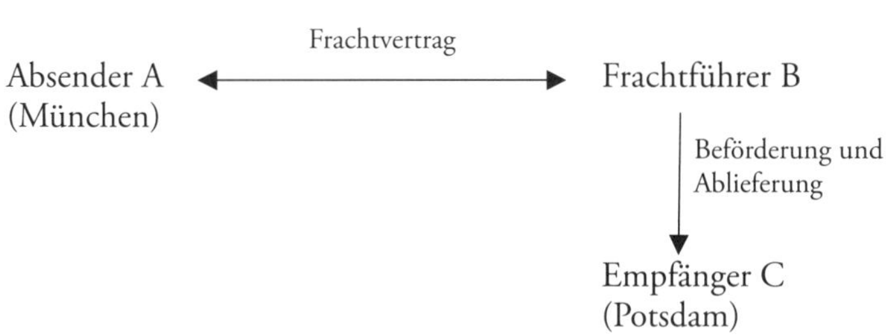

Gesamtmenge:	25 500 kg
davon	500 kg ausgelaufen; 25 000 kg verunreinigt mit Kokosfett, davon 17 300 kg nach Verarbeitung zu Apfelschorle völlig unbrauchbar; Zitronensäure von A ebenfalls völlig unbrauchbar

Gliederung

Lösung

Vorüberlegungen: Da A die B mit dem Transport von Ware beauftragt, liegt ein Frachtvertrag nahe (vgl. dazu *Lettl* § 13 Rn. 133–175). Denn der Frachtvertrag verpflichtet den Frachtführer gegenüber dem Absender, das Gut zum Bestimmungsort zu befördern und dort an den Empfänger abzuliefern (§ 407 Abs. 1 HGB). Empfänger kann ein Dritter, aber auch – wie hier – der Absender selbst sein. Beförderung bedeutet rechtzeitige und schadensfreie Ortsveränderung in Richtung auf den Empfänger, auch wenn dies nur über geringfügige Entfernungen geschieht (z. B. mittels Krans).[1] Der Verwendung eines technischen Transportmittels bedarf es nicht. Es genügt bereits das Tragen durch eine Person.[2] Die Ablieferung muss rechtzeitig (§ 423 HGB) und schadensfrei (§ 425 HGB) erfolgen. Der Absender als Auftraggeber des Frachtführers ist verpflichtet, die vereinbarte Fracht zu bezahlen (§ 407 Abs. 2 HGB). Fracht bedeutet danach entgegen der Verwendung im alltäglichen Sprachgebrauch die entgeltliche Gegenleistung des Absenders. Sie hat bei Ablieferung des Gutes zu erfolgen (§ 420 Abs. 1 Satz 1 HGB). Der Frachtführer ist nicht *ipso iure* Kaufmann, sondern nur dann, wenn die Voraussetzungen eines Tatbestands der §§ 1 ff. HGB erfüllt sind. §§ 343–373 HGB gelten aber mit Ausnahme der §§ 348–350 HGB auch dann, wenn der Frachtführer nicht Kaufmann ist (§ 407 Abs. 3 Satz 2 HGB). Die Verpflichtung des Frachtführers zur Beförderung und Ablieferung gegen Zahlung der vereinbarten Fracht ist auf die Herbeiführung eines Erfolgs gerichtet. Der Frachtvertrag ist daher als Werkvertrag i. S. d. § 631 BGB einzuordnen.[3] Daher sind §§ 407 ff. HGB durch §§ 631 ff. BGB zu ergänzen. Kommissionsrecht ist nicht entsprechend anwendbar. Die Regelungen über den Frachtvertrag enthalten Anspruchsgrundlagen für die Haftung des Frachtführers (vgl. §§ 425 ff. HGB). Wichtig ist es insoweit, zwischen den Schäden an dem beförderten Gut und Folgeschäden zu unterscheiden.

I. Anspruch von A gegen B auf Schadensersatz nach § 425 Abs. 1 HGB

1. Zustandekommen eines wirksamen Frachtvertrages

Der Frachtvertrag kommt – ggf. formfrei – durch Antrag und Annahme nach §§ 145 ff. BGB, 362 HGB zu Stande. Die Ausstellung eines Frachtbriefs nach § 408 HGB ist nicht konstitutive Voraussetzung für den Abschluss eines Frachtvertrages. Hier ist zwischen A (§§ 13 Abs. 1, 35 Abs. 1 GmbHG) und B (§§ 13 Abs. 1, 35 Abs. 1 GmbHG) ein Vertrag zu Stande gekommen, wonach B gegen Zahlung von 3000 EUR verpflichtet ist, 25500 kg Apfelsaftkonzentrat von München nach Potsdam zu befördern. Dabei handelt es sich um einen Frachtvertrag i. S. d. § 407 Abs. 1 und 2 HGB. 1

2. Anwendungsbereich der §§ 408 ff. HGB

Der sachliche Anwendungsbereich der §§ 408 ff. HGB setzt voraus, dass (1.) das Gut zu Lande, auf Binnengewässern oder mit Luftfahrzeugen befördert werden soll (§ 407 Abs. 3 Nr. 1 HGB) und (2.) die Beförderung zum Betrieb eines gewerblichen Unternehmens gehört (§ 407 Abs. 3 Nr. 2 HGB). Diese Voraussetzungen sind hier erfüllt. Auf den Umfang des Gewerbebetriebs kommt es nicht an.[4] Es muss also insbesondere kein Handelsgewerbe gegeben sein (§ 407 Abs. 3 Satz 2 Hs. 1 HGB). §§ 408 ff. HGB gelten daher auch für Kleingewerbetreibende. Ob die Beförderung gegen Entgelt erfolgt, ist unerheblich. 2

3. Verwirklichung des Haftungstatbestands von § 425 Abs. 1 HGB

Der Frachtführer haftet für den Schaden, der durch Verlust oder Beschädigung des Gutes in der Zeit von der Übernahme der Beförderung bis zur Ablieferung oder 3

---

[1] *BGH* NJW-RR 1995, 415.
[2] *K. Schmidt* § 32 II 2b bb.
[3] BT-Drs. 13/8445 S. 53; Baumbach/Hopt/*Hopt* § 407 Rn. 12.
[4] Koller/Kindler/Roth/Morck/*Koller* § 407 Rn. 1.

durch Überschreitung der Lieferfrist entsteht (§ 425 Abs. 1 HGB). Dem Frachtführer sind Handlungen und Unterlassungen seiner Leute wie eigene zuzurechnen (§ 428 HGB). Auf ein Verschulden des Frachtführers oder seiner Leute kommt es nicht an.

4 Hier kommt es zum Verlust durch Versickern und zur Beschädigung auf Grund der Verunreinigung des Apfelsaftkonzentrats mit Kokosfett in der Zeit von der Übernahme der Beförderung bis zur Ablieferung. B erfüllt daher den Haftungstatbestand des § 425 Abs. 1 HGB.

4. Kein Haftungsausschluss nach §§ 426f. HGB

5 § 426 HGB schließt die Haftung des Frachtführers aus, wenn der Verlust, die Beschädigung oder die Überschreitung der Lieferfrist auf Umständen beruht, die der Frachtführer auch bei größter Sorgfalt nicht vermeiden und deren Folgen er nicht abwenden konnte. Dies setzt voraus, dass auch ein besonders gewissenhafter Frachtführer,[5] also ein „idealer", höchst vorsichtiger Frachtführer den Schaden nicht hätte vermeiden können.[6] Jene Voraussetzungen gehen über die nach § 347 HGB gebotenen Anforderungen hinaus. Einem idealen Frachtführer wäre indes die Verunreinigung des Tankaufliegers mit Kokosfett aufgefallen, sodass B den Schaden vermeiden konnte. Außerdem beruhte die Verunreinigung des Tankaufliegers mit Kokosfett auf Bedienungsfehlern des Personals von B.

6 § 427 HGB sieht weitere Tatbestände zum Ausschluss der Haftung des Frachtführers vor, deren Voraussetzungen hier nicht gegeben sind.

5. Art und Umfang des Schadensersatzes

a) Güterschäden

7 § 429 Abs. 1 HGB beschränkt die Ersatzpflicht des Frachtführers dem Umfang nach auf den Wert des Gutes. Dieser Wert ist nach dem Marktpreis (§ 429 Abs. 3 Satz 1 HGB), also dem objektiven Beschaffungswert aus der Marktposition des Empfängers zu beurteilen. Dabei handelt es sich regelmäßig um dessen Einkaufspreis (§ 429 Abs. 3 Satz 2 HGB). B haftet danach für den bis zur Vollendung der Ablieferung entstandenen Güterschaden infolge des Warenverlusts und der Warenbeschädigung. Ablieferung ist der Vorgang, durch den der Frachtführer die Obhut über die zur Beförderung erlangte Ware mit Einwilligung des Verfügungsberechtigten wieder aufgibt und diesen in die Lage versetzt, die tatsächliche Gewalt über das Gut auszuüben.[7]

aa) Auslaufen und Versickern von 500 kg Apfelsaftkonzentrat

8 Auslaufen und Versickern von 500 kg Apfelsaftkonzentrat führen zu einem Güterschaden auf Grund Warenverlusts i.S.d. § 425 Abs. 1 HGB. Dieser Schaden beträgt 560 EUR (= 1,12 EUR/kg × 500 kg). Denn der Ablieferungsvorgang ist zu diesem Zeitpunkt nicht beendet. A kann daher von B nach § 425 Abs. 1 HGB 560 EUR wegen des Auslaufens und der Versicherung von 500 kg Apfelsaftkonzentrat verlangen.

---

[5] BT-Drs. 13/8445 S. 61.

[6] *BGH* TranspR 2003, 303, 304; Koller/Kindler/Roth/Morck/*Koller* § 426 Rn. 1.

[7] *BGH* NJW 1980, 833; Baumbach/Hopt/*Merkt* § 425 Rn. 3.

bb) Verunreinigung von 25 000 kg Apfelsaftkonzentrat

Die Verunreinigung von 25 000 kg Apfelsaftkonzentrat mit Kokosfett ist ein Güterschaden i.S.d. § 425 Abs. 1 HGB, da es sich um eine Beschädigung des Gutes in der Zeit von der Übernahme zur Beförderung bis zur Ablieferung handelt. Dieser Schaden beträgt 7000 EUR (= 0,28 EUR/kg × 25 000 kg) und ist nach § 425 Abs. 1 HGB von B zu ersetzen. Insoweit ist allerdings zu berücksichtigen, dass eine Beseitigung der Verunreinigung lediglich bei 7700 kg möglich ist (17 300 kg sind infolge der Weiterverarbeitung zu Apfelschorle völlig unbrauchbar, sodass eine Beseitigung der Verunreinigung ausscheidet) und der Güterschaden insoweit 2 156 EUR beträgt. 9

cc) Vollständige Unbrauchbarkeit von 17 300 kg Apfelsaftkonzentrat

Auf Grund der Weiterverarbeitung zu Apfelschorle sind 17 300 kg vollständig unbrauchbar. Daher ist der Schaden von A insoweit mit dem Totalverlust anzusetzen und beträgt 19 376 EUR. Dieser Schaden stellt einen Folgeschaden dar, dessen Ersatzfähigkeit gesondert zu prüfen ist. 10

dd) Vollständige Unbrauchbarkeit der im Tank bereits vorhandenen Zitronensäure

Die vollständige Unbrauchbarkeit der im Tank bereits vorhandenen Zitronensäure erfolgt auf Grund der Vermischung dieser Flüssigkeit von A mit dem kontaminierten Apfelsaftkonzentrat. Sie stellt ebenfalls einen Folgeschaden (in Höhe von 2 500 EUR Anschaffungskosten) dar, dessen Ersatzfähigkeit gesondert zu prüfen ist. 11

b) Folgeschäden

aa) Umfang

Die vollständige Unbrauchbarkeit von 17 300 kg Apfelsaftkonzentrat sowie der Zitronensäure führen zu einem Schaden bei A in Höhe von 21 876 EUR (= 19 376 EUR + 2 500 EUR). 12

bb) Voraussetzungen der Ersatzpflicht

Die Ersatzpflicht eines Schädigers erstreckt sich regelmäßig auch auf Folgeschäden. Dies setzt voraus, dass ein Folgeschaden mit dem schädigenden Ereignis in einem adäquaten Ursachenzusammenhang steht und vom Schutzbereich der verletzten Norm erfasst ist. Zu ersetzen sind daher regelmäßig auch lediglich mittelbar verursachte Schäden. Dies spricht dafür, dass die vertragliche Haftung des Frachtführers für die sich aus einem Güterschaden beim Absender oder Empfänger ergebenden weiteren Schäden in §§ 425 ff. HGB nach §§ 429, 431, 432 Satz 2 HGB nicht von vornherein ausgeschlossen ist. Doch ist auch zu berücksichtigen, dass diese Regelungen des Frachtrechts den Schutz des Frachtführers vor Überwälzung von Betriebsrisiken bei Absender und Empfänger bezwecken (vgl. insbesondere § 432 Satz 2 HGB).[8] Hinzu kommt, dass der Frachtführer die Höhe von Folgeschäden und entgangenem Gewinn kaum realistisch abschätzen und sich infolgedessen insoweit nicht angemessen versichern kann. Folgeschäden und entgangener Gewinn sind deshalb nur unter den besonderen Voraussetzungen des § 435 HGB zu ersetzen. Das heißt, anders gewendet, dass vertragliche Ansprüche der Absenderin auf 13

[8] BGHZ 169, 187 Rn. 16.

Ersatz der auf Grund der Beschädigung des Transportguts eingetretenen Folgeschäden nach § 432 Satz 2 HGB ausgeschlossen sind, wenn kein qualifiziertes Verschulden i.S.d. § 435 HGB in der Person des Frachtführers gegeben ist.[9]

cc) Qualifiziertes Verschulden des Frachtführers

(1) Voraussetzungen

14 Die gesetzlichen Haftungsbefreiungen und -begrenzungen des Frachtführers gelten dann nicht, wenn der Schaden auf eine Handlung oder Unterlassung zurückzuführen ist, die der Frachtführer oder einer seiner Leute i.S.d. § 436 HGB (1.) vorsätzlich oder leichtfertig und (2.) in dem Bewusstsein, dass ein Schaden mit Wahrscheinlichkeit eintreten werde, begangen hat (§ 435 HGB). Der Frachtführer soll sich nämlich durch die ihm wegen vertragstypischer Risiken eingeräumten Haftungsprivilegien nicht entlastet sein, wenn ihn oder eine ihm zuzurechnende Person qualifiziertes Verschulden, also ein über die einfache Fahrlässigkeit hinausgehender Verschuldensvorwurf, trifft.[10]

15 Das Tatbestandsmerkmal der Leichtfertigkeit liegt nur bei einem besonders schweren Pflichtenverstoß vor. Der Frachtführer muss in krasser Weise die Sicherheitsinteressen der anderen Vertragspartei missachten[11] (z.B. keine durchgängigen Ein- und Ausgangskontrollen beim – besonders schadensanfälligen – Umschlag von Transportgütern, weil es sich bei diesen Kontrollen um elementare Vorkehrungen gegen den Verlust der Ware handelt.[12]

16 Ein Frachtführer, der grundlegende Sorgfaltspflichten verletzt, handelt im Allgemeinen in dem Bewusstsein, dass es auf Grund des Mangels dieser Vorkehrungen zu einem Schadenseintritt kommen kann.[13]

(2) Qualifiziertes Verschulden der B

17 Die Verunreinigung des Apfelsaftkonzentrats mit Kokosfett ist darauf zurückzuführen, dass B das Kokosfett bei der Reinigung des Tankaufliegers, mit dem B das Apfelsaftkonzentrat befördert, auf Grund von geringfügigen Bedienungsfehlern nicht vollständig entfernt hat. Insoweit ist von fahrlässigem Verhalten der B auszugehen. Der Vorwurf qualifizierten Verschuldens ist ihr indes nicht zu machen.

dd) Zwischenergebnis

18 B haftet gegenüber A vertraglich nicht für Folgeschäden. Diese sind hier nach § 432 Satz 2 HGB nicht von B zu ersetzen.

6. Kein Leistungsverweigerungsrecht nach § 214 Abs. 1 BGB

19 Ein Anspruch des A gegen B ist nur durchsetzbar, wenn B kein Leistungsverweigerungsrecht zusteht. Ein solches Recht könnte sich hier auf Grund Verjährung ergeben (§ 214 Abs. 1 BGB). Ansprüche auf Grund einer Beförderung i.S.d. § 407 HGB verjähren grundsätzlich in einem Jahr (§ 439 Abs. 1 Satz 1 HGB), bei Vorsatz

---

[9] BT-Drs. 13/8445 S. 68–70; *BGH* NJW 2007, 58 Rn. 15; a.A. *Heuer* TranspR 2005, 70, 71.
[10] BGHZ 158, 322, 328.
[11] BT-Drs. 13/8445 S. 61; BGHZ 145, 170, 183; 158, 322, 328.
[12] BGHZ 158, 322, 330.
[13] BGHZ 158, 322, 333.

oder einem dem Vorsatz nach § 435 HGB gleichstehenden Verschulden in drei Jahren (§ 439 Abs. 1 Satz 2 HGB). Die Verjährung beginnt mit dem Ablaufe des Tages, an dem das Gut abgeliefert ist (§ 439 Abs. 2 Satz 1 HGB). Ist das Gut nicht abgeliefert, beginnt die Verjährung mit dem Ablauf des Tages, an dem der Frachtführer das Gut hätte liefern müssen (§ 439 Abs. 2 Satz 2 HGB). Auf die Kenntnis des Geschädigten kommt es daher im Gegensatz zu §§ 195, 199 BGB nicht an. Hier erfolgt die Ablieferung am 2.5.2012. Die einjährige Verjährungsfrist – für Vorsatz oder ein dem Vorsatz nach § 435 BGB gleichstehendes Verschulden fehlen Anhaltspunkte – beginnt danach am 3.5.2013 (§ 187 Abs. 1 BGB) und endet am 2.5.2013 (§ 188 Abs. 2 Alt. 1 BGB). Am 1.7.2013 ist der Anspruch des A auf Ersatz der Güterschäden daher verjährt und infolgedessen nicht mehr durchsetzbar, wenn sich B – wie hier – auf Verjährung beruft.

II. Anspruch von A gegen B auf Schadensersatz nach § 823 Abs. 1 BGB

1. Tatbestandsmäßigkeit

B lässt 500 g Apfelsaftkonzentrat von A auslaufen und versickern. B verunreinigt das Apfelsaftkonzentrat von A mit Kokosfett durch Einfüllen des Apfelsaftkonzentrats in einen Tankauflieger, der nicht vollständig gereinigt ist. Infolgedessen verunreinigt B außerdem die Zitronensäure, die in dem Tank von A bereits vorhanden ist. Tathandlung, Handlungserfolg, Kausalität, Rechtswidrigkeit, Verschulden des B und Schaden von A (hier: insgesamt 24592 EUR = 560 EUR + 2156 EUR + 19376 EUR + 2500 EUR). 20

2. Art und Umfang des Schadensersatzes nach §§ 249ff. BGB

a) Güterschäden

Von B sind nach § 823 Abs. 1 BGB i.V.m. § 251 Abs. 1 BGB die Güterschäden in Höhe von insgesamt 2716 EUR (= 560 EUR + 2156 EUR, siehe Rn. 8f.) zu ersetzen. 21

b) Folgeschäden

aa) Voraussetzungen der Ersatzpflicht

Von B sind nach § 823 Abs. 1 BGB i.V.m. § 251 Abs. 1 BGB an sich auch die Folgeschäden in Höhe von 21876 EUR zu ersetzen. Doch könnte auch die außervertragliche Haftung des Frachtführers für Folgeschäden durch das Frachtrecht des HGB begrenzt sein. Die Haftungsbefreiungen nach §§ 426f. HGB und die Begrenzungen des Haftungsumfangs nach §§ 429ff. HGB gelten auch für außervertragliche Ansprüche des Absenders oder Empfängers gegen den Frachtführer (oder seine Leute, § 436 HGB) wegen Verlusts oder Beschädigung des Gutes oder wegen Überschreitung der Lieferfrist (§ 434 Abs. 1 HGB). Dies soll verhindern, dass außervertragliche – insbesondere deliktische – Ansprüche das gesetzlich für vertragliche Ansprüche vorgesehene Haftungssystem entwerten.[14] § 434 Abs. 1 HGB bezieht sämtliche in den §§ 425ff. HGB enthaltenen Regelungen zu Haftungsinhalt und Haftungsumfang ein („in diesem Unterabschnitt“). 22

[14] BT-Drs. 13/8445 S. 69; BGHZ 169, 187 Rn. 19.

23 § 434 Abs. 1 HGB gilt nicht nur für außervertragliche Ansprüche auf Ersatz von Güterschäden. Auch außervertragliche Ansprüche des Absenders (und des Empfängers) auf Ersatz der auf Grund der Beschädigung des Transportguts eingetretenen *Folgeschäden* sind nach § 434 Abs. 1 HGB wegen seiner Bezugnahme auf § 432 Satz 2 HGB ausgeschlossen, wenn kein qualifiziertes Verschulden i. S. d. § 435 HGB in der Person des Frachtführers gegeben ist.[15] Hierfür spricht sowohl der Sinn und Zweck von § 434 HGB als auch die in § 434 Abs. 1 HGB enthaltene Formulierung „wegen Verlust oder Beschädigung des Guts".[16] Der Wortlaut des § 425 Abs. 1 HGB steht nicht entgegen, dass Folgeschäden auch nicht auf Grund außervertraglicher Haftung zu ersetzen sind. Der Gesetzgeber hat nämlich die Frage der Ersatzpflicht für Güterfolgeschäden in § 425 HGB bewusst offen gelassen[17] und in § 429 HGB eine solche Haftung ausgeschlossen. § 433 HGB ist nichts dafür zu entnehmen, dass die Haftungsbegrenzung in §§ 425–432 HGB und § 434 HGB eine Haftung für Folgeschäden ausschließt. Denn § 433 HGB regelt die Haftung des Frachtführers wegen der Verletzung einer mit der Ausführung der Beförderung des Gutes zusammenhängenden vertraglichen Pflicht für Schäden, die nicht durch Verlust oder Beschädigung des Gutes oder durch Überschreitung der Lieferfrist entstehen (sonstige Vermögensschäden). Ein Rückschluss aus § 433 HGB auf § 434 Abs. 1 HGB in der Weise, dass der Haftungsausschluss nach § 434 Abs. 1 HGB nicht für sonstige Vermögensschäden gilt, kommt nicht in Betracht. Denn der Gesetzgeber hat die in § 433 HGB genannten Schäden bewusst vom Anwendungsbereich des § 434 Abs. 1 HGB ausgenommen.[18]

bb) Qualifiziertes Verschulden

24 Der Vorwurf qualifizierten Verschuldens ist B nicht zu machen (siehe Rn. 17). Er haftet deshalb auch außervertraglich nicht für die bei A eingetretenen Folgeschäden.

3. Kein Leistungsverweigerungsrecht nach § 214 Abs. 1 BGB

25 Die Verjährungsregelung des § 439 HGB erfasst schon nach ihrem Wortlaut sowohl Ansprüche aus Frachtvertrag (z. B. wegen Pflichtverletzung) als auch Ansprüche aus Delikt, da § 439 Abs. 1 Satz 1 HGB nur „Ansprüche aus einer Beförderung, die den Vorschriften dieses Unterabschnitts unterliegt", nennt.[19] Daher ist am 2.5.2013 Verjährung nach § 439 Abs. 1 HGB eingetreten (siehe Rn. 19). Infolgedessen ist am 1.7.2013 auch ein deliktischer Anspruch der A gegen B auf Ersatz von Güterschäden oder Folgeschäden nicht mehr durchsetzbar, weil B auch insoweit ein Leistungsverweigerungsrecht nach § 214 Abs. 1 BGB zusteht.

III. Ergebnis

26 A steht gegen B kein **durchsetzbarer** Anspruch auf Schadensersatz nach § 425 Abs. 1 HGB oder § 823 Abs. 1 BGB zu.

---

[15] BT-Drs. 13/8445 S. 68–70; BGHZ 169, 187 Rn. 15; a. A. *Heuer* TranspR 2005, 70, 71.

[16] BGHZ 169, 187 Rn. 20.

[17] BT-Drs. 13/8445 S. 59 und 65; BGHZ 169, 187 Rn. 21.

[18] BT-Drs. 13/8445 S. 69 f.

[19] Baumbach/Hopt/*Merkt* § 439 Rn. 1; *Canaris* § 31 Rn. 43.

Fall 18. Trau schau wem

Sachverhalt

Privatmann Anton Anderlein (A) bringt seinen bereits 100 000 km gefahrenen Pkw zum Autohändler Bert Bort (B) in die Werkstatt, damit der ein Handelsgewerbe betreibende B die Bremsbeläge erneuert. B verkauft und übereignet den Pkw des A an Carlo Cerutte (C) im Namen von A. C, der mit dem Pkw sogleich losfährt, sieht davon ab, sich den Kraftfahrzeugbrief vorlegen zu lassen. Als A von dem Vorgang erfährt, verlangt er erbost von C Herausgabe des Pkw.

Zu Recht?

Gliederung

Lösung

I. Anspruch des A gegen C auf Herausgabe des Pkw nach § 985 BGB

1. Eigentum des A

a) Ursprünglich

1 Ursprünglich ist A Eigentümer des Pkw. Er könnte dieses Eigentum aber durch die Übereignung des Pkw von B an C verloren haben.

b) Kein Eigentumsverlust durch Übereignung von B an C

aa) Übereignung nach § 929 Satz 1 BGB

2 Die Übertragung des Eigentums an einer beweglichen Sache wie einem Pkw setzt nach § 929 Satz 1 BGB die Einigung über den Eigentumsübergang und die Übergabe der Sache voraus. B und C einigen sich über den Eigentumsübergang. Auch übergibt B den Pkw an C („C fährt sogleich mit dem Pkw los."). Da B aber nicht Eigentümer des Pkw ist, vermag die Einigung zwischen B und C nur dann zum Eigentumserwerb des C führen, wenn B den Eigentümer A wirksam vertritt (§ 164 Abs. 1 BGB). Daran fehlt es hier, da B zwar im Namen des A, aber nicht mit Vertretungsmacht handelt.

bb) Übereignung nach §§ 929 Satz 1, 932 Abs. 1 BGB

3 Ein gutgläubiger Eigentumserwerb nach §§ 929 Satz 1, 932 Abs. 1 BGB scheidet aus, da C nicht gutgläubig i. S. d. § 932 Abs. 2 BGB im Hinblick auf das Eigentum des B ist. Dies ergibt sich bereits daraus, dass B im Namen von A handelt, sodass C auf die Eigentümerstellung des A schließen muss.

cc) Übereignung nach §§ 929 Satz 1, 932 Abs. 1 Satz 1 BGB, § 366 Abs. 1 HGB

4 Möglicherweise genügt aber der gute Glaube des C an die Befugnis von B, über den Pkw des A zu verfügen. Insoweit führt § 366 Abs. 1 HGB zu einer Erweiterung von §§ 929 Satz 1, 932 Abs. 1 BGB.[1]

Hinweis: Im Hinblick auf den Eigentumserwerb erweitert das HGB im Verkehrschutzinteresse die Möglichkeit gutgläubigen Erwerbs durch § 366 Abs. 1 HGB. Nach bürgerlichem Recht ist beim Erwerb des Eigentums oder Pfandrechts an einer beweglichen Sache nämlich nur der gute Glaube an das *Eigentum* des Veräußerers oder des Verpfänders und das Fehlen von Rechten Dritter geschützt (§§ 932 ff., 1207 BGB). Grundlage dieses Vertrauens ist die Besitzverschaffungsmacht des Veräußerers. Den guten Glauben an die *Verfügungsbefugnis* des Veräußerers, d. h. die Rechtsmacht zur Verfügung in

[1] Vgl. dazu *Lettl* § 13 Rn. 1–23.

eigenem Namen mit Wirkung zu Lasten des wahren Berechtigten, schützt das BGB hingegen nicht. Ein solcher Schutz ist aber auf Grund der besonderen Anforderungen des Handelsverkehrs notwendig. Denn Kaufleute verfügen häufig über fremde Sachen in eigenem Namen. Beim Erwerb einer Sache oder eines Pfandrechts von einem Kaufmann weiß oder vermutet der Vertragspartner regelmäßig, dass der Kaufmann nicht Eigentümer der zu übereignenden oder zu verpfändenden Sache ist. Denn Verfügungen eines Kaufmanns wie einem Antrag i. S. d. § 145 BGB auf Übertragung des Eigentums i. S. d. § 929 Satz 1 BGB an einer fremden Sache liegt häufig eine Einwilligung des Berechtigten nach § 185 Abs. 1 BGB zu Grunde. Liegt eine solche Einwilligung nicht vor und ist die andere Vertragspartei im Hinblick auf das fehlende Eigentum des Verfügenden bösgläubig, könnte sie nicht wirksam Eigentum oder ein Pfandrecht erwerben. Zur Sicherheit und Leichtigkeit des Handelsverkehrs erweitert § 366 Abs. 1 HGB den Gutglaubensschutz nach §§ 932–936 BGB und §§ 1207f. BGB, indem er den guten Glauben des Erwerbers an das Vorhandensein der Verfügungsbefugnis schützt.[2] Ein Erwerber muss danach regelmäßig keine Ermittlungen über die Verfügungsbefugnis des Veräußerers anstellen, sondern darf auf deren Bestehen vertrauen. Grundlage dieses Vertrauens des Erwerbers ist die Kaufmannseigenschaft des Veräußerers, also dessen Stellung im Handelsverkehr, da sie eine Wahrscheinlichkeit für das Bestehen der Verfügungsbefugnis begründet.

Gutgläubiger Erwerb nach § 366 Abs. 1 HGB setzt voraus, (1.) die Kaufmannseigenschaft des Veräußerers, (2.) die Veräußerung oder Verpfändung einer beweglichen Sache (3.) im Betrieb des Handelsgewerbes, die (4.) dem Kaufmann nicht gehört, (5.) die Gutgläubigkeit des Erwerbers im Hinblick auf die Verfügungsbefugnis des Veräußerers oder Verpfänders i.S.d. § 932 Abs. 2 BGB und (6.) die übrigen Erwerbsvoraussetzungen nach §§ 929ff., 1205ff. BGB (mit Ausnahme der Gutgläubigkeit im Hinblick auf das Eigentum des Veräußerers oder Verpfänders). 5

(1) Kaufmannseigenschaft des Veräußerers

Nur der verfügende Veräußerer muss Kaufmann sein, nicht hingegen auch der Erwerber. Es steht der Anwendung von § 366 Abs. 1 HGB daher nicht entgegen, dass C als Privatmann handelt. Es genügt, dass B Kaufmann ist. Unerheblich ist, auf welcher Regelung die Kaufmannseigenschaft des Verfügenden beruht. Sie kann durch §§ 1ff. HGB begründet sein. Da B laut Sachverhalt ein Handelsgewerbe i.S.d. § 1 HGB betreibt, ist er Istkaufmann. Die Kaufmannseigenschaft muss, da diese Eigenschaft Voraussetzung für den Schutz des guten Glaubens an die Verfügungsbefugnis ist, zu dem nach §§ 932ff. BGB für den guten Glauben maßgeblichen Zeitpunkt des Erwerbsaktes vorliegen.[3] Auch diese Voraussetzung ist hier erfüllt. 6

(2) Veräußerung oder Verpfändung einer beweglichen Sache

§ 366 Abs. 1 HGB erfasst nur die Veräußerung beweglicher Sachen, nicht aber die Veräußerung von Grundstücken und Rechten. Der Verkauf des Pkw von B an C ist die Veräußerung einer beweglichen Sache. 7

(3) Im Betrieb eines Handelsgewerbes

Die Veräußerung oder Verpfändung muss im Betrieb des Handelsgewerbes des Kaufmanns erfolgen. Sie muss für den Kaufmann (nicht notwendig auch für den Erwerber) ein Handelsgeschäft (§§ 343f. HGB) sein. Es genügt ein einseitiges Handelsgeschäft (§ 345 HGB). Tritt der Kaufmann erkennbar als Privatperson auf, ist kein gegenüber dem bürgerlichen Recht gesteigerter Verkehrsschutz erforderlich. 8

2 Koller/Kindler/Roth/Morck/*Koller* § 366 Rn. 1.

3 Großkomm/*Canaris* § 366 Rn. 15.

Hier erfolgt der Verkauf und die Übereignung des Pkw jedoch im Geschäft des B. Da sein Handelsgewerbe auf den Autohandel gerichtet ist, gehört der Verkauf des Pkw auch zum Handelsgewerbe des B.

(4) Fehlendes Eigentum des Kaufmanns

9 Die Sache darf nicht im Eigentum des Veräußerers oder Verpfänders stehen. Es muss sich also für den Veräußerer oder Verpfänder um eine fremde Sache handeln. Da der Pkw bei Veräußerung von B an C im Eigentum des A steht, handelt es sich für B um eine fremde Sache.

(5) Gutgläubigkeit des Erwerbers

(a) Gegenstand

(aa) Verfügungsbefugnis

10 § 366 Abs. 1 HGB nennt als geschützten Gegenstand den „guten Glauben" des Erwerbers an „die Befugnis des Veräußerers oder Verpfänders, über die Sache für den Eigentümer zu verfügen". Die Verfügungsbefugnis des Veräußerers oder Verpfänders bezieht sich auf die vom Eigentümer rechtsgeschäftlich oder gesetzlich (z.B. § 383 BGB, §§ 373, 389 HGB) abgeleitete Berechtigung des Veräußerers oder Verpfänders, gerade für den Eigentümer über dessen Sache *in eigenem Namen* zu verfügen. Hier verfügt B aber im Namen von A. Allein es fehlt die Vertretungsmacht des B. Fraglich ist daher, ob der Erwerber auch dann nach § 366 Abs. 1 HGB geschützt ist, wenn er statt auf die Verfügungsbefugnis auf eine tatsächlich nicht vorhandene Vertretungsmacht des Kaufmanns, der in fremdem Namen handelt, vertraut.[4]

(bb) Vertretungsmacht

11 Nach einer Auffassung ist § 366 Abs. 1 HGB in den Fällen des guten Glaubens an die Vertretungsmacht direkt oder analog anzuwenden,[5] weil sich die Befugnis, über fremde Vermögensgegenstände zu verfügen, sowohl aus einer Ermächtigung als auch aus einer Vertretungsmacht ergeben könne. Außerdem unterscheide der Rechtsverkehr nicht genau zwischen Verfügungsbefugnis (Handeln in eigenem Namen) und Vertretungsmacht (Handeln in fremdem Namen). Danach erwirbt C das Eigentum an dem Pkw von A nach §§ 929 Satz 1, 932 Abs. 1 Satz 1 BGB, § 366 Abs. 1 HGB. Nach anderer Auffassung ist § 366 Abs. 1 HGB nicht auf den guten Glauben an die Vertretungsmacht anwendbar.[6] Zur Begründung dieses Ansatzes wird auf den wesentlich schwächeren Scheintatbestand des Handelns in fremdem Namen verwiesen.[7] Außerdem erfolgt ein Hinweis auf § 75h HGB, der bei Geltung von § 366 Abs. 1 HGB auch für den guten Glauben an die Vertretungsmacht wenig Sinn ergäbe.[8] Schließlich bestünde kein Bedürfnis für eine analoge Anwendung des § 366 Abs. 1 HGB, weil der Dritte dem Vertretenen bei feh-

---

[4] Großkomm/*Canaris* § 366 Rn. 27; Koller/Kindler/Roth/Morck/*Koller* § 366 Rn. 2; a.A. *K. Schmidt* § 23 IV.

[5] MünchKommHGB/*Welter* § 366 Rn. 42; Baumbach/Hopt/*Hopt* § 366 Rn. 5; *K. Schmidt* § 23 IV; *ders.* JuS 1987, 936.

[6] Großkomm/*Canaris* § 366 Rn. 37; Koller/Kindler/Roth/Morck/*Koller* § 366 Rn. 2; Ebenroth/ Boujong/Joost/Strohn/*Lettl* § 366 Rn. 11; *Canaris* § 27 Rn. 16.

[7] *Canaris* § 27 Rn. 16.

[8] *Canaris* § 27 Rn. 16.

lender Vertretungsmach die Sache ohnehin nach § 812 Abs. 1 Satz 1 Alt. 1 BGB (Leistungskondiktion) herauszugeben habe.[9]

Zur Frage, ob § 366 Abs. 1 HGB auch den guten Glauben an die Vertretungsmacht schützt, sind der Systematik des HGB keine eindeutigen Anhaltspunkte zu entnehmen. Denn das HGB unterscheidet nicht klar zwischen Handeln in fremdem Namen einerseits und Handeln in eigenem Namen andererseits (z.B. §§ 49, 54, 56, 126 HGB). Nach dem Wortlaut des § 366 Abs. 1 HGB und bürgerlich-rechtlicher Terminologie ist der Erwerber durch § 366 Abs. 1 HGB aber nur geschützt, wenn der veräußernde Kaufmann in eigenem Namen handelt. Der Erwerber bedarf bei Handeln des Veräußerers in fremdem Namen nicht in gleicher Weise des Schutzes durch § 366 Abs. 1 HGB wie bei Handeln des Veräußerers in eigenem Namen. Denn der Scheintatbestand ist bei Handeln in fremdem Namen in der Tat wesentlich schwächer als bei Handeln in eigenem Namen. Außerdem hat der Erwerber bei Handeln des Veräußerers in fremdem Namen zumeist die Möglichkeit, sich beim Eigentümer über das Bestehen der Vertretungsmacht zu vergewissern. Hinzu kommt, dass allein ein Handeln in eigenem Namen typisch für das Handelsrecht ist. Schließlich zeigt § 75h Abs. 1 HGB, dass der Gesetzgeber auch ausdrücklich den Terminus „Vertretungsmacht" verwendet und insoweit für § 366 Abs. 1 HGB ein Umkehrschluss zu ziehen ist. Diese Erwägungen sprechen dafür, § 366 Abs. 1 HGB nicht auf den guten Glauben an die Vertretungsmacht anzuwenden. Danach erwirbt C das Eigentum an dem Pkw von B nicht nach §§ 929 Satz 1, 932 Abs. 1 Satz 1 BGB, § 366 Abs. 1 HGB. **12**

Der Meinungsstreit könnte letztlich dahinstehen, wenn C aus anderen Gründen nicht gutgläubig das Eigentum an dem Pkw des A erlangt hat. So, wenn C bösgläubig ist. **13**

(b) Maßstab

§ 366 Abs. 1 HGB verweist auf §§ 932ff. BGB. Daher ist der Maßstab für den guten Glauben des Erwerbers § 932 Abs. 2 BGB zu entnehmen. Der Erwerber ist also dann nicht in gutem Glauben, wenn ihm bekannt oder infolge grober Fahrlässigkeit unbekannt ist, dass der Veräußerer oder Verpfänder nicht zur Verfügung über die Sache befugt ist. **14**

(aa) Keine positive Kenntnis von der fehlenden Verfügungsbefugnis

Positive Kenntnis des Erwerbers ist in den meisten Fällen und auch in dem hier zu beurteilenden Fall nicht nachweisbar. **15**

(bb) Keine grob fahrlässige Unkenntnis von der fehlenden Verfügungsbefugnis

Grob fahrlässig ist ein Handeln, bei dem die erforderliche Sorgfalt nach den gesamten Umständen in ungewöhnlich großem Maße verletzt ist. So liegt es dann, wenn unbeachtet bleibt, was im gegebenen Falle jedem hätte einleuchten müssen.[10] Danach lassen sich allgemein gültige Grundsätze dafür, welche Anforderungen an die Sorgfaltspflicht des Erwerbers zu stellen sind, nicht nennen. Vielmehr kommt es auf **16**

[9] *Canaris* § 27 Rn. 16.

[10] Grundlegend dazu BGHZ 10, 14, 16; vgl. auch *BGH* NJW 2005, 1365, 1366.

die Umstände des Einzelfalls an. Ein entscheidender Umstand in diesem Sinne ist die Berufsstellung des Verfügenden. Grobe Fahrlässigkeit ist gegeben, wenn das Fehlen der Verfügungsbefugnis auf Grund massiver Verdachtsmomente geradezu evident ist. Es besteht aber keine allgemeine Nachforschungspflicht des Erwerbers,[11] da nach § 366 Abs. 1 HGB der gute Glaube des Erwerbers zu vermuten ist.[12] So trifft den Erwerber grundsätzlich keine Nachforschungspflicht im Hinblick darauf, ob der Veräußerer die Sache zur Sicherheit übereignet hat.[13] Erst wenn der Erwerber konkrete Anhaltspunkte für das Fehlen der Verfügungsbefugnis hat, muss er Nachforschungen anstellen.[14] Soweit die Veräußerung außerhalb des gewöhnlichen oder ordnungsgemäßen Geschäftsbetriebs des Veräußerers liegt, muss sich der Erwerber nach der Verfügungsbefugnis des Veräußerers erkundigen, weil hier eine geringere Wahrscheinlichkeit dafür besteht, dass der Veräußerer verfügungsbefugt ist.[15] Daher sind, wenn ein Kaufmann Waren außerhalb seines nicht auf Veräußerungsgeschäfte angelegten Geschäftsbetriebs veräußert, erhöhte Anforderungen an den guten Glauben des Erwerbers zu stellen. So liegt ein Verkauf von mehreren hochwertigen und fabrikneuen Baumaschinen durch ein Baumaschinenvermietungsunternehmen außerhalb des gewöhnlichen Geschäftsbetriebs des Veräußerers.[16]

17 Hier verkauft Autohändler B einen Pkw, sodass dieses Geschäft zu dem auf Veräußerungsgeschäfte angelegten Geschäftsbetrieb des B gehört. Doch begründet beim Kauf eines Gebrauchtfahrzeugs wie hier – der Pkw ist bereits 100 000 km gefahren – der Besitz des Fahrzeugs allein nicht den für den Gutglaubenserwerb nach § 932 BGB bzw. § 366 HGB erforderlichen Rechtsschein.[17] Vielmehr muss sich der Käufer zumindest den Kraftfahrzeugbrief vorlegen lassen, um die Berechtigung des Veräußerers prüfen zu können. Denn bei *gebrauchten* Kraftfahrzeugen muss jeder Teilnehmer im Rechtsverkehr wissen, dass Kraftfahrzeuge häufig als Sicherheit für einen bei ihrer Anschaffung gewährten Kredit dienen und der Sicherungseigentümer den Fahrzeugbrief bei sich behält. Kann der Veräußerer den Kraftfahrzeugbrief nicht vorlegen, gibt dies Anlass zu weiteren Nachforschungen. Dies unterlässt C.

(c) Kausalität

18 Die Verletzung einer Nachforschungspflicht führt nur dann zur Bösgläubigkeit des Erwerbers, wenn er bei ordnungsgemäßer Durchführung der erforderlichen Nachforschungen Kenntnis von der wahren Sachlage erlangt hätte („*infolge* grober Fahrlässigkeit").[18] Der Erwerber kann sich daher darauf berufen, dass auch gebotene Nachforschungen nichts an seiner Gutgläubigkeit geändert hätten. Hätte sich C den Kraftfahrzeugbrief des Pkw vorlegen lassen, hätte er von der Eigentümerstellung des A Kenntnis erlangt. Hätte C bei A nachgefragt, ob B zur Veräußerung des Pkw berechtigt sei, hätte A Kenntnis von der Nichtberechtigung des B erlangt.

---

[11] *BGH* NJW 1975, 735, 736.
[12] BGHZ 2, 37, 53.
[13] BGHZ 86, 300, 311 f.; Großkomm/*Canaris* § 366 Rn. 45.
[14] BGHZ 86, 300, 312.
[15] Großkomm/*Canaris* § 366 Rn. 55.
[16] *BGH* NJW 1999, 425, 426.
[17] *BGH* NJW 1996, 2226, 2227; BGHZ 30, 374, 380; 47, 207, 213.
[18] MünchKommHGB/*Welter* § 366 Rn. 48.

dd) Zwischenergebnis

C ist bösgläubig i.S.d. § 932 Abs. 2 BGB. Er hat nicht Eigentum an dem Pkw des A erlangt. Vielmehr ist A Eigentümer des Pkw geblieben. 19

2. Besitz des C

B fährt mit dem Pkw gleich los, erhält also die unmittelbare Sachherrschaft und damit Besitz i.S.d. § 854 BGB. 20

3. Kein Recht des C zum Besitz

C hat gegenüber A kein Recht zum Besitz. Zwischen A und C ist mangels Vertretungsmacht des B kein Kaufvertrag zu Stande gekommen. 21

4. Ergebnis

A kann von C nach § 985 BGB Herausgabe des Pkw verlangen. 22

II. Anspruch des A gegen C auf Herausgabe des Pkw nach § 812 Abs. 1 Satz 1 Alt. 2 BGB

1. Etwas erlangt

C erhält den Pkw zu Besitz i.S.d. § 854 BGB und erlangt infolgedessen etwas. 23

2. In sonstiger Weise

In sonstiger Weise erlangt, wer in den Zuweisungsgehalt fremden Rechts eingreift. 24 Ein solcher Eingriff durch C in das Eigentum des A liegt hier vor. Denn der Besitz einer Sache gebührt dem Eigentümer (§ 903 BGB), solange nicht ein anderer zum Besitz berechtigt ist.

3. Ohne rechtlichen Grund

Ein rechtlicher Grund für die Besitzerlangung von C besteht nicht. Denn mangels 25 Vertretungsmacht des Vertreters ist zwischen A und C kein schuldrechtliches Rechtsgeschäft zu Stande gekommen, sodass es am Rechtsgrund für das Behalten fehlt. Auch § 179 Abs. 1 BGB begründet keinen Rechtsgrund im Verhältnis zwischen Vertretenem und Drittem.

4. Inhalt des Anspruchs

Der Schuldner eines Anspruchs nach § 812 Abs. 1 Satz 1 Alt. 2 BGB muss das Erlangte herausgeben. 26

5. Ergebnis

A kann von C nach § 812 Abs. 1 Satz 1 Alt. 2 BGB Herausgabe des Pkw verlangen. 27 Dieser Anspruch steht zu dem Anspruch nach § 985 BGB in Anspruchskonkurrenz.[19]

---

[19] Palandt/*Bassenge* § 985 Rn. 1.

Fall 19. Unter Kaufleuten

Nach BGH NJW 2007, 987 und WM 2011, 1048.

Sachverhalt

Der mehrfach wegen Betrugs vorbestrafte Zeus Ziegler (Z) schließt nach seiner Haftentlassung mit der in das Handelsregister eingetragenen Kurt Kaiser oHG (K), deren Gesellschafter Kurt Kaiser (K1) und dessen Ehefrau Kimilia Kaiser (K2) sind, schriftlich einen Vertrag. Darin heißt es:

„Mit dieser Vereinbarung ermöglicht die Kurt Kaiser oHG Herrn Zeus Ziegler durch die Betreibung eines Transportgewerbes mit den Schwerpunkten Baustoff- und Agrartransporte eine Existenz aufzubauen, mit der Maßgabe, jeglichen Gewinn, bis auf den notwendigsten Eigenbedarf, den Eheleuten Kaiser zukommen zu lassen. Erst nach Abtragung der alten privaten Schuld kann der Gewinn, einschließlich der erworbenen Betriebsmittel, freigegeben werden. Solange werden alle Einnahmen über ein von K eingerichtetes Konto der Sparkasse G fließen müssen. Den Eheleuten Kaiser ist uneingeschränkte Einsicht in alle Geschäftsbewegungen zu gewähren. Die Summe der Verbindlichkeiten zwischen den Parteien dieser Vereinbarung liegt bei etwa 75 000 EUR. Nach Freigabe durch die Kurt Kaiser oHG kann Herr Zeus Ziegler wieder über alles verfügen. Solange haben Dritte keinen Anspruch auf Begleichung ihrer Forderungen. Ich, Zeus Ziegler, bestätige mit meiner Unterschrift, dass ich meine Kundenforderungen an die Eheleute Kaiser abtrete, bis zur Begleichung meiner Verbindlichkeiten ihnen gegenüber. Forderungen irgendwelcher Art an K sind ohne die ausdrückliche Zustimmung der Kurt Kaiser oHG wirkungslos. Die Kundenforderungen sollen mit befreiender Wirkung nur auf das von der Kurt Kaiser oHG eingerichtete Konto fließen, das nur im Haben geführt werden kann. Zur Vertretung der Kurt Kaiser oHG ist Herr Zeus Ziegler nicht berechtigt. Für sämtlichen straf- und zivilrechtlichen Belange trägt Herr Zeus Ziegler die Verantwortung.“

Am 28.9.2012 ruft Z bei der Agatha Anselm GmbH (A) erstmalig und einmalig an und kauft im Namen der K 100 t Weizen für insgesamt 20 000 EUR. A bestätigt gegenüber K diesen Kaufvertrag mit Schreiben vom 28.9.2012, das als „Auftragsbestätigung“ überschrieben, an die Anschrift der K gerichtet und K am 29.9.2012 zugegangen ist. Nachdem Z die bestellte Ware bei A abgeholt hat, stellt diese der K den Weizen mit insgesamt 20 000 EUR einschließlich Mehrwertsteuer in Rechnung. Da weder K noch Z Zahlungen leisten, nimmt A den vermögenden K1 auf Zahlung von 20 000 EUR für 100 t Weizen in Anspruch und erhebt Klage gegen K1 und K2. K1 und K2 haben zu keinem Zeitpunkt Kenntnis von dem Einkauf des Z. Da streitig bleibt, ob K1 noch am 29.9.2012 telefonisch gegenüber A den Kaufvertrag über 100 t Weizen abgelehnt hat, bietet K als Beweis hierfür die eidliche Vernehmung von K2 an. A widersetzt sich diesem Antrag. Das Gericht weist daraufhin den Antrag von K zurück.

Die Klage von A ist nicht die einzige Enttäuschung für K1 und K2. Denn K führt unter dem Mitgliedsnamen „K“ beim Internetauktionshaus „Sale“ ein passwortgeschütztes Konto, wobei K die Unterlagen hierfür und insbesondere das Passwort im stets ordnungsgemäß verschlossenen Firmensafe aufbewahrt. Z, dem das Passwort durch einen Zufall bekannt geworden ist, meint, vielleicht im Internet endlich den erhofften geschäftlichen Erfolg zu erreichen. Er bietet deshalb einmalig ohne das Wissen von K1 und K2 unter Verwendung des Namens von K über das Konto von K verbindlich für den Höchstbietenden den Transport von 10 t Baustoffen von München nach Potsdam zu einem Startpreis von verkehrsüblichen 500 EUR an, wobei er im Angebotstext seine persönliche Telefonnummer und E-Mail-Adresse angibt. Berthold Baumeister (B), der genau diese Dienstleistung benötigt, erklärt über das Internet die Annahme des Angebots zu einem Preis von 700 EUR. B ist der Höchstbietende. In den AGB von „Sale", denen jedes registrierte Mitglied zustimmen muss, heißt es in § 2 Nr. 9: *„Mitglieder haften grundsätzlich für sämtliche Aktivitäten, die unter Verwendung ihres Mitgliedskontos vorgenommen werden."*

Als B von K Vertragserfüllung verlangt, lehnen K1 und K2 dies entrüstet ab.

1. Ist das Verlangen von A gegenüber K1 auf Zahlung von 20 000 EUR begründet?
2. Kann B von K Vertragserfüllung verlangen?

Gliederung

Lösung

I. Anspruch des A gegen K1 auf Zahlung von 100 t Weizen in Höhe von 20000 EUR nach § 128 Satz 1 HGB i.V.m. § 433 Abs. 2 BGB, § 124 Abs. 1 HGB

1 A steht gegen K1 ein Anspruch auf Zahlung von 20000 EUR zu, wenn (1.) eine Verbindlichkeit von K gegenüber A in dieser Höhe besteht und (2.) K1 dafür persönlich haftet.

1. Verbindlichkeit von K gegenüber A in Höhe von 20000 EUR

2 Eine Verbindlichkeit zwischen A und K in Höhe von 20000 EUR nach §§ 433 Abs. 2 BGB setzt voraus, dass zwischen A und K, die Schuldnerin eines Kaufpreisanspruchs sein kann (§ 124 Abs. 1 HGB), ein wirksamer Kaufvertrag zustande gekommen ist.

a) Kaufvertrag

3 Ein Kaufvertrag i.S.d. § 433 BGB kommt grundsätzlich durch zwei aufeinander bezogene, übereinstimmende Willenserklärungen, nämlich Antrag und Annahme, zu Stande. Diese müssen darauf gerichtet sein, eine Sache gegen Entgelt zu veräußern. Z und A einigen sich über die Veräußerung von 100 t Weizen zum Preis von 20000 EUR. Es stellt sich die Frage, ob K hierdurch als Käuferin verpflichtet ist. K kann nämlich nicht selbst handeln, sondern muss wirksam vertreten sein. In erster Linie vertreten eine oHG deren persönlich haftende Gesellschafter (§ 125 Abs. 1 HGB). K1 und K2 haben hier aber nicht gehandelt. Doch könnte Z die K wirksam vertreten haben. Eine wirksame Vertretung von K durch Z setzt voraus, dass Z im Namen von K handelt und Vertretungsmacht besitzt. Zwar handelt Z gegenüber A im Namen von K, sodass das Offenkundigkeitsprinzip (§ 164 Abs. 1 Satz 2, Abs. 2 BGB) gewahrt ist. Fraglich ist jedoch, ob Z mit Vertretungsmacht für K handelt.

aa) Rechtsgeschäftliche Vollmacht (§ 166 Abs. 2 BGB)

4 Für eine rechtsgeschäftliche („ausdrückliche") Vollmacht (§ 166 Abs. 2 BGB), die K für den Z erteilt haben könnte, bestehen keine Anhaltspunkte. Im Gegenteil. Nach der Vereinbarung soll Z nicht zur Vertretung der K berechtigt sein. Ob die Eheleute K1 und K2 von den Einkäufen des Z im Namen der K Kenntnis hatten, ist uner-

heblich. Denn darauf kommt es für die Erteilung einer rechtsgeschäftlichen Vertretungsmacht, die nach § 167 Abs. 1 BGB eine Erklärung des Vollmachtgebers voraussetzt, nicht an. Es liegen weder die Voraussetzungen der §§ 170–173 BGB noch ein handelsrechtlicher Rechtsscheintatbestand nach § 5, 15 Abs. 1 und 3 oder § 56 HGB vor. Insbesondere darf A das Ausbleiben eines Widerspruchs der K, für das vielfältige Gründe in Betracht kommen, nicht so verstehen, dass Z zum Abschluss des Kaufvertrages bevollmächtigt war. Daher kommen zur Begründung von Vertretungsmacht des Z nur die Grundsätze der Duldungs- oder Anscheinsvollmacht in Betracht.

bb) Rechtsscheinhaftung

(1) Duldungsvollmacht

Eine Duldungsvollmacht ähnelt einer konkludent erteilten Außenvollmacht und 5
kann infolgedessen wirksam Vertretungsmacht für einen Vertragsschluss begründen. Duldungsvollmacht liegt dann vor, wenn der Vertretene wissentlich einen anderen für ihn wie einen Vertreter auftreten lässt und der Dritte dieses Dulden nach Treu und Glauben dahin auffasst und auffassen darf, dass der als Vertreter Handelnde bevollmächtigt ist (vgl. auch *Lettl* § 6 Rn. 15).[1] Da K1 und K2 aber von den Einkäufen des Z nichts wissen, liegt keine Duldungsvollmacht des Z vor.

(2) Anscheinsvollmacht

Eine Anscheinsvollmacht ist gegeben, wenn der Vertretene das mit gewisser Häu- 6
figkeit oder auf eine gewisse Dauer angelegte Handeln des Scheinvertreters zwar nicht kennt, er es aber bei pflichtgemäßer Sorgfalt hätte erkennen und verhindern können und der andere Teil annehmen darf, der Vertretene dulde und billige das Handeln des Vertreters (vgl. auch *Lettl* § 6 Rn. 16).[2] Das Schrifttum vertritt zwar teilweise die Auffassung, dass der Vertretene bei einer Anscheinsvollmacht nur wegen Verschuldens bei Vertragsverhandlungen nach §§ 280 Abs. 1, 241 Abs. 2, 311 Abs. 2 BGB auf das negative Interesse hafte, da ein Anspruch auf das Erfüllungsinteresse nicht aus einer Sorgfaltspflichtverletzung, sondern allein aus einem privatautonomen Handeln des Vertretenen abzuleiten sei.[3] Wie die §§ 170–173 BGB zeigen, legt das BGB aber kein derart enges Verständnis der Privatautonomie zu Grunde. Vielmehr ist die Anscheinsvollmacht in ihrer Wirkung einer rechtsgeschäftlichen Vertretungsmacht gleichzustellen.[4] Außerdem kann der Vertragspartner schutzwürdig in seinem Vertrauen auf das Bestehen von Vertretungsmacht sein. Ferner kann fahrlässiges Verhalten auch in anderen Fällen zum Vertragsschluss führen (§ 149 Satz 2 BGB; potentielles Erklärungsbewusstsein; bestimmte Fälle der abhanden gekommenen Willenserklärung).

Wie die Duldungsvollmacht erfordert jedoch auch die Anscheinsvollmacht, dass der 7
Dritte nach Treu und Glauben annehmen darf, der als Vertreter Handelnde sei bevollmächtigt. Das setzt regelmäßig voraus, dass der Dritte die Tatsachen kennt, aus denen sich der Rechtsschein der Bevollmächtigung ergibt. Da der Einkauf des Z für K bei A erstmalig und einmalig erfolgt, fehlt es jedenfalls an der für eine Anscheins-

[1] *BGH* WM 2005, 1520; 2011, 1148 Rn. 15; BGHZ 5, 111, 116 = NJW 1952, 657.
[2] *BGH* NJW 1981, 1727, 1728; 1998, 1854, 1855; WM 2011, 1148 Rn. 16.
[3] So z. B. *Flume* § 49 4.
[4] BGHZ 86, 273, 275; Palandt/*Ellenberger* § 172 Rn. 11.

vollmacht erforderlichen Dauer und Häufigkeit, sodass die Streitfrage nach den Rechtsfolgen einer Anscheinsvollmacht unentschieden bleiben kann. Außerdem behauptet A nicht einmal, ihr seien die Vereinbarungen zwischen K und Z oder anderweitige Kaufverträge über Weizen oder Getreide bekannt gewesen. Danach bleibt als etwaige Rechtsscheingrundlage nur der Umstand, dass K dem Bestätigungsschreiben von A vom 28.9.2012 nicht oder zumindest nicht rechtzeitig widersprochen hat.

b) Vertragsschluss zwischen A und K durch Schweigen der K?

aa) § 362 Abs. 1 HGB

8 K ist wegen ihrer Eintragung in das Handelsregister Kaufmann nach §§ 1, 105 Abs. 2 Satz 1 HGB zum Zeitpunkt des Zugangs des Schreibens von A. Außerdem gelten für sie nach § 6 Abs. 1 HGB die Regelungen für Kaufleute. Zwar ist auch A Kaufmann nach § 6 Abs. 2 HGB, § 13 Abs. 3 GmbHG, was für die Anwendung von § 362 Abs. 1 HGB indes unerheblich ist. Doch besorgt K nicht Geschäfte für andere, da eine einfache Verkaufstätigkeit hierfür nicht ausreicht. Auch besteht zwischen A und K keine Geschäftsverbindung. Schließlich fehlt ein Erbieten der K zur Geschäftsbesorgung i.S.d. § 362 Abs. 1 Satz 2 HGB.

bb) Schweigen auf kaufmännisches Bestätigungsschreiben

9 Möglicherweise ist zwischen A und K ein Kaufvertrag dadurch zustande gekommen, dass K auf das Schreiben von A nicht antwortete. Es ist nämlich gewohnheitsrechtlich anerkannt, dass ein Kaufmann, der ein Bestätigungsschreiben über vorausgegangene Vertragsverhandlungen widerspruchslos entgegennimmt, dadurch grundsätzlich seine Zustimmung zu dem Inhalt des Schreibens zum Ausdruck bringt. Abschluss und Inhalt eines Vertrages bestimmen sich dann durch dieses Schreiben.

(1) Persönlicher Anwendungsbereich

10 K als Empfänger des Schreibens ist Unternehmer i.S.d. § 14 BGB und wegen ihrer Eintragung in das Handelsregister sogar Kaufmann (§§ 1, 105 Abs. 2 Satz 1 HGB), ohne dass es darauf ankommt, ob sie ein Handelsgewerbe betreibt. Außerdem gelten für K schon nach § 6 Abs. 1 HGB die Regelungen für Kaufleute. A ist bereits kraft ihrer Rechtsform Kaufmann (§ 6 Abs. 2 HGB, § 13 Abs. 3 GmbHG).

(2) Sachlicher Anwendungsbereich

(a) Geschäftlicher Kontakt

11 Zwar ist es hier nur zu einem geschäftlichen Kontakt zwischen Z und A gekommen. Ein Vertrag durch Schweigen auf ein kaufmännisches Bestätigungsschreiben (vgl. dazu *Lettl* § 10 Rn. 39ff.) kommt aber auch dann zustande, wenn für den Empfänger des Schreibens bei den Vertragsverhandlungen ein vollmachtloser Vertreter – wie hier Z für K – aufgetreten ist.[5] Zwar ist das Schreiben von A mit „Auftragsbestätigung" überschrieben. Eine echte Auftragsbestätigung soll den Vertrag überhaupt erst zustande bringen und stellt eine Annahme (§§ 146f. BGB) des Antrags (§ 145 BGB) dar. Eine Annahme, die Änderungen gegenüber dem Antrag i.S.d.

[5] *BGH* WM 1964, 1951; 1967, 898; 1990, 68; NJW 2007, 987 Rn. 21; BGHZ 7, 187, 189 = NJW 1952, 1369; Baumbach/Hopt/*Hopt* § 346 Rn. 24.

§ 145 BGB enthält, ist eine Ablehnung verbunden mit einem neuen Antrag (§ 150 Abs. 2 BGB). Die Abgrenzung ist im Einzelfall durch Auslegung vorzunehmen. Auf die Bezeichnung kommt es nicht an. Falschbezeichnung schadet daher nicht. Entscheidend ist, ob das Schreiben nach seinem Inhalt den Vertrag erst zustande bringen (dann Auftragsbestätigung) oder das Ergebnis eines früheren (vermeintlichen) Vertragsschlusses dokumentieren (dann kaufmännisches Bestätigungsschreiben) soll. Hier ist Letzteres der Fall, da A auf den (vermeintlich) geschlossenen Vertrag mit K Bezug nimmt.

(b) Schutzwürdigkeit von A

A ist schutzwürdig, da keine der die Schutzwürdigkeit des Absenders ausschließende Fallgruppe (vgl. dazu *Lettl* § 10 Rn. 57) gegeben ist. 12

(c) Kein unverzüglicher Widerspruch durch den Empfänger

K widerspricht dem Bestätigungsschreiben von A nicht. Es ist zwar streitig, ob K1 sofort nach Zugang des Schreibens telefonisch den Kaufvertrag über 100 t Weizen abgelehnt hat. K hat dafür jedoch nicht den K obliegenden[6] Beweis angetreten. Soweit K die eidliche Vernehmung von K2 beantragt, muss das Gericht dem nicht nachkommen, da die Voraussetzungen der §§ 447f. ZPO nicht erfüllt sind.[7] 13

c) Zwischenergebnis

Zwischen A und K ist auf Grund des unwidersprochen gebliebenen kaufmännischen Bestätigungsschreibens von A vom 28.9.2012 ein Kaufvertrag über 100 t Weizen zu einem Preis von 20000 EUR wirksam zustande gekommen. Daher kann A von K nach § 433 Abs. 2 BGB, § 124 Abs. 1 HGB die Zahlung von 20000 EUR verlangen. Es besteht daher eine Gesellschaftsverbindlichkeit in dieser Höhe. 14

2. Persönliche Haftung von K1 (§ 128 HGB)

K1 als Gesellschafter einer oHG haftet für die Verbindlichkeiten der Gesellschaft persönlich und akzessorisch als Gesamtschuldner nach § 128 HGB. 15

3. Ergebnis

A kann von K1 Zahlung von 100 t Weizen in Höhe von 20000 EUR nach § 128 Satz 1 HGB i.V.m. § 433 Abs. 2 BGB, § 124 Abs. 1 HGB verlangen. 16

II. Anspruch des B gegen K auf Vertragserfüllung nach § 631 Abs. 1 Satz 1 BGB

1. Werkvertrag

Zwischen B und K muss ein Werkvertrag i.S.d. § 631 BGB zustande gekommen sein. Der Abschluss eines Vertrages ist auch dann nach §§ 145ff. BGB zu beurteilen, wenn er über das Internet und insbesondere über eine Internetplattform an den Höchstbietenden erfolgt.[8] 17

---

[6] *BGH* NJW 2007, 987 Rn. 21; BGHZ 70, 232, 234.
[7] Vgl. dazu auch *BGH* NJW 1997, 3230 = WM 1997, 1045; NJW 1998, 814; 2007, 987 Rn. 21.
[8] Dazu näher *BGH* WM 2011, 1148 Rn. 8; BGHZ 149, 129ff.

a) Antrag (§ 145 BGB)

18 Das von Z eingestellte Angebot ist wegen Nennung aller *essentialia negotii* mit Rechtsbindungswillen („verbindlich") ein Antrag i.S.d. § 145 BGB. Fraglich ist aber, ob es sich um einen Antrag von K handelt.

b) Antrag von K?

19 Z nennt unter Nutzung des für K eingerichteten passwortgeschützten Nutzerkontos den Namen von K. Aus Sicht eines objektiven Erklärungsempfängers (§§ 133, 157 BGB) handelt es sich daher um eine Erklärung von K. Die Nennung von persönlicher Telefonnummer und E-Mail-Adresse des Z ändern daran nichts, weil sich daraus nicht ergibt, dass Z die Erklärung im eigenen Namen abgeben will. Ein objektiver Erklärungsempfänger sieht in diesen Angaben vielmehr lediglich als bloße Mitteilung von Kontaktdaten. Entscheidend sind vielmehr Person und Anschrift des Kontoinhabers[9] bei „Sale" – hier also K. Ein Antrag von K liegt aber nur dann vor, wenn K bei der Erklärung des Antrags wirksam vertreten ist nach § 164 Abs. 1 BGB. In Betracht kommt insoweit erneut lediglich ein Handeln des Z. Z müsste „in fremdem Namen" und „mit Vertretungsmacht" gehandelt haben.

aa) Handeln in fremdem Namen (§ 164 Abs. 1 Sätze 1 und 2 BGB)

20 Z handelt nicht im Namen von K, also nicht „in" fremdem Namen. Vielmehr liegt ein Handeln „unter" fremdem Namen vor, weil bei einem objektiven Erklärungsempfänger der unzutreffende Eindruck entsteht, den Antrag mache der Namensträger. Dadurch kommt es zu einer unzutreffenden Vorstellung über die Identität des Handelnden (hier: B darf annehmen, es handele K). Auf ein Handeln unter fremdem Namen sind die §§ 164ff. BGB entsprechend anwendbar.[10] Dem Namensträger ist deshalb nur dann eine unter fremdem Namen abgegebene Erklärung zurechenbar, wenn sie (1.) mit Vertretungsmacht (§ 164 Abs. 1 Satz 1 BGB analog) abgegeben ist oder (2.) eine Genehmigung durch den Namensträger (§ 177 Abs. 1 BGB analog) erfolgt.

(1) Vertretungsmacht (§ 164 Abs. 1 Satz 1 BGB analog)

21 Ausdrücklich hat K dem Z keine Vertretungsmacht erteilt. Im Gegenteil. Auch ist keine Duldungsvollmacht (siehe Rn. 5) entstanden, da K die Unterlagen für das Konto bei „Sale" stets im ordnungsgemäß verschlossenen Firmensafe aufbewahrt und Z das Passwort lediglich zufällig erfahren hat. Eine Anscheinsvollmacht (siehe Rn. 6f.) kommt nicht in Betracht, weil der K kein Sorgfaltspflichtverstoß zur Last liegt und Z lediglich einmalig gehandelt hat. K hat in keiner Weise einen Rechtsschein dahin gesetzt, sie kenne und billige das Verhalten des Z. Insbesondere ergibt sich ein solcher Rechtsschein nicht allein daraus, dass die Zugangsdaten eines bei „Sale" registrierten Mitgliedskontos Identifikationsfunktion aufweisen.[11]

(2) Genehmigung durch den Namensträger (§ 177 Abs. 1 BGB analog)

22 Eine Genehmigung durch K ist nicht erfolgt, im Gegenteil. K1 und K2 lehnen Vertragserfüllung entrüstet ab.

---

[9] *BGH* WM 2011, 1148 Rn. 10.

[10] *BGH* WM 2011, 1148 Rn. 12; Palandt/*Ellenberger* § 164 Rn. 10f., § 172 Rn. 18.

[11] *BGH* WM 2011, 1148 Rn. 20; a.A. *Herresthal* K&R 2008, 705, 707ff.

bb) Zwischenergebnis

Es liegt kein Antrag (§ 145 BGB) von K vor. Es stellt sich aber die Frage, ob K Erfüllung auf Grund von § 2 Nr. 9 der AGB von „Sale“ schuldet. 23

2. § 2 Nr. 9 AGB

§ 2 Nr. 9 der AGB von „Sale“ ist nur zwischen K und „Sale“, nicht aber zwischen K und B vereinbart. Deshalb setzt eine Haftung von K gegenüber B auf Grund von § 2 Nr. 9 der AGB von „Sale“ einen Vertrag zu Gunsten Dritter – hier: B – oder einen Vertrag mit Schutzwirkung für Dritte voraus.[12] Selbst wenn man § 2 Nr. 9 der AGB von „Sale“ eine solche im Umfang unbegrenzte Haftungsverpflichtung des Kontoinhabers gegenüber beliebig vielen potenziellen Auktionsteilnehmern entnehmen könnte, so verstieße sie doch gegen § 307 Abs. 1 Satz 1 BGB. Denn diese Regelung enthält bei kundenfeindlichster Auslegung keine Einschränkung für den Fall, dass das Mitglied die unbefugte Nutzung des Kontos weder kannte noch verhindern konnte.[13] 24

3. Ergebnis

K ist gegenüber B nicht zur Vertragserfüllung nach § 631 Abs. 1 BGB verpflichtet. 25

[12] *BGH* WM 2011, 1148 Rn. 21.
[13] *BGH* WM 2011, 1148 Rn. 21.

Stichwortverzeichnis

Fette Zahlen verweisen auf die Fälle, magere auf deren Randnummern.